新規事業立ち上げの教科書

ビジネスリーダーが
身につけるべき
最強スキル

株式会社
ティーシーコンサルティング
代表取締役社長
冨田 賢
Satoshi Tomita

はじめに

●本書執筆の動機

本書は、新規事業の立ち上げを検討されている経営者の方々、あるいは企業の新規事業部門などで事業立ち上げに携わっているビジネスパーソンの方々を対象に、これからの新規事業立ち上げの考え方や実際に行う際の様々なノウハウを書き下ろしたものです。

私は年間50回以上、様々な企業や団体、大学にて、新規事業の立ち上げやアライアンス（事業提携）、営業推進などに関するセミナーや講演を行っています。また、実際に毎月30社以上の企業（およそ3分の1は上場企業、残り3分の2は業歴の長い中堅・中小企業）に対し、アライアンス活用を中心とした新規事業立ち上げのコンサルティングを継続して行っています。経営幹部層や新規事業担当者向けに研修を行うこともあります。この7年間でコンサルティングを行った社数は150社以上になります。

講演やコンサルティングを通じて痛感するのは、多くの経営者や現場の担当者の方々が「新規事業を立ち上げなくてはならないが、どのように推進したらよいかわからない。なかなか進まない」という悩みを持っておられることです。

もう少し具体的にお話すると、新規事業としてどういう方向に出ていけばいいのかわからない、新規事業のアイディアやネタがない、どのように事業構築をしていけばいいのか実際の手順がわからない、自社だけでは人材や資金が不足している、事業計画書を作成しなければならないが経験がない、社内で反対意見や抵抗などがあって困っている、新製品開発に取り組んでいるがなかなか売上につながらない、など様々な課題をお持ちです。

そこで、そういったお悩みに少しでもお答えし、実際に新規事業に取り組んでいくにあたって必要となる知識やノウハウを実践的な書籍として取りまとめることにしました。

とりわけ、私は普段、〝アライアンスの専門家〟として、アライアンスによる新規事業立ち上げや売上アップに取り組んでいますので、このアライアンスに関する実践的な知識と活用の仕方について、みなさんにお伝えしたいと思いました。

アライアンスは、もともと日本人が苦手な領域・手法です。しかし、企業は規模の大小にかかわらず、新規事業構築に必要となる経営資源を1社だけでまかなうことは難しいため、他社とのアライアンスで相互補完していくことが必要となります。また、売上拡大においても、1社だけで活動しているときには得られなかった売上・利益を、アライアンスを行うことによって得ることができます。〝ツール〟としてのアライアンスの有用性は、私が講演やコンサルティングで最も強調していることです。アライアンスに関する実践的な解説書も不足しているため、本書にて、そのノウハウをみなさんにお伝えできたらと考えました。以上が今回の出版の経緯です。

●新規事業立ち上げに必要な内容を網羅

企業は環境の変化に対応しながら、次なる収益源を作るために、今これからの時代、常に3～5年ごとに新規事業を立ち上げ続けることが存続のカギになります。新規事業立ち上げは、新しいビジネスを作り出すわけですから、多方面にわたる様々なノウハウが必要となります。しかし、企業にお勤めをされている方の場合、そういった新規事業立ち上げのノウハウを体系的に身につけていくことは難しいです。幸い、私はこれまでベンチャーキャピタリストや経営コンサルタントとして、数多くの新規事業立ち上げに携わり、成功・失敗の両方を含む、多くの実践経験を積むことができました。そこから学び、蓄積したノウハウを本書に集約して書きました。さらには、起業家養成を目的とした大学院での専任講師の経験に加え、昨今の欧米経営理論の中から実際に新規事業立ち上げに役立つものを探索し、それを実践で使えるように噛み砕いて、盛り込むこともしました。

新規事業立ち上げに関する書籍はすでにいくつかありますが、その多くが事業計画書の書き方に関するものとなっています、本書は、事業計画書作成やマーケティング、財務といった知識についてては最低限身につけるべきものをカバーするにとどめ、新しい事業を作り出すにあたっての実践的なスキルを得られる内容をメインとしています。一例としては、「始める前に撤収条件を決めておく」といった実際の会社運営に配慮したテクニックも盛り込んでいます。その他、新規事業の成功には、最後の営業力強化が重要ですので、営業に関する事項も含めるとともに、組織内における抵抗や調整の問題などをクリアーする手法についても解説しました。

本書を読めば、業歴や既存の枠組みがある日本企業において、実際に新規事業立ち上げ（起業も一部含む）を行うにあたって必要となる知識や問題解決のためのヒント、具体的に推進するにあたってのテクニックなどが豊富に得られるようになっています。新規事業立ち上げに必要な項目が網羅されており、まさに、『新規事業立ち上げの教科書』となっています。

●新規事業立ち上げは、ビジネスリーダーになるために最強のスキル

多くの日本企業が、環境変化の中で次の時代の新しい収益源を探そうとしている中、新規事業を立ち上げられる人材のニーズが高まっています。新規事業のネタを発見・創造し、そして、それを実際の事業として構築して、新しい売上に結びつけられる人は、どこの会社にとっても貴重な求められる人材です。新規事業立ち上げのノウハウを身につければ、会社での評価を高めることができます。また、他の会社からスカウトされて、よりよい条件で転職することも可

能となります。さらには、起業して、自分の会社を経営することもできるでしょう。

つまり、新規事業立ち上げのノウハウは、これからビジネスパーソンが生き抜いていくために必須のスキルです。大手企業においても、自分で新しい事業を立ち上げて成果を出した方が役員クラスにまで出世されています。自分で新しい事業を創っていくことができなければ、ビジネスリーダーになれないわけです。逆に、一度身につければ、これからの時代、恐いものなしの最強のスキルだと言えます。

ぜひ、一人でも多くの方が、本書の内容を身につけ、ビジネスリーダーとなる切符を得て、新規事業立ち上げに成功することを心から願っています。そして、それが日本企業の発展、ひいては日本経済の活性化に寄与することになれば、望外の喜びです。

2014年7月吉日　外苑前の青山通りのオフィスにて

冨田　賢

目次

第3章　新規事業でどこに一歩踏み出すかの戦略立案

第4章　ビジネス・チャンスの見つけ方とアイディア出し

第5章　競合の中で勝つという発想

第8章 資金投入の仕方と撤収条件設定の大切さ

第9章 新規事業チームの構築と実行のポイント

第10章 新規事業の成否は結局、営業力で決まる！

第11章 新規事業立ち上げに最低限必要な財務知識

第12章 事業計画書（ビジネス・プラン）の作り方

第13章 「ビジョン」と「行動指針」による新規事業の推進

第14章 次代を切り拓き、継続的な発展のために

装丁 小松 学
本文デザイン 土屋和泉
本文DTP 横内俊彦

第1章

なぜ今、
新規事業の
立ち上げが
必要なのか

1　3〜5年ごとの新規事業立ち上げの必要性とメリット

◎今これからの日本経済の特徴から見た新規事業の必要性

これから新規事業の立ち上げに必要なノウハウの各側面について、順次解説していきます。

まず最初に、企業にとって新規事業の立ち上げが必要な理由について、お話したいと思います。

みなさんが、本書を手に取った理由は様々だと思います。単に、上司や経営層から新規事業の立ち上げを指示されたということかもしれませんし、自社の既存事業がこのままでは衰退しそうで、それだけに頼っていては会社経営が危ういと思われている経営者の方もいることと思います。いずれにせよ、何らかの新規事業の必要性を感じられているものと思います。

私は、今これからの時代は、**3〜5年ごとに継続して新規事業を立ち上げていく必要がある**と考えています。その理由について、日本経済の特徴という観点から見てみましょう。

①日本経済そのものが大きく伸びることがない！

まず一つ目として、**「今後、日本経済そのものが大きく伸びることはない」**ということがあります。

戦後復興から高度経済成長の時代は、日本経済がとにかく右肩上がりで拡大しました。そういった時代は、それほど経営戦略を考えなくとも、経済自体が拡大することに伴い、お客様から求められるがままに売上を伸ばすことができたという側面があります。たとえば、「前年対比何％」といった売上計画を立てれば、おのずと達成できる時代もありました。

しかし、１９９０年代初頭のバブル崩壊、そして、２００８年のリーマンショック以降、日本経済は、低成長、時にはマイナス成長となっています。

ビジネスを行っていくにあたり、そういった状況、すなわち日本経済が大きく伸びるわけではないということを大前提として考える必要があります。

その原因には少子高齢化や個人消費の低迷などがあり、その中で物の値段が下がる**デフレ傾向がなかなか解消されない**ということが大きな要因としてあります。

よく誤解されていますが、デフレとは「景気が悪い」という意味ではなく、モノの値段が下がる現象を言います。デフレの反対はインフレですが、インフレも景気が良いという意味では

図表1　デフレの中での売上減少のメカニズム

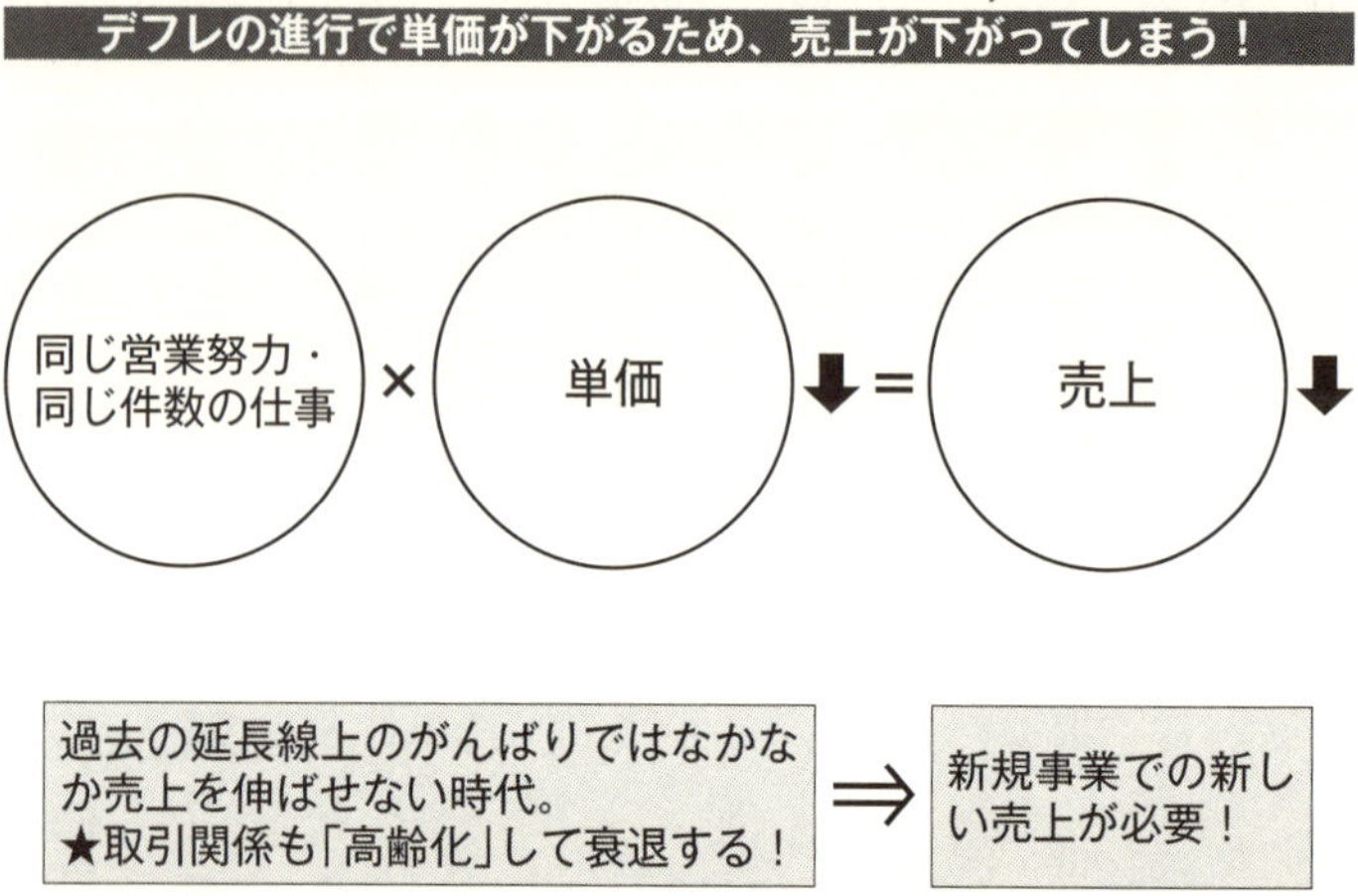
デフレの進行で単価が下がるため、売上が下がってしまう！
同じ営業努力・同じ件数の仕事
×
単価
=
売上
過去の延長線上のがんばりではなかなか売上を伸ばせない時代。
★取引関係も「高齢化」して衰退する！
⇒
新規事業での新しい売上が必要！

なく、モノの値段が上がる現象です。

図表1に示したように、経済全体がデフレ傾向にある中では、そもそもの掛け算の基準となる仕事の単価自体が下がるので、**これまでと同じ営業努力で同じ件数の仕事をとって、同じ件数をこなしたとしても、結果的に全体の売上も減ってしまうというメカニズム**が働くのです。

私のコンサルティング先企業には、いわゆる「受託型」（第2章で詳述）のビジネスを行っている会社が多いのですが、リーマンショック以降、このような状況に悩まされてきた企業も数多くあります。日本経済のパイ自体が急激に大きくなることはなく、また単価も下がってしまうような状況下では、過去の延長線上で同じやり方や同じ方向でいくら努力しても、売上を伸ばすことが難しいと言えます。

現在は、アベノミクスの効果もあり、有効求人倍率などの経済指標も改善され、2013年9月の中間決算や2014年3月の決算で利益を出している会社が増えるなど、景気が急激に回復しています。しかし、長期的なトレンドとしては、デフレ経済が進む中で、かつての高度経済成長のように市場のパイが拡大することは考えにくいため、**既存事業だけでなく、新規事業によって新しい売上を作る努力が必要**です。

もちろん、日本企業は、日本の中だけでしか事業展開をしていないということはなく、海外売上比率が相応に高い企業もあります。今の時代、海外との取り組みをまったく考えないで済む企業はないと言ってもよいと思います。日本での事業展開だけでなく、海外展開のことについては、第3章で少し触れたいと思います。

②環境変化が速く激しくなるため、事業のライフサイクルが短くなっている！

次に2つ目の特徴として、「**今これからの時代は外部環境の変化が速くて激しい**」ということが言えます。つまり、外部環境の変化が速くて激しくなっているため、事業や製品・サービスのライフサイクルが短くなってしまいます。ビジネスも人間と同じで、寿命（ライフサイクル）があります。

かつては一度立ち上げた事業によって、5年や10年、場合によっては20年、会社を維持することができました。高度経済成長期に会社を立ち上げた経営者の場合、独立したときに構築した事業で、生涯にわたって会社経営することができました。

しかし、外部環境の変化が速くて激しくなるこれからの時代、**一つひとつの事業のライフサイクルが短くなってしまう**ため、一度成り立った事業や製品・サービスで収益を享受できる期間が短くなってしまいます。

そういう中では、3年から5年ごとに常に新規事業を立ち上げ続けられなければ、自社の売上や規模を維持していくことができなくなるわけです。これが新規事業を次々と継続して立ち上げなくてはならない理由の1つです。

◎既存事業の取引関係は〝高齢化〟し、衰退する！

以上のようなマクロ経済的な観点だけでなく、もう一つ、事業の取引関係から見た新規事業の必要性についても、説明したいと思います。

事業における「**取引関係の高齢化**」という現象も、新規事業立ち上げが必要となる要因です。人間と同じで、取引関係も自然と高齢化し、衰退していきます。つまり、**既存事業の取引関係**

があるからと言って、そこにあぐらをかいていては危ういということです。

いわゆる「日本型経営システム」とは、長期の取引関係で成り立ってきました。ところが、お得意先だった取引先の業績が悪化したために取引額が減少したり、あるいは非常に懇意にしていていつも発注してくれていた担当者が人事異動や定年退職になってしまったりすることがどうしても起こってしまいます。そもそも取引していた業界の規模そのものが縮小してしまえば、取引関係自体が衰退してしまうこともあります。

新規事業を立ち上げなければ、会社全体の売上が下がってしまい、会社の固定費を賄って、これまで通り社員を養っていくことができなくなってしまいます。

このような面でも、これまでの既存事業だけでなく、常に新しい事業を立ち上げて新しい売上を獲得していくことが、企業を成長・発展させ、生き残っていくために必要となります。

ポイント

今後は日本経済が大きく伸びず、また既存の取引関係も高齢化する。したがって、新規事業の立ち上げが企業の存続・成長には不可欠となる。

2 新規事業を立ち上げることで、会社経営を安定化させる

◎新規事業で経営を安定させる!

このように、日本経済自体が伸び悩み、また変化が激しく速い時代には、新規事業を立ち上げて、新しい収益源を作っていくことが必要と述べました。新規事業を立ち上げるメリットとしては、**事業が多角化したり、新規の売上によって売上規模が拡大すると、会社経営が安定する**というメリットがあります。次にこのことについて、お話したいと思います。

私がベンチャーキャピタリストやコンサルタントとして、多くの企業の経営にかかわってきて思うのは、会社経営や事業に絶対的な安定はないということです。どんなに様々な手を打っても、会社経営が完全に安定するということは、外部環境や内部環境の変化からありえません。

しかし、新しい事業を立ち上げて新しい売上を作っていけば、**売上規模が拡大し、リスクと**

して許容できるリスク・バッファ（リスク許容度）も大きくなり、多少の景気の波や売上の増減があっても、会社はその分の余裕を持って持ちこたえられるようになります。また、売上規模が全体として新規事業の分も含めて大きくなれば、新たな事業を立ち上げる際に投入できる資金額もさらに大きくなります。

その他にも、収益構造の異なる事業を複数抱えるようになれば、一つの事業がダメになっても、別の事業が会社全体の収益を支えてくれる形になり、やはり会社の経営は安定します。

なお、やみくもに、ともかく新規事業を立ち上げるのだとか、何となく会社を大きくするのだと考えるのではなく、「新規事業立ち上げを何のためにするのか」について、「**新規事業によって、会社経営を安定化させる。それにより、社員が安心して働いて、人生を送っていける会社にする**」といったビジョンをきちんと持つことも大切です（第13章で詳述）。

新規事業の立ち上げは、売上規模の拡大や事業の多角化につながり、結果的に会社経営の安定につながるという大きなメリットがあることを正しく認識して取り組みましょう。

◎事業ポートフォリオを組む意識を持つ

新規事業立ち上げによる会社規模の拡大は、会社経営の安定につながるとお話ししましたが、それについて、もう少し深くお話しましょう。

つまり、新規事業の立ち上げを行うことにより、1つの事業だけでなく、**複数の事業を組み合わせる（事業ポートフォリオ）ことで、会社全体の収益を安定化させる**ことができるということについてです。

第2章で説明する新規事業のパターン（必要期間やリスク度合い、規模、収益構造）を、既存事業との相互補完を意識しながら、どちらかの業績がたとえ下がっても、別の事業の収益が上がるようなバランスのとれた形にするわけです。

そうすれば、景気の波や市場環境の変化などがあっても、会社全体としての売上・利益を平準化して、確保することができるようになります。

新規事業を立ち上げることにより、事業を複数に多角化し、それにより事業のポートフォリオを構築して、会社経営の安定化を図っていきましょう。

◎〝一本足打法〟からの脱却

1つの取引先に売上が8割くらい依存している経営のことを、〝一本足打法〟と呼ぶことがあります。3割くらい依存している状態でも、1社への依存が大きいために〝一本足打法〟と呼ぶことすらあります。これは下請け構造の会社には、けっこう多いのではないかと思います。取引先が2社に集中している〝二本足打法〟の会社もあります。

一般的に、**企業は、売上が前年対比で25％以上減少すると、資金繰り上などから持ちこたえるのが難しい**と言われています。

そうすると、売上構成比の中で1社への依存を25％未満にしておくことが大切となります。数社の大きな取引比率の取引先だけに依存している経営は危ういと言えます。

先ほども述べましたが、取引関係も高齢化して衰退するので、**新規事業の立ち上げにより複数の事業を持つようにすると、事業ごとにさらに取引先も分散されて、何かの理由で大きな取引先からの売上がなくなってしまうという不安定な会社経営から脱却することができます。**

事業の数を増やすことによって、取引先も増やし、会社経営の安定を目指しましょう。これも、新規事業立ち上げのメリットとなります。

ポイント

事業を多角化してリスクの分散化を図り、経営の安定を図る意味でも、新規事業の立ち上げは重要！

3　社員のモチベーションを上げ、組織活性化のために新規事業を

◎新規事業に取り組むことで、社員のモチベーションを上げる

新規事業を立ち上げるということは、社員のモチベーションを上げるとともに、組織の活性化にもつながるという効果があります。

事業基盤が固まっている業歴の長い会社の場合、**新しいことをまったくやらないと社員のモチベーションが下がってしまう**ケースがあります。ある程度のペースで、何かしら新しいことをやり、それを社内外にアピールすることで、社員の意識やモチベーションを向上させて、組織を活性化することができます。

まったく新規事業を行わないと、「どうせ、うちの会社は新しいことをしない。新しい事業の提案をしても、どうせやらないだろう。このまま、なんとなく与えられた仕事だけをやって

いればよい」という状況となり、社員のモチベーションが下がってしまいます。

何かしら新しい事業に取り組むことで、「**うちの会社は新しいことを意欲的にやるのだ**」というメッセージを社員に発信することができます。そうすると、自分たち自身も何か新しいことを考えてやってみようと、他の社員も考え始める好循環を期待できます。

私のコンサルティング先企業に、北軽井沢で祖父の代から高級別荘地とリゾートホテルを運営している、現在3代目の社長さんの会社があります。この会社はバブル崩壊の痛手を受け、20年近く何も新しいことができない状況に陥っていました。

しかし、この1～2年で、限られた予算枠ながら、リゾートホテルの設備拡充をしたり、夏の間だけオープンカフェを開設したりと、新しいことに取り組み始めています。さらに、ホテルでの接客ノウハウを生かし、東京の本社のビルの空いていた地下1階スペースを利用して、新規事業としてイタリアン・レストランもオープンしました。

こうした試みにより、「うちは新しいことをやっていく会社なんだ」という雰囲気が生まれ、新しいことに挑戦する社風が少しずつ醸成され、社員のモチベーションが上がっています。

◎経営感覚を身につけた事業部長クラスを育てる

社員に経営意識を持ってもらいたいという人材育成の課題を抱えている会社もあると思います。社員で、特に経営幹部クラスに育ってほしい人々に経営感覚を持てと言うだけでは、幹部養成は進みません。**実際に新規事業を担当させ、事業構築の苦労を集中的に体験させることによって、経営幹部を育てることができます**。その中で、事業部長になれる人を育てていくことを目指しましょう。

さらには、新規事業の事業推進を具体的に担う子会社を設立することで、会社のB／S（貸借対照表）、P／L（損益計算書）を作って収支を合わせる感覚や経営者意識を醸成することができ、さらには、若手・中堅社員が伸びていって会社に定着していった場合の〝ポスト〟を作ることもできます。

若手の優秀な人材を採用して育てた場合、彼らがさらに活躍できる場を作り、年配になってもしっかり働けるポストを用意しておくことも、組織構築の上で重要です。子会社の社長や取締役、監査役などのポストを用意しておかなければ、育った人材が中高年になった場合のポストがなくなってしまいます。

事業の多角化や子会社の設立などができず、部長職や事業部長職などのポストの数が頭打ちになってしまうと、一生懸命努力して成長してきた社員がその会社でのビジネス人生の先行きを見通せなくなってしまいます。いつまでも課長職のままとなってしまうわけです。

新規事業の立ち上げにより有力なポストを多く作ることで、新卒で採用して成長していっているミドル層の社員のモチベーション、愛社精神を維持していくことができます。

急成長して社員数が伸びていった会社も、10年後、20年後は、若手社員が中高年齢層となっていくので、その対応を少し意識しておきましょう。

◎新規事業を任せることで若手を育成

既存事業の枠組みの中で下積みをさせるだけでは、社員は能力を大きく伸ばすことができません。何かしら新しいテーマを与えて、自らの頭で考えて、多少の苦労をしながら、物事を進めることを体験することで、新しいスキルや経験、人脈を作っていく体験を必然的にさせることができます。そういった経験や努力をさせることなく、**現在の枠組み、組織形態の中で、真面目に勤めさせているだけでは、人材は育っていきません**。既存事業が未来永劫続くのであれば、順繰りで先輩や上司の下で勤めあげていってもらえればよいわけですが、今これからの時代はそのような状況でないことは本章の冒頭でお話した通りです。

第9章で述べるように、新規事業は必ず成功するわけではありません。しかし、成功体験だけが社員を伸ばすわけではなく、たとえ失敗に終わっても自分がハンドリングして集中して取り組むビジネス経験を積むことによって、ビジネスパーソンとして成長することができます。

このように、**新規事業立ち上げを行うことは、単に次の収益源を作るだけでなく、社員教育の一つの有力な手法ともなります**。

◎新規事業を行い続けることが優秀な社員の残留につながる

新規事業をどんどん行い、新しいことにチャレンジさせ、また、社内ベンチャー制度などで他の社員と切磋琢磨できる環境を用意することは、優秀な社員をつなぎとめ、離職率を下げることにもつながります。

優秀な人材ほど、自分の能力開発に意欲的です。新しいことにチャレンジでき、より多くのエキサイティングな経験ができる環境だと思わないと、会社にとどまってくれないことになります。

優秀な人材が入ってきて、さらに辞めることなく勤め続けている会社は、間違いなく、新しいことに常に取り組んでいる会社です。サイバーエージェントをはじめ、成長を続けているIT・ネット系の大手企業はそのような事例が多いです。

優秀な人材の採用と定着率向上の面でも、新規事業立ち上げに意欲的に取り組み、新規事業を次々に立ち上げていく仕組みや企業文化を作っていくことが大切です。

ポイント

新規事業の立ち上げは、社員のモチベーションアップや、組織活性化などにつながる！

4 事業承継(代替わり)においても、新規事業立ち上げがポイント

◎事業承継のために新規事業を立ち上げる

中小企業白書や新聞等のアンケートを見ても、事業承継（代替わり）が課題だと回答している企業は非常に多いです。調査によっては、8割を超えているケースもあります。とりわけ中堅・中小の製造業にとって、大きな課題と言えます。

事業承継をしていくためには、これから5年、10年、15年先に、次の後継者が会社を切り盛りし、社員をまかなっていくために、新規事業の立ち上げが必要です。本章で先に述べたように、そういう芽がないと、後を継いでくれる後継経営者も出てきませんし、実際に経営していけません。

中堅・中小製造業の多くは、株式上場をせず、未上場のまま経営をしています。つまり、同

族で株主を保有する形で会社運営を行い、代替わりして、事業承継をしています。血縁内もしくは血縁外などで、後継者をきちんと養成して会社を受け継がせることで、長年にわたって何らかの特色ある技術を継承していくことができているわけです。

そのように事業が長きにわたって継続されている優良企業となるためには、経営者の世代交代や事業承継がうまくいくことが大切であり、そのための**後継経営者を生み出すためにも、次の時代の収益源を作り、永続して伸びる会社だという形にしなければなりません**。

既存事業が伸び悩んでおり、今後の将来性も感じられない、伸びそうもないという状況だと、誰も会社を継ごうとしてくれません。また、息子さんなどに継がせようとする場合も、できる限り財務体質を良い状態にし、次の時代の事業の芽が見えてきている状態でバトンタッチをしてあげることも、次期社長がスムースに会社経営を引き継ぐための配慮として大切です。ましてや、負債が残っていたり、老朽化した設備を抱えていたりすると、ますます後継経営者の候補が見つかりません。

私のコンサルティング先企業の３分の１は上場企業あるいはその子会社ですが、残り３分の２は事業承継（代替わり）をした段階の会社、あるいはこれからしようとしている会社の２～３代目の社長や後継経営者候補です。そのため、日頃から事業継承の問題に取り組むことが多いのですが、事業を承継させていくためには、次の時代の収益源を作り、魅力を生み出さないと、誰も会社を継ぎたいと思ってくれず、後継経営者を見つけられなくなります。また、**会社の枠組みを維持し、社員を安心して雇用していくためにも、次の時代の収益源となる新規事業の立ち上げが必要**です。

前述したように、事業には寿命（ライフサイクル）があります。既存事業が衰退してしまう兆候が見えている会社は、まさに新規事業立ち上げしかありません。

ポイント

後継経営者を見つけ、事業承継を円滑に行うためにも、新規事業の立ち上げは不可欠！

第2章

新規事業のタイプとその特徴

1 新規事業のタイプはこんなにある

◎取り組む新規事業のタイプを明確にする

本章では、新規事業のタイプとそれぞれの特徴についてお話しします。
新規事業を立ち上げるにあたり、どのようなタイプの新規事業に取り組むのか、あるいは、**どのようなタイプの新規事業に取り組むのがよいかを明確にする**ことが必要です。そして、取り組み始めた後は、**自分たちがどのタイプの新規事業に取り組んでいるのかを正しく認識しながら進める**ことも大切です。

これから説明するように、新規事業は、事業構築面や発想面、必要となる期間、収益構造、リスク度合いなどにより、様々なタイプに分けることができます。第1章で述べた経営の安定化や多角化を図るにあたって、様々なタイプの新規事業を、既存事業との相性や複数の新規事業立ち上げにリスク分散をして適切に組み合わせて、取り組んでいくことを意識しましょう。

たとえば、既存事業が受託型であれば、収益構造の違うもの、たとえば自社製品を持つ形の事業やランニング（初回単発だけでなく、収入が入り続ける形）で収益が入ってくる事業を持つことを目指した新規事業立ち上げをすることが望ましいでしょう。

あるいは、本業が研究開発に長い期間がかかる事業であれば、もう少し短期間で新しい売上を獲得できるような新規事業に取り組んでみてもよいかもしれません。

他にも、リスクが低く確実に儲かるがリターンが小さい事業をやっているのであれば、リスクは高いがリターンが大きい事業に少し取り組んでみることもよいでしょう。

◈事業構築面から見た新規事業のタイプ

事業構築（製品開発やサービスの創出）を自ら行うか、売るものを外部から持ってきて事業構築するかで、新規事業のタイプは、大きく以下の２つに分けられます。

①事業構築をしていくタイプ
②ブローカレッジ的なタイプ

それでは、この2つについて詳しくご説明します（図表2）。

①事業構築をしていくタイプ

これは、本書でメインに取り上げる自社事業として立ち上げていくタイプの新規事業です。一般に言われる「新規事業」とはこちらのイメージだと思います。

このタイプは、製品開発やサービス企画からスタートして、永続的に収益を生み出す事業を作っていくものです。当然ながら、事業が立ち上がるまでにある程度の時間やコストがかかります。その代わり、永続的にキャッシュを生み出すものとなり、自社事業であるため利益率が高くなります。

ただし、立ち上がるまでに相応にパワーがかかり、様々な経営資源が必要となります。本書では、自社だけでは賄えない経営資源をアライアンスによって外部から獲得して、事業構築する方法を第5章にて解説します。

事業構築とはプロの仕事であり、ノウハウが必要です。たとえば、何社も上場させることができる経営者や別の業種の社長となって新しい事業を作り上げている経営者は、事業構築の仕方やスラップ、ノウハウがわかっているわけです。

図表２　事業構築面から見た新規事業のパターン

新規事業のタイプは、大きく分けて２つ

タイプ① 事業構築していくもの	タイプ② ブローカレッジ的なもの
● 自社事業として立ち上げていく形 ● 時間がかかるが、永続的にお力ネを生み出す ● 利益率も高い ● ただし、パワー（エネルギー）、経営資源（ヒト・資金・アイディア）が必要	● 販売代理や仲介でつなぐ形 ● 速く立ち上がるが売上・利益は一過性 ● 一般的に利益率は低い

本書では、この事業構築していくタイプの新規事業を中心に、事業立ち上げの各フェーズごとに必要となるノウハウを提供します。

②ブローカレッジ的なタイプ

これは、他社が開発した製品やサービスを仕入れて、自社が販売代理店になったり仲介したりして稼ぐタイプの新規事業です。

自ら開発したり構築したりするわけではないので、立ち上げに時間はあまりかかりません。販売代理契約さえ締結してしまえば、極端な話、翌日からでも売上を立てることができます。

また、このタイプの新規事業のメリットとしては、先行して資金を投入しなければならないことが少なく、研究開発や事業構築の時間も不要なので、スピーディーに売上を立てられるという点が挙げられます。

新しい製品やサービスを考えたり作るのは得意ではないが売るのは得意という会社には、このタイプの新規事業が適しています。営業マンのモチベーションを高く維持していく会社は、他社の開発した製品やサービスでマーケットのニーズに合っていて売れそうなものはないか、マージンや紹介料を適切に取れるものがないかを考えてみましょう。

第6章で紹介するアライアンスによる事業展開のパターンの中で、良い製品・サービスを開発しているにもかかわらず、売り方が悪く営業力が弱い技術開発系企業に対して、営業力の強い会社が販売部分を担うというケースとなります。

他方、このタイプの新規事業のデメリットは、他社が開発・構築したものを担いで売るわけですから、**利益はマージン部分だけとなり、一般的に利益率は低くなってしまう**ことです。また、もう一つのデメリットとして、自社製品を有して販売会社が売ってくれる形や継続収入が得られる形ではないので、**売上や利益は一過性**となり、営業面で常に〝バタ足〟を続けなければならないという点が挙げられます。

しかし、このブローカレッジ的な新規事業に妙味がないわけではありません。妙味があるものもあります。

それは、**海外で売れている製品・サービスの日本における販売権を取得する形です。ここで**

のポイントは、独占販売権を取れるかです。私のコンサルティング先企業にも、世界トップのスポーツ用屋外照明機器の独占販売権を米国企業から取得した会社があります。

販売代理の場合、独占販売権を取得できなければ、複数の代理店同士の過当競争に陥る可能性があります。それにより、価格を下げざるを得なくなったり、営業先が重なって競合したりしてしまいます。そのため、エクスクルーシブ（排他的）な権利が取れるかどうかがポイントとなるわけです。

最後にもう一つ、**他社が開発して販売しているものをＯＥＭ（自社ブランド）で仕入れて、少し変更を加えて売るというタイプ**の事業も、このブローカレッジ的な新規事業に入ります。

大手企業が開発したものの、大手のブランドや顧客が合わなかったり、あるいは大手としては、見込める売上規模が小さすぎたり、といった理由で取り組まないことになったものを譲り受けて、自分たちのブランドで最終エンド商品として完成させて販売するということもあります。

実際、私のコンサルティング先企業にも、大手音響メーカーが大規模な資金投入をして開発したものの、その大手では自社事業としてフィットせず、取り組まないことになった技術を製品化・実用化したベンチャー企業があります。

逆に、中小・ベンチャー企業が開発したもので、その企業の信用では売れないので、大手企業のブランドで売るというケースもあります。これは第５章で紹介する大企業によるベンチャーからの新しい技術やアイディアの取得のアライアンスともなります。

さらにこのタイプでは、他社が開発したものをそのまま仕入れて、ブランドを変えるだけでなく、仕入れたものに何かを付け加えたり、組み合わせたりすることもパターンの1つとしてあります。たとえば、POSシステムに、CRM的なものを加えるなど、他社が開発したものに少し技術的に改良や機能を付加するといったパターンが、このタイプに分類されます。

◈発想面から見た新規事業のタイプ

次に、発想面で新規事業を考えると、以下の2つのタイプに分けられます。

①まったく新しいビジネスを考える（これまでになかった新しいマーケット自体を創り出す）
②すでにあるビジネスを参考にして新しいビジネスを考える（他社や他業種を参考にして、競合の中でマーケットシェアをとる）

私は大企業や中堅・中小企業を対象に、新規事業担当者向けの研修や講演、一緒に新規事業を立ち上げるコンサルティングを行っていますが、「新規事業」というと、これまでにまったくなかった、新しいことを考えなければいけないと思っている人が多いことに驚きます。

しかし、世の中でこれまで誰も行っていないような斬新なビジネスをそんなに簡単に考えつくものではありません。逆に言えば、誰も行っていないビジネスとは、そもそもマーケットが存在せず、誰も必要としていないということなのかもしれないのです。

実際、世の中にあるビジネスの9割以上には競合が存在すると私は思っています。したがって、**「競合が存在することを前提に、ライバルより何らかの部分で〝強み〟を出して勝っていく」**ことが重要だと思っています。

たとえば、アップルがiPhoneを発売したとき、ライバルはいなかったかと言えば、そんなことはありません。すでにフューチャーフォンがありましたし、iPhoneが売れるとなるとすぐにアンドロイド携帯が多くのメーカーから出てきて、競合状態となっていくわけです。

このように、ライバルがいない状況とは、実業においてほとんどないため、競合他社がいる中で、他社よりどこかの部分でサービスを良くするとか、ちょっと価格を安くするといった横比較の中で勝ちに行くというのが、ビジネスにおける戦い方となります。このことについては、第5章にて、詳しく解説しますが、ビジネスにおいては、必ずライバルがいるということを覚えておきましょう。

◎必要な期間から見た新規事業のタイプ

次に、新規事業を、事業立ち上げに必要となる期間で分けた場合は、次のようになります。

① 短期型（数カ月〜2年未満）の新規事業
② 中期型（2年以上〜5年未満）の新規事業
③ 長期型（5年以上で10年くらい）の新規事業

このように、事業の内容によって立ち上げに必要となる時間は異なりますが、これについても、時間がかかるもの、あまりかからないものを組み合わせていく考え方が必要です。

研究開発や事業構築に時間がかかる事業ばかりやっていては、新しいキャッシュがなかなか入ってきません。かといって、短期間で立ち上がりそうな事業だけに取り組んでいても、本格的に収益の柱となるような事業を育てることができないということが起こります。

したがって、**短期型と中長期型の組み合わせのバランスを保つことが大切**です。

第9章で説明しますが、新規事業の立ち上げにおいては、何年くらいで立ち上げて、単年度黒字、あるいは累積での黒字に損益を合わせる事業として取り組むのか、時間スパンを各新規事業のプロジェクトごとに明確にしていくことが重要です。

そして、第12章の事業計画書の作り方で解説する損益シミュレーションにて、具体的に数字に落とし込み、実施後も自分たちがどの地点を歩いているのかをきちんと把握していくことが肝要です。

◎リスクの度合いから見た新規事業のタイプ

新規事業の立ち上げでは、リスクとリターンを適切なバランスで組み合わせることが必要です。

新規事業は、リスクの度合いでも、ざっくり以下のような3つの分類となります。

①ローリスク・ローリターンの新規事業
②ミドルリスク・ミドルリターンの新規事業
③ハイリスク・ハイリターンの新規事業

新規事業の立ち上げを考える際は、この**リスク度合いの違いで、案件を組み合わせるという目線も必要**です。

詳しい説明は割愛しますが、リスクとリターンは裏返しであり、ローリスクでハイリターンというビジネスはありえません。リスク（成果の分散の散らばり）とリターン（成果の分散の散らばりを許容することによって得られる見返り）は一体です。つまり、ローリスク・ローリターン、ハイリスク・ハイリターン、ミドルリスク・ミドルリターンになります。

したがって、新規事業も、その特性によって、「リスクは高いが得られるであろうリターンも大きい」と見込めるものと、逆に「リスクは低いが得られるであろうリターンが小さいもの」、そして「その中間くらいのもの」に分けられます。

新規事業の立ち上げにおいて、リターンを求めるあまり、ハイリターンの案件ばかりやっていては、リスクが高くなりすぎます。他方、リスクを嫌ってローリスクのものばかり手がけていても、大きなリターンは得られません。これらをバランスよく組み合わせることが必要です。成功すれば大きな利益を見込めるものの、リスクが高いものばかり行うことは不確実性が高く、結局、新規事業が何も立ち上がらないという危険性が出てきます。

なお、資金運用の際のポートフォリオ構築における案件ごとの相関係数による投資分散のような形で厳密に行うことは、新規事業の案件選択においては正確にはできませんが、後に紹介するような観点から、投資案件を選別し、リスク度合いの観点（つまり成功確率とリターンの大きさ、そして必要となる期間）などから、案件選択をして、取り組む新規事業の組み合わせを考えていく必要があります。

その際、自社の既存事業のリスク・リターンの性質を加味して、同じ系統のものではなく、バランスがとれる新規事業の案件を選んでいくこととなります。

◎収益モデルから見た新規事業のタイプ

次に、収益モデルから見た場合、以下のように5つくらいの新規事業のタイプがあります。収益モデルの異なる事業を組み合わせるという目線は極めて重要で、これら複数の収益事業を組み合わせることにより、会社の収益基盤は安定します。

第1章で述べたように、会社の経営基盤を安定化させるためには、単に事業の数を増やすだけでなく、ここで説明する収益モデルが異なる事業を組み合わせることを考えなければなりません。

①受託型の事業（身体を動かした作業分が収益となるもの）

②自社製品開発型の事業（メーカーのポジションとなるもの）
③ランニングで継続収入が入る形の事業
④ノウハウを教える形の事業（〝先生〟型）
⑤資金を投資してリターンを得る形の事業（値上がり益や配当）

①受託型の事業（身体を動かした作業分が収益となるもの）

お客様から何らかの作業を請け負って、何か作業をするタイプです。一口に受託型のビジネスといっても、システム開発やデザイン制作、金属加工、機械製造、設備、水道などの工事、環境などの調査など、様々なものがあります。開発、製作、製造、加工、施工など様々です。

受託型は、「売るもの＝自分たちの労力」と考えられるわけです。人が身体を動かして、何か加工なり、制作なり、開発なりをして、その対価をもらうタイプとなり、加工賃や作業代の部分しかもらえない形です。**汗（スウェット）を流した分だけの収益モデル**がこのタイプです。

この事業の特徴としては、毎回仕事を受託できるかどうかについて、相手先が頼んでくれるかどうか次第という面があることです。発注してもらえれば受託できますが、発注してもらえなければそのまま売上が下がるという状況となります。

官需のものであれば、入札で取れるかどうかとなります。企業には固定費がかかりますが、企業や官公庁の年度予算に依存する受託事業の場合、年度の後半にならないと受託できるかどうかわからないというケースもあります。

受託自体はリピートで続くものがあるとは思いますが、受注にあたって、毎回毎回交渉したり営業しなくてはならない単発のものも多いです。リピートの契約やお客様が多い場合は、完全な単発ではなくなり、収益力は上がります。このことは、第10章の**CLV（Customer Lifetime Value 顧客生涯価値）の向上**のところで説明します。

受託型の特徴として、価格の面を自分たち側で決めにくいケースも多いということが挙げられます。発注がお客様次第というだけでなく、自分たちで受注価格を主導的に決められないケースもあります。どの会社にも自社の価格や料金の体系はありますが、競合に合わせて価格を下げざるを得ないケースや、下請け構造のために発注側が一方的に価格を決めてしまうこともあります。建設・土木業界では多い事象ではないかと思います。入札の場合、こちらが入札額を決めるとはいえ、実際は最安値でしか受託できないため、おおよその諸条件と他社動向によって決まってしまいます。

以上が受託型の事業の説明となります。このような事業ばかりだと、受注の不安定要素が多くなり、会社の収益は安定しにくく、また収益としても常に身体を動かして作業した分だけの儲けしか入ってこない形となります。

②自社製品開発型の事業(メーカーのポジションとなるもの)

自社製品やサービスを開発して、自社がメーカーあるいは事業主体となるタイプです。売るものを自分で作って、その製品やサービスを売っていく形です。

私は、自社製品・自社サービスが持てるかどうかが、前述の受託型ビジネスをしている会社が次の段階に大きく伸びられるかどうかの分かれ目だと考えています。

第6章の「アライアンスによる新製品開発のススメ」でも述べますが、不足している技術力を外部から導入したり、生産、販売、アフターフォローなどの各段階を自社だけで全部やれなければ、足りない機能・資源を外部とのアライアンスにより補ったりすることで、最終エンド製品を持てるようになることは大切です。

こうしてメーカーのポジションを取れれば、加工や作業などの費用だけを「人件費+α」でもらっている①の受託型事業よりも利益率を高くすることができます。自社製品を持つメーカーは、粗利を50%以上取れることも多いです。

受託型事業をずっと行ってきた会社の場合、なかなかすぐには最終エンド製品を作ることができないケースもあると思います。受託からの脱却については、後ほど述べますが、人材や仕事の進め方の面でもハードルがあります。

たとえば、私のコンサルティング先企業に、東証一部上場の化学工業メーカーの子会社で、親会社が開発したパーツを生かした事業展開をしている会社があります。

パーツを有している会社であれば、まずはパーツ段階のものを少し最終製品に近づけて「モジュール」の段階まで進め、さらに「システム」の形にして販売するようにすると、パーツだけでの販売よりも利益を盛り込みやすくなります。それから、より最終完成品に近づいた形となれば、保守メンテナンスなどの利益も取ることができるようになります。パーツだけの製造・販売ではなかなか儲からない場合には、こういった方向での取り組みを考えてみましょう。

自社製品・サービスの開発には苦労が多いですが、一度開発をしてしまえば、その後は高い利益率で継続した収益が入る形となります。

③ランニングで継続収入が入る形の事業

このタイプは、クラウドサービスの利用料や保守メンテナンスの費用、会員制サービスの会

費など、月々継続して収入が入る事業です。

①の受託型は作業した分だけのそのとき限りの収益であり、毎回単発の受託になるケースも多いです。それに対し、このタイプの事業は毎月ランニングで（初回単発だけでなく、走り続けるかのように）継続して収入が入る形です。

また、②の自社製品開発のように、売るものを作ってそれを継続的に売るというよりは、販売した製品やシステムの保守メンテナンス、インターネットを介したクラウドサービスなど、月々の一顧客あたりの金額は小さくとも、累積的にそれが積み上がって、継続的に収入が入ってくるものです。

受託型のビジネスだけを行っていて収益が不安定な会社が取り組むと良いタイプの事業です。ベースの部分の売上をこのタイプの事業で確保するようになると、会社経営の損益を合わせることが楽になります。新規事業の方向性としても、たとえば、固定費をこういった事業でほぼ賄えるようになると、かなり会社経営が楽になるかと思います。私のコンサルティング先企業でも、鉄道工事の監視システムからに継続的な収入で通年での年度末の利益が、期首の段階ですでに確保できることがわかっている会社があります。

ソニーは新型ゲーム機ＰＳ４（プレイ・ステーション４）を発売していますが、同社はゲーム機端末の販売価格だけでなく、インターネットからゲーム・アプリをダウンロードできたり、インターネット上で他者と対戦できたりするサービスの月次利用料や追加的な課金の収益を狙っています。1ユーザーごとの月々の金額はそれほど大きくなくとも、毎月入ってくる利用料や追加ダウンロード料は、ゲーム機の購入者が増えるごとに累積的に積み上がっていきます。ゲーム機が売れて入ってくる単発の端末機器代金ではなく、ランニングで継続して入ってくる収益モデルとなっているわけです。

携帯電話の販売も初期の新規販売手数料とその後の月次利用からの按分報酬が入ってくる収益モデルであり、このタイプに入ると言えます。

④ノウハウを教える形の事業（〝先生〟型）

事業を行っている上で、何らかの分野で専門知識やノウハウを得られた場合に、それらのノウハウをセミナーや研修、コンサルティングなどで他社に売る形の事業のタイプです。〝先生〟的な立場でノウハウを売っていく形です。

独立して起業する場合、社員を抱えて何らかの事業展開をするパターンもあれば、個人の専門家としてノウハウや能力を売っていくパターンもあるわけですが、後者のパターンで起業した人にとって、このタイプの事業は取り組みやすいと言えます。

製品を開発・販売しているメーカーでも、サービス系の事業展開をしている会社でも、受託型の作業をしている会社でも、何かしら〝専門家〟としてのノウハウを持っているものです。そういったノウハウがあるからこそ事業ができているわけですから、自分たちが〝先生〟として、外部に対して教えられることはないかを考えてみましょう。

そして、それをウェブ上でブログやコラムとして情報発信したり、有料セミナーを企画・開催したり、コンサルティング・サービスの形で展開したりしましょう。その活動は、収益を上げるだけでなく、会社のブランディングにもつながり、一石二鳥です。

⑤資金を投資して投資リターンを得る形の事業

他の事業で稼いで貯めた資金を投資することにより、資産の値上がり益や配当、家賃などの収入を得る形のものです。株式や債券、投資信託、生命保険のような金融商品もあれば、マンションなどの不動産というケースもあります。フランチャイズ展開している事業で、よい利回りが得られそうなものにフランチャイジーとして出店することも、このタイプとなります。

その他、M&Aで企業や事業を買収することもありますし、ベンチャー企業に投資することもあります。もちろん、自社の新規事業に投資するケースもあると思いますが、ここでは自社事業以外に資金を投資するタイプと考えていただけたらと思います。

第11章で解説しているキャッシュフロー計算書における3つの資金の出入りの中で、投資キャッシュフローに当てはまるのがこのタイプです。

業績が好調で内部留保がある程度貯まってきている会社にとっては、その資金をどう投資するかが課題となります。

ここでのポイントは、①の受託型のように自分たちが体を動かして何かやらなくても、収入が入ってくるものに投資をしておくということになります。投資による収入を得ることにより、会社の収益基盤は安定する形となります。ただし、財テクに走って、損失を被ることのないよう、万が一、投資が失敗しても許容できるリスク・バッファの範囲で行うことが大切です。

◎受託型・下請け体質からの脱却が急務

受託型ビジネスを行っている企業にとって、下請け体質からの脱却は大きなテーマです。先ほど述べたように、受託型ビジネスは自分たちで価格を決められないケースもあり、また言われたことを言われたままにこなす形となります。どれだけの量の仕事が来るのかも、相手先が発注してくれるかどうか次第となります。これでは、会社経営は将来危うくなります。

長年受託型ビジネスで受け身の仕事を行ってきた会社の社員の方は、決まったことや頼まれたことをきちんとこなす体質になっているため、自ら新しい発想を出して、クリエイティブに新しい製品の開発やサービスの構築を進めることがなかなかできないことが課題となっています。

自分たちでアイディアを出して、何か創造することが少ないため、新製品開発の最終までのプロセスをどのように進めていってよいかわからない、成功のイメージができないという課題もあります。しかしながら、受託型・下請け体質のビジネスから脱却するためには、試行錯誤しながら乗り越えていかなければなりません。

そのためにも、次章以降の本書の新規事業立ち上げのノウハウやスキルを身につけていただけたらと思います。

ポイント

新規事業は様々なタイプに分類できるので、どのタイプに取り組むか、そして組み合わせをよく考えることが重要である。

2 新規事業の案件をどう選ぶか？ 要素に分解して比較！

◎4つの要素で考える

新規事業の選択肢がいくつかある場合、どのように選ぶのがよいでしょうか？その際には、次の4つの要素を頭に置いて、それらの要素をもとに各案件を比較検討して、案件を選びましょう。

①投資額（いくら必要か）×②利益額（いくら儲かるか）×③期間（何年か）×④成功確率（うまくいくかどうか）

3つの要素で考える形であれば、以下のようになります。

投資倍率（利益率÷投資額）×期間（何年か）×成功確率（うまくいくかどうか）

儲かる利益額が大きそうでも成功確率が低いものや期間が長くかかってしまうものもあれば、利益額が小さそうでも成功確率が高いものや期間が短くて済むものもあります。そういったことを、前記の3〜4つの要素に分解して、各案件を比較します。

【例】投資金額が一定で、1億円を投資する場合

プロジェクトA（利益0・5億、期間2年、成功確率70％）
⇓2年間で、元手の半分の額は利益が出て、70％という高い成功確率の案件
プロジェクトB（利益5億、期間5年、成功確率10％）
⇓元本の5倍大きく儲かるが、期間が5年と長く、成功確率も10％と低い案件
プロジェクトC（利益1億、期間3年、成功確率30％）
⇓説明は、後述。

成功確率については、決めにくいかもしれませんが、一番可能性の高いものを基準としてそ

の対比で、％を決めてみます。

前記の例での、プロジェクトAとBの比較のように、投資倍率が高いものよりも、成功確率が高いものを選ぶほうが、より利益が出ることもあります。

プロジェクトCは、1億円を投資して、3億円儲かる案件（投資倍率3倍）です。成功確率が33％であれば、3回やって1つ当たるわけで、＋－ゼロになります。成功確率が最低でも33％ないと、期待値がマイナスになってしまいます。

ただ、通常、このような期待値（＋－ゼロ）の事業は、時間だけが無駄になってしまう可能性があるので、選択肢からは除外します（ただし、設定期間後も、利益が毎年継続する場合は可能性あり）。

このように、この要素に分解して期待値をおおまかに算出して、どの選択肢が今の自社の状況に適しているかを総合的に比較検討して、新規事業を選びましょう。

ポイント

新規事業は要素に分解して、どの案件を選ぶのかを検討すべきである

第3章

新規事業でどこに一歩踏み出すかの戦略立案

1 新規事業でどこに一歩を踏み出すか

◎どこに一歩を踏み出すかは本当に難しい問題

第1章の冒頭でお話したとおり、企業はこれから3~5年ごとに新規事業を立ち上げ続けていくことが必要な時代となっています。その際、「どう戦うか」を考えることはもちろん重要ですが、その前に、**「どこの場所で戦うか」**を決める必要があります。

新規事業立ち上げに取り組むにあたり、どこに一歩を踏み出すかは非常に難しい問題です。自社の現在の事業ドメインと近い領域か、それとも少し離れた領域か、どのように決めていったらよいのでしょうか?

たとえば、同じ公益企業でも、大阪ガスがインターネットを介したファイルやり取りサービス「宅ふぁいる便」（広告収入モデルの事業）など本業から離れた新規事業に取り組んでいるのに対して、東京ガスは本業の領域、もしくは本業に近い領域でしか新規事業に取り組まない方針を持っているようです。

ここで考えるべきは、「**自社の強みをどのように有効に生かすか?**」「**強みを生かした事業内容・事業モデルにはどのようなものがあるか?**」という面です。とりわけ、長く継続的に成長・発展している中堅クラスの製造業の企業は、自社のコアとなる技術に特化して、その応用製品や近い領域の加工サービスなどにこだわった戦略で成功しているケースが多いです。本書では第5章にて、自社の強みの見つけ方について解説しています。

◈現業と離れた分野に出るか否か

現在の自社の事業領域とあまりに離れたところ、すなわち〝**飛び地**〟**に出るのは、ビジネスのノウハウが違うため、成功確率は下がる**ことになります。したがって、自社のこれまでの事業領域に近いところ、つまり、自社のこれまでの〝強み〟を生かしやすいところに出ることが基本となります。しかし、どうしてもそれができない事業内容・業態の会社もあります。

たとえば、私のコンサルティング先に、電鉄会社の車輛の保守メンテナンスをしている会社があります。寡占状態で他社が自社の取引先との取引に参入してくることはないものの、自社も別の電鉄会社の仕事に参入することがなかなかできない状況にあります。このような場合には、別の離れた領域の新規事業に取り組むしかありません。

基本的な考え方としては、自社のそれまでの事業領域に近いところに出る。しかし、それがどうしてもできないときには、まったく新しい別の事業領域に出るという考え方となります。

◎どこに出るかの検討にあたって参考になる手法

繰り返しとなりますが、新規事業立ち上げにあたり、どこに一歩を踏み出すかは、とても難しい問題だと言えます。

本章では、その問題を検討していくにあたり、参考となる手法をいくつかご紹介します。

欧米の経営学の学術的な論文には、実務に応用しようとしてもそのままではすぐに活用できないものもありますが、内容をかみ砕いて理解して、「要するにどういうことなのか」というエッセンスを導き出して応用してみると、実務において有効なものもあります。

私は、『ハーバード・ビジネス・レビュー』などに掲載されたものを中心に、最近の経営学の論文の中から利用できそうな理論や手法を探索してみました。その結果、これからご紹介する「認知的遠方収益機会論」「シナリオ・ベース戦略手法」「リーン・スタートアップ」など、いくつかの手法が見つかりました。これらの内容は、私の経営セミナーでも、事例を交えて何度もお話しています。

どこに一歩を踏み出すかについて、〝魔法の杖〟や〝打出の小槌〟のような一つの手法でピタッと結論を導き出せるものはなかなかありませんが、本章でご紹介する手法や考え方を複合的に用いながら、自社の新規事業立ち上げの方向性を決めていきましょう。

ポイント

新規事業でどの方向へ踏み出すのかは重要かつ難しい問題。
自社の強みを生かせるところへ出るのが王道！

2 新規事業戦略立案にあたって、まず決めることは？

◈重要なのは、「誰に」「いくらで」「どう売るか」

新規事業戦略を立案していくときに、当然ながらまず決めておかなくてはならないことがいくつかあります。具体的には以下のようなものです。

① 誰に（ターゲット、Who）
② どういうものを（製品・サービス、What）
③ いくらで（価格、How much）
④ どうやって売るか（営業方法、How）
⑤ どれだけ売るか（おおよその売上目標、How many）

図表3　新規事業で重視するのは“売る”こと！

❶ 誰に（ターゲット：Who）

❷ どういうものを（製品・サービス：What）

❸ いくらで（価格：How much）

❹ どうやって売るか（営業方法：How）

（❶、❸、❹は）おざなりになりがち！

❺ どれだけ売るか（売上目標：How many）

どう売るのか、売りやすさなど、最後の営業に意識を置いて、新規事業を考案する！

新規事業を立ち上げる際、②の「どんな製品・サービスを作るか」ばかりを考えてしまいがちで、①の「**誰に**」、③の「**いくらで売るか**」、④の「**どうやって売るか**」がおざなりになっていることが多々あります。それが、新規事業が立ち上がらず失敗してしまう原因となってしまっています（図表3）。

特に、技術開発系の企業にて、エンジニアや研究者の人々が中心となって新製品を検討する場合、どうしても「技術オリエンティッド」（技術から考える志向）や「プロダクト・アウト」（製品を作ってから売るスタンス）の発想が強くなり、「**マーケット・イン**」（市場の顧客ニーズからの発想）が弱いという面があります。

第10章で詳述しますが、**新規事業の最終的な成否は、売れるかどうかです。どんなに良い製**

品やサービスを作ったところで、売れなければ会社にキャッシュは入ってきません。したがって、作るところだけに意識を置くのではなく、前述のポイントのうち、「どのようにして」という営業・販売方法（例　営業マンの直接営業か、代理店販売か、インターネットでの販売か、など）の部分を考えて、**手離れ良く、売りやすいものにする**ことを意識しましょう。

それから、京セラ創業者の稲盛和夫氏がよく述べているように、「**商売は値決め**」です。いくらで売るのかという価格帯や料金体系をしっかり作れなければ、ビジネスになりません。受託型のビジネスを行ってきた企業の中には、自分たちで料金体系を決めたり、価格づけをすることに慣れておらず、「いくらで売るのか」を自ら決められないため、新規事業がうまく立ち上がらないケースもあります。「商売は値決め」ということを頭にしっかり置いておきましょう。

◎お客様のニーズから発想するほうが成功しやすい

新規事業戦略立案にあたってのもう一つのポイントは、「**新規事業は基本的にお客様のニーズから考え出したものの方がうまくいきやすい**」ということです。

私のオフィスのある東京の青山通りには、エステとかリラクゼーション、フットケアといった女性向けサービスの店舗がたくさんあります。女性経営者のお店が多いのですが、相応にうまくいっているお店が多いのは、おそらくその女性経営者たちが「自分なら、こういうお店があったらいいいな」というユーザー目線でサービスやお店を作っているからです。

私のコンサルティング先企業に「ＮＥＷクレラップ」など家庭用品を作っている株式会社クレハがありますが、同社の商品企画部には女性の開発担当者が加わっています。キッチン用品の商品企画の場合、やはり、男性だけではなく、女性のスタッフもいたほうが、主たるユーザーである主婦目線を持ちやすいでしょう。

もちろん、大手メーカーの場合、中央研究所での研究をどのように捉えるかという問題はあります。つまり、今すぐ市場やお客様からのニーズはなくとも、将来を見据えて新素材や新技術を生み出すための基礎研究は中長期的な企業の発展を考えると必要になります。他方、あまりに市場ニーズや事業化から遠すぎる研究開発ばかりをしてしまうと、成果がなかなかキャッシュに結びつかないということがあります。

研究所からすれば、お客様の目の前のニーズに応えるだけでは、本当に将来の収益を担っていくような新技術は生み出せない、あるいは技術者、研究者としての自分たちの技術面、研究面の興味・関心と合わない、といったことはあるかと思います。

しかし、それでは「プロダクト・アウト」の考え方となり、技術やモノがあるからそれを売るというスタンスとなってしまいます。やはり、お客様のほうを向いた「**マーケット・イン**」の発想や後述する「**リーン・スタートアップ**」の考え方を重視して、新製品開発からの新しい売上の獲得を考えることが大切でしょう。

ポイント

新規事業立ち上げで重要なのは、「誰に」「何を」「どうやって」売るか。お客様のニーズから発想したほうがうまくいく！

3　ビジネス・チャンスは自分の身の周りだけで考えてはいけない

◈認知的に近いところに本当に有望なビジネス・チャンスはない

新規事業でどこへ向かって一歩踏み出すかを考えるにあたり、「**認知的遠方収益機会論**」というものをご紹介します。

なんだか漢文のように見えるかもしれませんが、これはダートマス大学ビジネススクール准教授のジョバンニ・ガヴェッティ氏が２０１１年に『ハーバード・ビジネス・レビュー』に投稿した「The New Psychology of Strategic Leadership」で述べていることを私が日本語として名づけてみたものです（日本語版では２０１３年1月号に掲載）。

これまでの「認知科学」の研究により、人間は何か新しいことをする際に、自分の過去の経験や身近なことから判断しがちであるということが証明されています。

新規事業の方向性を考える際も、**人は自分のこれまでの経験や身近な状況などから、「認知的に」（※注ここでは「心理的に」あるいは「感覚的に」と同義語）に近いところのビジネス・チャンスを探ってしまいがち**です。それが、新規事業の立ち上げを困難にしていると言えます。つまり、**固定概念に捉われてしまう**わけです。

ましてや、組織が確立した業歴のある企業、特に大手企業においては、役員会を通したり、社内のコンセンサスを得る必要があるため、より一層、**過去の延長線上の戦略を立ててしまう傾向**があります。つまり、近視眼的になって、認知的に近いことばかりにとらわれてしまうというわけです。

ガヴェッティ氏は、「認知的に近いところには、本当に有望な収益機会はない」と言っています。すなわち、**有望なビジネス・チャンスを見つけるには、心理的に・感覚的に、遠いところを探索しなければならない**ということです。

さらには、マイケル・ポーター氏などの戦略論が普及した結果、「競争の緩やかなところに出ろ！」といった戦略論を皆が同じように学んでいるため、結果として、**企業の戦略担当者や経営者は、同じ方向で市場要因を分析し、同じような機会を認識して、しのぎを削ってしまう**ことになります。その結果、認知的に近い領域の収益機会については、競合他社の担当者も、あるいは自社の前任者や前々任者をはじめ、誰もが探索してしまっているがゆえに、有望なものは

図表４　認知的遠方収益機会論

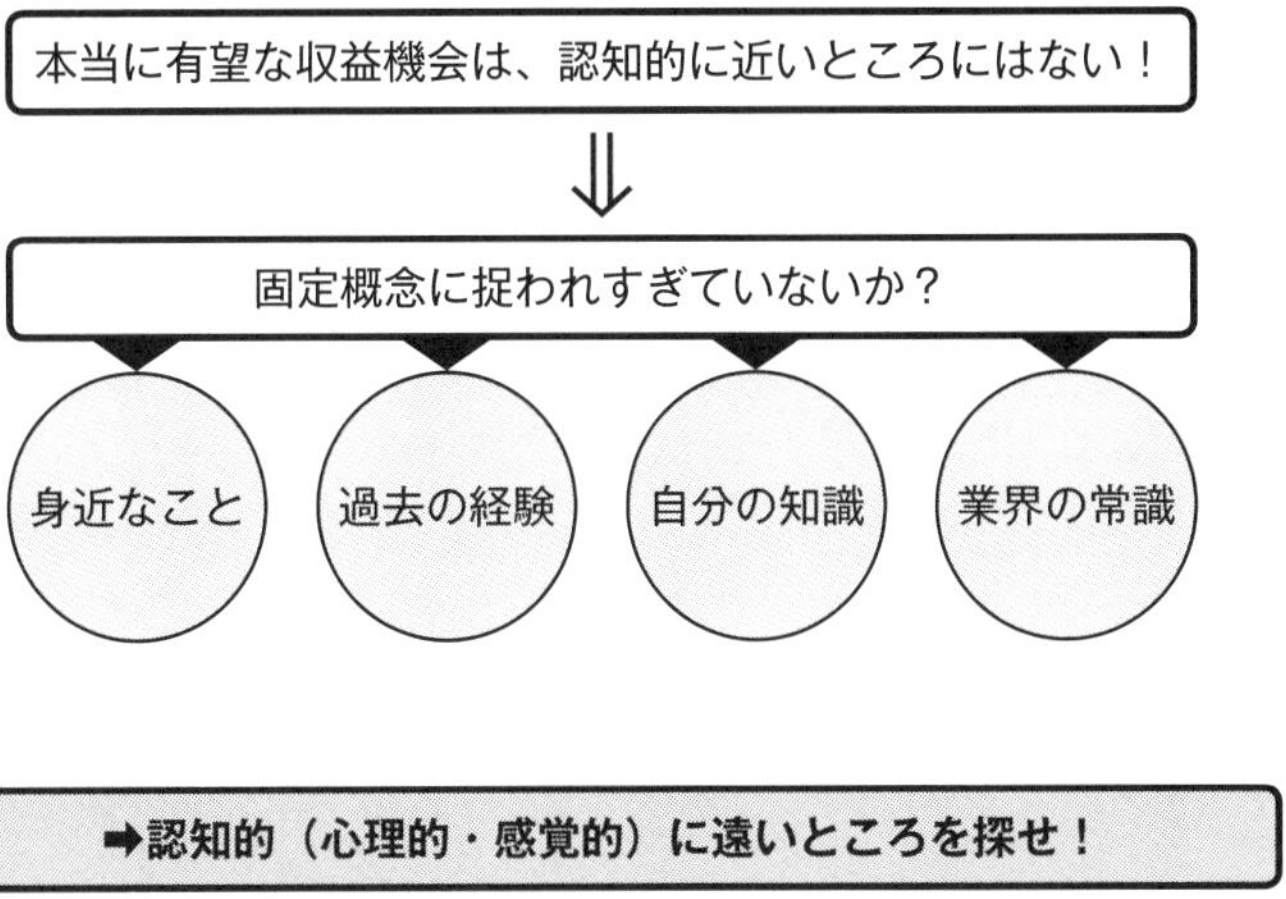

本当に有望な収益機会は、認知的に近いところにはない！
固定概念に捉われすぎていないか？
身近なこと
過去の経験
自分の知識
業界の常識
➡認知的（心理的・感覚的）に遠いところを探せ！

もう残っていないというわけです。そのため、ガヴェッティ氏が論じたように、「**認知的に近いところには、本当に有望な収益機会は存在しない**」ということが言えるわけです（図表４）。

みなさんも、自分の業界や自分の会社の固定概念にとらわれてしまっていることはないでしょうか。前述したように、認知的に近い領域の収益機会については、誰もが探索してしまっているため、有望なものはもう残っていないことがほとんどです。自分たちの会社や業界の〝常識〟からすぐ思いつくことであれば、前任者がすでにやってしまっているでしょう。

「本当に有望なビジネス・チャンスは認知的に遠いところにある！」「自分の身の周りだけで考えていないか？」ということを振り返ってみる必要があります。本当に有望な収益機会を見つけるためには、**認知的に遠い収益機会を探索することが大切**です。

◎新規事業のヒントは他業界にある!

このように、人はどうしても自社の事情や業界の固定観念に縛られて、近視眼的になりがちで、認知的(心理的、感覚的)に近いところにあるビジネス・チャンスを探ってしまいがちになります。そして、それが新規事業の立ち上げを困難にしているとも言えます。

これを打破するためには、**他業種の成功事例を参考にしたり、異なる組織・人と連携したりして、固定概念を打ち破り、直観的な連想に意識を向ける、ガヴェッティ氏がいう「連想思考」を働かせることが必要です**。

「連想思考」とは、他の業界でこういうニーズがあるなら、自分たちの業界でも、そういうことを求める顧客がいるはずだ、というように、何か他のものを参考にして、そこから連想させて、発想・戦略を考え出すことをいいます。

私が講演でネットベンチャーの事例を出すと、メーカーの聴講者の中には、「自分たちには関係ないよ」という顔をしている人が少なからずいます。それはすでに固定概念に囚われてしまっているわけです。つまり、「ネットベンチャーのやり方のエッセンスをメーカーも取り入れることはできないか」「メーカーもネット系とかＩＴ系のビジネスができないか」などと考えていかないと、近視眼的な思考になってしまいます。「自分たちの業界はこうだ」と固定概念に囚われて、自分たちの感覚的・心理的に近いものだけを検討していたら、新しいことは考え出せません。そういう固定観念を取り払って、連想思考を働かせ、認知的に遠いところを探すようにしましょう。

◎認知的に遠いところを探った好事例　～ＬＣＣの例～

この直観的な連想に意識を向けて体系的に「連想思考」を活用した最高の事例として知られているのが、ＬＣＣ（ロー・コスト・キャリア＝格安航空会社）のサウスウエスト航空です。

航空業界は歴史的に、価格は高くても、高級志向で高品質なサービスが良いという考え方の業界でした。おいしい食事が出て、飲み物も飲みたいだけ飲めて、キャビン・アテンダントが丁寧におもてなしをすることが当たり前だったのです。つまり、とことん高級志向が当たり前の業界の常識となっていました。これは米国の航空会社も、欧州の航空会社も同じように高級志向で、航空業界にいる人からＬＣＣの発想は出てきませんでした。競争に勝つためには、サービスのクオリティをより一層上げるべきだという方向性ばかり考えていたのです。

それに対して、サウスウエスト航空は、他業種であるコーヒーショップ・チェーンで、シンプルで安価なサービスがお客様に喜ばれていることにヒントを得ました。「航空業界でもそういうシンプルで安価なサービスを求めるニーズを持つお客様はいるはずだ」と考え、これがLCCという新しいサービスの誕生につながりました。

みなさんも、知らず知らずのうちに、今いる会社や業界のしきたりや慣習にどっぷりつかっていることはないでしょうか。しかし、「ウチの業界はこういうことをやって、こういうふうに考えるものだ」などというような業界の固定概念に囚われてしまったり、過去のデータの仮説検証に囚われてしまっていたりすると、認知的に近いところばかりを考えてしまい、有望な収益機会を見つけることができません。

やはり、**新しいビジネス・チャンスを獲得するためには、認知的に遠い収益機会を探す必要があります**。つまり、他業種との比較や異なる組織・人との連携などにより、自分たちが普段考えているビジネスの領域から遠いところを考えてみるのです。

◈固定概念から脱出するための3つのポイント

業歴が相応にあって、長期にわたって勤めている社員が多い会社では、固定概念が強いために、新規事業が立ち上がらないということがあります。

「うちの会社では、こういうときはこうするもの」

「うちの会社では、こういうことはしない」

「どうせ、うちの会社では話は通らない」

といった思い込みや決めつけ、あきらめなどの「固定概念」が強いと、新しいことを生み出していくことができません。

では、どうやって、それを打ち破るか。3つのポイントをご紹介します。

1つ目は、社内において「固定概念」に縛られず、「**新しい意見をとにかく尊重して、今までとは違うことをやってみようという雰囲気を作っていく**」ということです。社風の転換には時間がかかりますが、経営陣も現場の社員もそういう意識を持って取り組んでいくことが大切です。そのための具体的な方法は、第13章にてビジョンと行動指針として説明しています。

次に2つ目は「**外部の目線を入れる**」ということです。他部署の担当者や取引先の意見を取り入れたり、コンサルティング会社のアドバイスや提案、推進力を活用していくということです。私は、これまでコンサルティング先企業や各種のビジネスプラン発表会などで多くの会社の新規事業のプランを見てきましたが、いつも感じるのが、いかに自社のやり方や業界の常識にとらわれてしまって、固定的な考え方、物事の進め方になってしまっている企業が多いかということです。同じやり方でずっとやってきた自社のメンバーだけでなく、やはり、外部目線を入れることが大切だと思います。そうしなければ、そういった固定的なやり方を打破することができません。そういったことにとらわれていることにすら、気がつかないことになってしまいます。

最後の3つ目は、大きな痛手にならない範囲で、「**まずは、ちょっとやってみる**」ということです。この感覚が何より大切です。プレ的に少しやってみるわけです。このことについても、第9章の新規事業の実行のポイントの項で、さらに詳しくお話しします。

これらを実際にやってみると、新規事業を進めようと思っても何も進まない……という事態から脱出できるのではないでしょうか。

ポイント

感覚的に近いところにビジネス・チャンスはない。遠いところにこそ、収益機会を求めるべきである。

4 既定路線のシナリオだけにならず、複数の戦略シナリオを作る！

◎既定路線の戦略だけでなく、複数の戦略を立てる

次に、「**シナリオ・ベース戦略手法**」をご紹介します。

これは、米国のP&G（プロクター・アンド・ギャンブル）が実際に用いた手法で、2013年『ハーバード・ビジネス・レビュー』に、同社会長のラフリー氏その他の執筆で「Bringing Science to the Art of Strategy」として掲載されたものです（日本語版では2013年1月号に掲載）。私のほうで、「シナリオ・ベース戦略手法」と名づけてみました。以下、その概要を説明します。

P&Gは「OLAY」というスキン・ケアブランドの立て直しにあたり、このブランドが従来の低価格ブランド製品が陳腐化し、顧客層も高齢化し、規模も小さいという状況下で、目標

図表5 シナリオ・ベース戦略手法

社内を説得しやすい、既定路線上の戦略シナリオを1つしか立てない

⇓

“バラ色のストーリー”も含めた、複数の戦略シナリオを作り、その比較の中で戦略を決める！

としては「ビューティケア商品で世界一になりたい」という課題をクリアするために、5つの新しい戦略シナリオを作り、それらを比較検討していくことによって、新しい戦略を選定しました。

具体的にどのようにしたのかというと、その戦略シナリオの1つ目は、この「OLAY」というブランド自体を廃止し、世界的なスキン・ケアブランドを買収するという案。2つ目は、「OLAY」は従来通り低価格のマスマーケット向けブランドとして方針は変えないが、追加的なR&Dをして、しわを減らす効果を高めて、熟年層への訴求力を高めようとする案。3つ目は「OLAY」を高級ブランドに変えようという案。4つ目は「OLAY」のユーザーが熟年層に偏ってきているので、35歳以上の少し若い

層にもアピールするようにしようという戦略。５つ目は別に持っていた「カバーガール」というブランドを、スキンケアの領域にも応用させようという案でした。

このように、５つくらいのシナリオを出し、その上でそれらを比較しながらどの戦略シナリオが適切かを決めていったわけです。もちろん、それぞれのシナリオを実行するためには、難しい条件が出てくるわけですが、それをクリアーできるかどうかを検討して、実際の戦略的に仕立てていったと書かれています。

つまり、Ｐ＆Ｇが実践した方法は、既定路線の戦略シナリオだけではなく、夢想的なものでもいいから必ず１つ以上は代替案となる戦略シナリオを複数立ててみて、その上でそれらの代替案となる戦略シナリオとの比較の中で、既定路線の戦略シナリオがいいのか、別の戦略シナリオがいいのかを判断するという手法です（図表５）。

私も、新規事業の戦略立案では、既定路線だけでなく、複数の戦略シナリオを作ることが大切だと考えています。

◎役員会を通しやすい案だけを立てていないか

経営者や戦略立案者は、どうしても過去の延長線上の既定路線の戦略シナリオを立ててしまいがちです。特に、業歴が長く、事業内容が確立している企業や、組織立って運営されている中堅から大手の企業であれば、役員会や経営会議なども通さなければならないでしょうし、また、社内及び社外からの賛同を得ることも必要であるため、なおさらです。

新年度の経営計画や新規事業の立ち上げの方向性を考える際、役員会を通しやすい、あるいは、社内を説得しやすいということから、ついつい、既定路線の延長線上の戦略や方針にしてしまっているということはないでしょうか？

既定路線の戦略シナリオの一つだけでは、それが本当に正しいかどうか、わかりません。第1章で述べたように、高度経済成長期など、経済のパイ自体が拡大しているときには、過去の延長線上の既定路線の戦略や経営計画だけで、業績を伸ばすことができたわけですが、今これからの時代は、右肩上がりで大きく成長する時代ではないため、既定路線の延長線上だけでは、なかなか売上を伸ばせません。

このような状況では、**既定路線上の戦略シナリオだけでなく、たとえ、夢想的だと思われるものであっても、必ず複数の戦略シナリオを作って、それらの比較の中で、最も正しい戦略シナリオを選択することが大切**です。それにより、最も正しい戦略シナリオを選定していくことが必要です。

◈夢想的な〝バラ色のストーリー〟なシナリオでも立てる！

ここで言う「シナリオ」とは、実際に実現可能かどうかは証明しなくてもよいので、「こういうことがやれそうだ、考えられそうだ」という〝バラ色のストーリー〟でよいとＰ＆Ｇの事例には書かれています。つまり、人から、夢みたいな話だと言われるくらいの夢想的なものでもよいということです。

まずは、たとえ夢想的なものでも、既定路線のシナリオだけでなく、**複数の代替案となるシナリオを作ってみるということが大切**です。複数のシナリオを想定しなくてはいけない、ということを、Ｐ＆Ｇ会長のラフリー氏は、繰り返し述べています。

戦略シナリオとは、「**自社の成功プロセスを描いたバラ色のストーリー**」と割り切りましょう。まずは夢想的でもよいので、市場のどのセグメントで勝負し、どう勝利を手にするかをストーリーで描いてみるわけです。多少バラ色でもいいから、まず代替案を考えてみましょう。

バラ色のシナリオを会議などで話すと、「何言っているんですか、うちの会社でそんなことできないですよ」という声が必ず出てきます。しかし、そういう案も出してみないと、既定路線の戦略シナリオが正しいかどうかの検討・判断ができないですし、現状の課題を打破するような戦略シナリオを導き出すことはできません。

目標とするストーリーを達成するために、どういうことができるかを考えて、**「自社がどうなりたいのか」**という成功ストーリーの仮説をともかく複数作ってみることを重視しましょう。

現在の会社の問題点や課題からアイディアを出すのではなく、「自社がどうなりたいのか」という成功ストーリーの仮説をいくつか（2つ以上）作り、目標から逆算していくやり方で、新規事業の方向性を検討してみましょう。

◎1つの戦略だけでは正しいかどうかがわからない

このP&Gの事例でわかるのは、**複数のシナリオを作ってみて、それらのシナリオを比較する中で、最も良い戦略シナリオを選ぶことの大切さ**です。1つしか戦略シナリオを作らないと、それが正しいのか正しくないのかわからない状況となります。そのため、必ず最低1つ以上は代替案を出し、比較する中で既定路線が正しいかどうかを判断することが大切です。

重要なのは、具体的にそのシナリオが実行できるかどうかを実際に証明する必要はないということです。実行性を証明できないようなシナリオでも、まずは案を複数挙げてみることが大切なのです。そうしないと、実現可能性が最も高いシナリオは何かという議論に終始してしまいます。

Ｐ＆Ｇの例で言えば、「ビューティケア商品として世界一になる」ためにどんな方法があるのかを考えてみる、「正しいのは何か」ではなく、「何を正しいと考えなくてはいけないか」ということを考えたと書かれています。

先にご紹介したＬＣＣのサウスウエスト航空の事例でも、何が正しいのかを航空業界の常識で考えれば、高級・高品質・高価格志向ということだけになってしまいます。そうではなく、「何が実際にできるか」「何が正しい問いなのか」「何が正しい答えか」ばかりを直接的に考えようとすると、現実的な発想の延長線上だけになってしまうため、「どういうふうにしてみたいのか」「どういうことができる可能性があるのか」「こういうやり方もあるはずだ」というスタンスで代替案をひねり出してみるのです。

どうしても、経営者や戦略立案者は、「どうすべきか」を考えてしまいがちですが、戦略シナリオを複数、出来るだけ多く作るにあたっては、「何ができるだろうか」という可能性を、〝バラ色のストーリー〟でもよいので、考えてみることが必要です。

◎戦略シナリオを考えるときは、批判的な突っ込みをしない

加えて、注意点としてお話しておきたいことがあります。それは、評論家的な発想のマネジャーへの対処についてです。そういった人はどこの会社にも存在するわけですが、批判するタイプの人は、新しいアイディアのすべてについて、うまくいきそうもない理由を延々と並べずにはいられないという側面があります。そこで、会議を主催する新規事業のリーダーは、『批判的に検証する時間は後で十分に取るから、いまは良し悪しの判断を控えるように』と折に触れて皆に念を押す必要があるという示唆も心に留めておく必要があるでしょう。

こういったことは、新規事業の会議をしていて、思い当たるところはないでしょうか？

会議で否定的な見方をするメンバーは何か新しいことをやっていくときの最大の壁になります。そのため、新規事業の会議では、「批判的なネガティブな指摘は避けるように、そういった検討をする時間はあとで十分取るから」と説明し、まずはネガティブな指摘をしないように会議を運営することが重要です。

どの会社でも、分析好きで評論家的な人がいるものですが、批判的な指摘が得意な人は、逆に仮説シナリオを検証するにあたって、問題点を全部洗い出してくれる人でもあるわけですの

で、その後の仮説検証の段階で力を発揮してもらうようにし、最初のアイディア出しやシナリオを出す段階では、否定的なことを言わないように釘を刺すことが大切です。その人を無視すると議論がさらに進まないので、意見に耳を傾け、問題点を洗い出してもらう役割を果たしてもらうように対処し、議論を前に進めるにあたってのブレーキになってしまわないように配慮していきましょう。

ポイント

新規事業の戦略シナリオは既定路線だけでなく、必ず複数作る！
夢想的なものでもいいから複数作って比較する！

5 「リーン・スタートアップ」～顧客の声を聞きながら開発する！～

◎最低限のモノを作ったらすぐ売りに行け

最近、ベンチャーの立ち上げにおいて、「**リーン・スタートアップ**」（Lean Startup）という考え方が注目されています。これは、ハイテク・ベンチャー8社の立ち上げに成功し、現在はスタンフォード大学准教授を務めるスティーブ・ブランク氏が提唱した「スタートアップ成功の極意は、顧客開発にある」という開発手法です。

ブランク氏がベンチャーキャピタリストとして投資した会社のCTOだった教え子のエリック・リースが、反復型開発モデルとトヨタカンバン方式を起源とする「リーン生産手法」から、これを「リーン・スタートアップ」と名づけました。lean は〝無駄のない〟という意味です。

今までは「製品開発」というと、研究開発部門が開発し、設計して、製品になってから販売

図表6 リーン・スタートアップ

顧客の声を聞きながら、アジャイルな開発をする！

- 「Lean」：無駄のない……
- 「顧客開発（Customer Development）」モデルを提唱。
①顧客発見、②顧客実証、③顧客開拓、④組織構築、②でダメなら「ピボット（pivot 軌道修正）」して①に戻る
- 実用最小限の製品（Minimum Viable Product、MVP）を作ったら、まず顧客候補に聞いてみる、まずは売ってみるべき！
- 開発部において製品が完全に完成してから、営業部が販売を検討し開始するということでは、失敗が多くなってしまう！
- 「アジャイル（agile）にやる！」

部門に渡すという流れが一般的でした。これに対して、リーン・スタートアップは、開発の最初の段階から、お客様の声を聞きながら完成品に近づけていくというやり方です（図表6）。

ブランク氏が言っているのは、ともかく、実用最小限の製品、**MVP（Minimum Viable Product）**を作ったら、製品を最終形まで完璧に作り上げるところまではせずに、まずはすぐに顧客へ出し、顧客の声を聞きながら開発を進めなさいということです。

私は多くの新製品開発のコンサルティングを行ってきていますが、このリーン・スタートアップの手法は、私の考え方とも合致しています。

◎完成させてから営業開始では無駄が多い

ブランク氏は、リーン・スタートアップで、「顧客開発」モデルを提唱しています。すなわち、①顧客発見→②顧客実証→③顧客開拓→④組織構築を迅速に実行していく形をとり、ダメなら「ピボット（Pivot 軌道修正）」して、①に戻る、というものです。

多くのスタートアップが、ビジネスアイディアを実現しようと商品開発に邁進し、結局「顧客がいなかった」と失敗します。完全に完成させてから売りに行っていたのでは、はずれが多くなり、無駄となってしまいます。そうではなく、実用最小限の製品（ＭＶＰ）だけを作り、顧客の声を聞いてみる、まずは売ってみて、そしてその反応を見ながら、改良を加えていくという新商品の開発手法です。つまり、前述の①から④を回転させていくわけです。これは、第9章の新規事業の実行のポイントでも解説するＰＤＣＡ（プラン→実行→チェック→見直し）をしっかり回すということとも、共通する考え方です。

◎「アジャイル」(agile)に開発する

リーン・スタートアップと似たような考え方に、「**アジャイル**」（agile）という言葉があります。アジャイルとは、英語で「猫の手のように俊敏に」という意味で、とにかくクイックに早く開発し、試行錯誤の回転をさせなさいということです。

製品が完全に完成してから営業部が販売を検討するということでは、失敗の可能性が高くなってしまいます。そうではなく、リーン・スタートアップの手法では、製品開発の方向性を定める段階で常にお客様のところへ聞きに行きなさいということです。ダメを出されたら、軌道修正を早くして、また市場に出してみるというわけです。

また、前述のように、ピボット（Pivot）というバスケットボールの用語があります。バスケットボールは片足だけで早く方向転換するというプレーがありますが、新規事業立ち上げや新製品開発においても、大きく転換するのではなく、素早くピボット、つまり軌道修正、方向転換して、開発を進めなさいというのがこの手法の考え方です。これも頭に置いておきましょう。

◎完璧に完成したものだけしか外に出さないと考えない

開発者や技術者は、不完全なものを人目にさらすことを嫌いますが、時間と資金をかけて製品を作ったとしても、お客様がいなければ意味がありません。まずは、MVPを作って、試行錯誤のサイクルを迅速に回して、最初に購入してくれるお客様を発見することが重要であることは、日本企業、とりわけ成熟した業界の人でも感覚的にも首肯できることだと思います。

繰り返しますが、開発部において製品が完全に完成してから、営業部が販売を検討し開始するということでは、失敗が多くなってしまいます。私が普段からお話しているように、「まずは人と会って、話してみる」、それにより、反応を見ながら、新製品開発を行うことが大切と言えます。

エンジニア、特に理工系エンジニアが、不完全なものを外に出すことをすごく嫌う傾向があることは理解できますが、機能がすべてそろった完璧なものが完成してから市場に出しても、まったく売れなかったらどうなるでしょうか。そうではなく、お客様の求めているものがどういうところにあるか、最低限のものを作って、お客様の声を聞きながら開発していくのが、リーン・スタートアップの考え方です。

なお、そのためには、組織が相応に大きい企業においては、開発、企画部門と営業部門の連携を密にすることが重要となります。具体的には、双方のメンバーが参加する定例ミーティングを行ったり、開発担当者も営業職と一緒に営業現場に出向いたり、あるいは双方の部署の間の人事異動を行ったりすることが必要となります。

◎評判と情報管理についての配慮

このように書くと、開発中のものを提供したりすれば、自社の評判を落とすことになるのではないかと心配する人もいることでしょう。しかし、そこは「まだ開発段階のものです」とお客様にしっかり説明すれば、さほど心配することもないのでないかと私は思います。「ご意見をいただければ、それをこれからの開発に盛り込ませていただきます」とさらに言えば、お客様も積極的にコメントをしてくれるのではと思います。

また、新しく開発した技術や製品について、リーン・スタートアップの考え方でお客様の声をサウンディング（軽く反応を聞いてみる）すると、情報が漏れるのではという心配もあると思います。

もちろん、**情報漏えいや知的財産の管理には、十分注意する必要があります**。ただし、ここでのポイントは、**過度に神経質になりすぎず、怖がらない**ということです。過敏になりすぎていては、何事も前に進めることができません。

コンプライアンス部門にも、必要に応じて確認を取りながら、外部の声を拾いながら進めることが大切です。

◎理想的な顧客を想定し、最初の顧客を獲得する

こんなことを言うと、元も子もありませんが、新規事業が最後に成功するかどうかは、売れるか、売ってこれるかどうかです。売れない限り、キャッシュが入ってこないので、新規事業としては成り立ちません。新規事業で重視すべきは、やはり最後に売る部分です。このことは、第10章でも、営業推進のポイントについて述べています。

私がコンサルティング先企業の新規事業や新製品開発に対応するとき、一番メインに説くのは、**売りやすさを考えながら新規事業の方向性や製品・サービスの企画立案をやるべき**だということです。

いくらで、どうやって、どのくらい、どこにどのようにして売るのかについて考えれば、開発にどのくらいのコストをかけていいのかということもわかります。最小限しかお金をかけら

れないということであれば、何とか他の部門からお金を捻出して、かけられる範囲で、「このくらい売れるものを作る」という見合いでやるしかありません。

そして、新規事業においては、**最初の顧客（ファースト・カスタマー）を獲得できるかが、ポイント**になります。

マーケティング用語で、最も理想的な顧客のことを、〝ペルソナ〟と言います。顧客を想定するときは大まかではなく、**最も理想的な顧客〝ペルソナ〟をできる限り細部まで描写してみることが大切**です。

その顧客像を踏まえながら、ある程度の新規事業の概要や新製品開発のＭＶＰができたら、それ以上は自分たちであれこれ考えすぎずに、お客様候補のところに持っていきましょう。

新規事業は、サービス構築でも新製品開発でも、最初のお客様、つまりファースト・カスタマーを想定して、しかも想定するだけでなく、直接その候補先企業の要望や意向をお客声の声として聞きながら、進めていくことで、失敗や無駄の少ない事業及び製品の開発ができます。

◈トヨタの声を聞きながら開発して成功した事例

ラティステクノロジー株式会社という３Ｄ（三次元）の生産マニュアルを作るグラフィック

技術の会社があります。〝ラティス〟とは、格子という意味です。この会社の鳥谷浩志社長はリコー出身の東大の理学博士で、もともと慶應義塾大学の湘南藤沢キャンパス（SFC）の当時教授だった千代倉浩明先生との共同研究の会社でもあります。

この会社は、開発していた3Dの画像処理技術を事業化しようとする中、トヨタをファースト・カスタマーとして想定し、毎週のように名古屋のトヨタを訪問し、試作品を見せて、問題点や改良点の指摘を受け、それを東京に戻って、改良・改善をして、また翌週名古屋のトヨタに見せに行くということを行いました。トヨタを〝ペルソナ〟（最も理想的な顧客）として、ターゲティングしていたわけです。その結果、見事トヨタへの納入が決まり、トヨタの南米などの工場で複雑なエンジンなどの組み立てのマニュアル作成のツールとして採用されました。

この取り組み方は、まさにリーン・スタートアップの手法を実践していると言えます。

同社は、もともとベンチャーキャピタル数社から投資を受け、IPO（株式公開）を目指していましたが、トヨタが主要顧客となり、その売上も大きく伸びたため、ベンチャーキャピタルが保有していた株式をトヨタに買い取ってもらい、追加の増資も受ける形でトヨタの傘下に入りました。結果的には、第6章で解説するように、トヨタにとっては、A&D（買収による事業開発）となっています。

このラティステクノロジーがトヨタの声を聞きながら製品開発を行って、成功したケースは、リーン・スタートアップの好事例と言えます。

ポイント

リーン・スタートアップは顧客の声を聞きながら開発を進める手法。新規事業立ち上げの戦略立案にも応用すべき！

6 海外展開の方向をどう捉えるか

◇日本の高い技術やノウハウを成長率の高い国に持っていく

第1章の冒頭で、これからの時代は日本経済自体がこれ以上大きく伸びることがないことを前提に、3～5年で新規事業を立ち上げなくてはならないことをお話しました。

海外市場への進出も、日本以外の市場を考えるということで、当然検討すべき選択肢の1つになりますが、その中で成功の方向性もよく考える必要があります。

海外展開による新規事業において成功しやすいパターンの1つに、**日本が高いノウハウや技術を持つ事業で、経済成長率の高いアジア諸国に進出する**というものが挙げられます。

今後大きく経済が伸びることを見込みにくい日本ではすでに当たり前になっているサービスや技術の分野で、いくら努力しても飛躍的に成長することは困難です。しかし、アジア諸国には日本のオペレーション力やノウハウ、技術力の高さで競争優位性を発揮できて、また現地の生活者に受け入れられるサービスは必ずあります。また、アジアの新興国など市場のパイが拡大している国での事業展開はやはり妙味があると言えます。したがって、国内基盤が相応にしっかりしているのなら、リスクをカバーできる範囲内で、成長著しいアジア諸国に進出していくことは一つの有力な選択肢です。

たとえば、日本のインターネット・カフェの経営者が、中国ではインターネットのユーザーが増えている反面、パソコンを持っている家庭が少なく、ブロードバンドも普及していないので、日本のネットカフェが進出したら大成功したというのは典型的な話です。他にも、日本人が非常に得意とする店舗オペレーションを持って進出したらうまくいったというラーメン・チェーンの事例もあります。

スマホのコンテンツや広告システム、アプリ開発などの分野では、日本は世界的に見て相当な先進国だと言えます。それらを日本のマーケットだけでなく、北米や欧州のマーケットに持っていくということは妙味があると思います。

残念ながら、日本の経営者の場合、「日本国内市場しか考えていません」ということが多いですが、自社が強みを持つ分野であれば、積極的に海外マーケットを狙ってみるという選択肢を考えてみてはどうかと思います。

◎日本で手がけていないビジネスを海外で行うリスク

反対に、自社が日本でまだ手がけていない新しいビジネスを、海外の市場でいきなり始めようとするのは、未知なるものが多すぎて、成功確率が低くなると言えます。

その場合、**まず日本国内で少し試してみて手応えをつかんでから、海外展開することを考えることが大事**です。とりわけ、サービス産業なら、そのほうがユーザー目線に近づいて成功のポイントが何かをつかむことができて、結果的に成功確率が高まります。

私のコンサルティング先企業でもこのような例がありました。ある金属製品の梱包材の加工メーカーが、「これからアジア各国で育児・託児サービスの需要が増えると見込まれるので、わが社でもそのようなビジネスをやりたい」という相談でした。しかし、私からみれば、日本でそのようなサービスを行った経験のない会社が、インドネシアやタイでそれを行おうとするのは飛躍しすぎです。やはり、何かしら自分たちが十分なオペレーションのノウハウを持っている分野で勝負すべきではないかと感じました。

逆に、先ほどのラーメン・チェーンの事例のように、飲食業などは日本でビジネスモデルを確立してから持っていくと商機があると思います。実際、持ち帰り寿司やカレー店などで、日本で広めたビジネスモデルを海外に持って行って、成功しているケースは多数あります。また、コールセンター（コンタクトセンター）など、日本でかなり普及しているビジネス・サポート的なサービスもアジア諸国において需要が伸びています。新興国を安い労働コストの生産拠点とだけ考えず、新興国の企業や人の需要をビジネスの対象として考えていくことも大切です。途上国での会計サービスや、ＩＴシステムなどのニーズは、経済発展によって、現地ローカル企業の勃興や外資系企業の進出などによって高まっています。その他、新興国の高所得層向けの物販、たとえば、日本の高品質な野菜などのニーズもあります。

◈安い労働コストを活用する進出もまだ可能性あり

その一方で、市場ではなく、従来通り、労働コストなどが安い生産拠点としてのアジアという面での進出のチャンスもまだ残されていると思います。

私の知人に、税務の記帳代行を中国で行うことで月額９８００円で請け負っている税理士がいますし、ウェブサイトの更新作業をタイで行うことでコストを低く抑えて成長しているウェブ制作会社もあります。他にも、ベトナムをはじめアジアでオフショア開発を行っているソフトウエア会社も非常に多いです。

私のコンサルティング先企業にも、データ入力センターをフィリピンやバングラディシュに作って、日本で受託したデータ入力の業務を日本国内や中国よりも割安で提供している会社があります。また、別のコンサルティング先企業には、独自の凍結断水工法による水道工事をしている会社がありますが、水道工事に用いるパーツの生産委託先を国内から中国へ切り替えることでパーツの価格を抑え、利益率を上げる取り組みをしている会社もあります。

このように、アジア諸国の安い労働コストを狙って進出する可能性はまだあると思います。

その際、自社だけで進出のノウハウを積み上げるだけではなく、現地ローカル企業との提携をしながら進める方法もあります。進出にあたってのノウハウは、それらを専門としている人はすでに進出した経験のある企業に話を聞いたり、アドバイスを受けたりしながら、進めていくことも有益でしょう。

◎注目される〝リバース・イノベーション〟

最先端技術は通常、先進国で開発されて、そこでまず製品化・実用化されて、技術が普及して安価になってから、後進国（発展途上国）に発展段階を見ながら持っていく、というスタイルが一般的です。

それに対して、先進国で開発された新技術をまず最初に発展途上国に持って行き、普及させて価格を下げられるようにしてから、逆に先進国に持って帰ってくることがあります。「**リバース・イノベーション**」と言われる手法です。

この事例としては、ＧＥが小型のＣＴスキャン機器の廉価版を中国でまず発売して、納入実績を作るとともに販売数量を伸ばし、スケール・メリットで価格を落としてから、先進国で廉価版として発売したというものがあります。

これについては、価格などの面だけでなく、納入・販売のしやすさや意思決定の迅速さなども関係していると私は考えています。

先進国は市場が成熟している上に、たとえば日本の状況を考えても想像がつくように、〝官僚〟的で、稟議に時間がかかり、先例がないことは導入・購入が進まないということがあります。それに対して、発展途上国は、明治維新当時の日本のように、比較的若いリーダーが様々な分野で、一人か二人で意思決定権を持って物事を決めているようなことも多く、意思決定が速いです。しかも、発展途上国においては、米国でＭＢＡを取得して帰国したタイプが意思決定権を持っているケースも多く、新しいものへの理解が速いということもあるように感じます。

そういう面でも、新しい技術を開発したら、日本で売ることを考えるだけでなく、発展途上国で最初に発売することも考えてみましょう。それにより、新製品開発及びその販売の打開策が見つかる可能性があります。

ポイント

海外市場への進出は新規事業の無視できない方向性の1つ！
リバース・イノベーションもいろいろなパターンを考えてみよう。

第4章

ビジネス・チャンスの見つけ方とアイディア出し

1 需給のギャップから ビジネス・チャンスを見つける！

◎需給のギャップ、ズレがないか考える

この章では、実際に新規事業を立ち上げるにあたり、ビジネス・チャンスをどのように見つけたり、アイディアをどのように出していけばいいのかをお話しします。

「新規事業の立ち上げを考えているが、新規事業のネタがない……」「新規事業のアイディアが浮かばない」と悩んでいる人は多いかと思います。

新規事業のアイディアを考えるにあたり、まず、ビジネス・チャンスがどんなときに生まれるのかを考えてみましょう。

どういうときにビジネス・チャンスが生まれるのかについては、様々な考え方があります。

私は、もともと大学院でミクロ経済学を勉強していたため、需要と供給の均衡の面で考える

図表7　需給ギャップを見つける

「需給のギャップ（ズレ）」が発生したときに、ビジネスチャンスが生まれる！

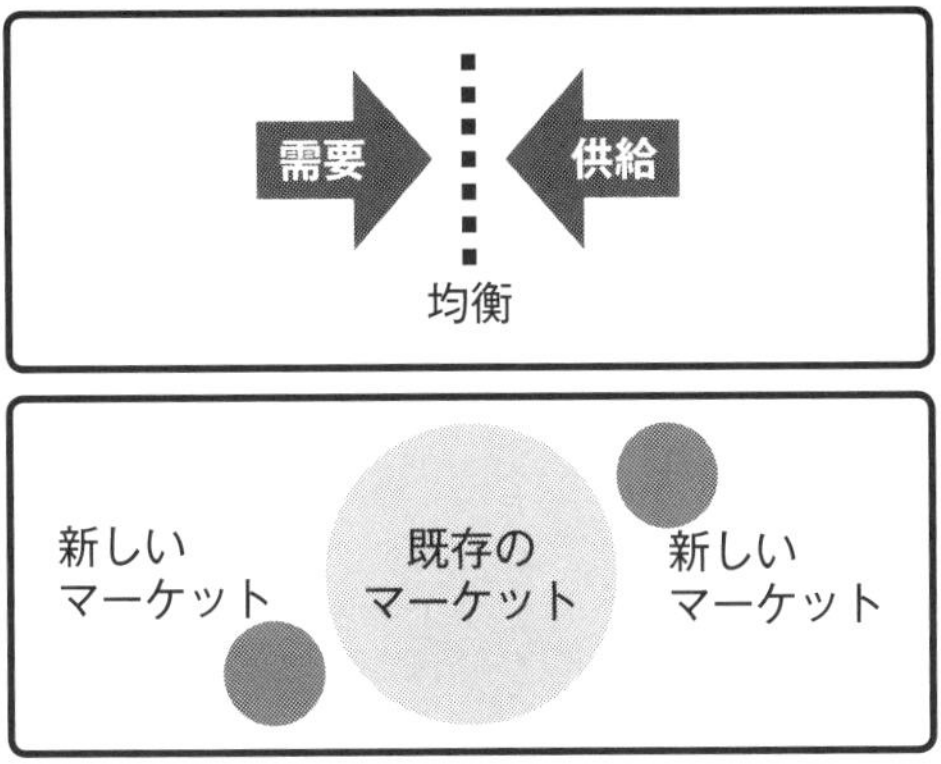

ことが多いです。**需給のギャップ（ズレ）が発生しているとき、つまり、何らかの需要（ニーズ）に対して供給が追いついていないときにビジネス・チャンスが生まれる**と考えています。

つまり、需要（ニーズ）はあるが、供給が追いついていない状態、すなわち需給のズレが発生している部分が世の中にあるかどうかをよく分析することで、ビジネス・チャンスを見つけ出すことができます（図表7）。

たとえば、高齢化社会が進むと、介護サービスの需要が高まります。需要に対して、供給が均衡するまでは、大きなビジネス・チャンスがあります。実際、介護保険制度ができたとき、多くの会社が参入しました。需要があるものの、製品やサービスの供給が追いついていない分野では、供給が追いつくまで、需要に対して製品やサービスを供給すればするほど、売上を獲得できます。では、それが未来永劫続くかというと、ある程度まで行くと需要に対して供給が追いついてしまい、需給が〝均衡〟して、あとは過当競争になってしまい、ビジネス・チャンスは一旦消えてしまいます。

◎嗜好の変化からサブ・マーケットを見つける

では、それで介護サービスのビジネスはお終いかと言えば、メインの市場が飽和状態となっても、高級志向や格安志向など、**ユーザーの需要によってサブの市場が生まれ、その需要に対して供給が追いつくまでは、また新たなビジネス・チャンスが生まれます。**

たとえば、同じ介護サービスでも、コンシェルジュ付きのホテルのような綺麗な施設でおいしい料理が出てくるような高価格・高品質な介護サービスを求める層が出てきます。そういった層の需要に対してサービスを供給すれば、需要に対して供給が追いつくまでビジネス・チャンスが生まれているわけなので、新しい売上を作れます。

逆のパターンもあります。「シンプルで簡単なサービスでよいから、安いほうがいい」という需要です。介護サービスでも、そういったシンプルで割安なサービスを求める層の需要に対応することで、新しいマーケットを開拓できます。その他にも、どんな料理でも270円均一でタッチパネルで注文できる居酒屋チェーンがありますが、店員の丁寧な接客よりも料理の安さを望んでいるお客様の需要をつかんだわけです。

そういった高級志向やシンプル志向といったお客様の嗜好性の変化に合わせて、ニーズに応えていけば、元々のマーケットほどには大きくないかもしれませんが、既存のマーケットの横に生まれたサブ・マーケットをパクッと獲得し、新しい売上を作ることができるわけです。

◎ビジネスチャンスとは、〝困りごと〟を見つけること

もう一つ、需給のギャップから見たビジネス・チャンスの見つけ方について解説しましょう。

私は、「**ビジネスとは、困りごとを解決して、その対価としてお金をもらうこと**」と考えています。

そのため、まずはお客様や世の中の困りごとを見つけることが、ビジネス・チャンスを見つけることになります。

システム開発でも、製品開発でも、新サービスの創出でも、何かお客様や企業が困っていることはないか、困っていることについて何かソリューション（解決策）を提供できないかを考えてみましょう。

企業や個人が困っていることがあるが、その解決策がまだどこの企業からも提供されていないとしたら、そこにビジネス・チャンスがあります。

ビジネス・チャンスを見つけるためには、まずは世の中やお客様の困りごとを見つけることが必要です。そして、困りごとを解決する方法やサービス、製品を考えだすことで、新しいビジネスを作ることができます。お客様の困りごとの発見から新しいビジネスを生み出すには、お客様から困りごとをまず相談される立場・関係になっていくことが大切でしょう。

ポイント

需給ギャップが発生したとき、ビジネス・チャンスが生まれる！
このギャップが発生していないかどうか分析してみる！

2 「オズボーンのチェックリスト」を活用する！

◎オズボーンのチェックリストとは

アイディアを出そうと言っても、どうやってアイディアを出していいかわからない、何か指針がないと出せないというときがあるかと思います。

そこで、アイディアの出し方の1つの手法として、「**オズボーンのチェックリスト**」をご紹介します。これはアイディアをひねり出すために利用する9つのチェックリストです。テーマを決めて、リストに当てはめて考えてみるツールです（図表8）。

みなさんはブレーン・ストーミング（ブレスト）を御存じと思いますが、このリストを作ったアレックス・オズボーンはブレーン・ストーミングを開発した人物です。1930年代に活躍した広告代理店の社長です。

図表8 オズボーンのチェックリスト

❶	転用	他に使い道はないか（Other use）	今のままで新しい使い道はないか、少し変えて他の使い道はないか、など
❷	応用	他からアイデアが借りられないか（Adapt）	これに似たものはないか、他に似たアイディアはないか、など
❸	変更	変えてみたらどうか（Modify）	形式を変えたらどうか、意味を変えたらどうか、など
❹	拡大	大きくしてみたらどうか（Magnify）	何か加えたらどうか、もっと回数を多くしたらどうか、など
❺	縮小	小さくしてみたらどうか（Minify）	分割したらどうか、やめたらどうか、など
❻	代用	他のものでは代用できないか（Substitute）	他の材料にしたらどうか、他の人にしたらどうか、など
❼	置換	入れ替えてみたらどうか（Rearrange）	他の順序にしたらどうか、原因と結果を入れ換えたらどうか、など
❽	逆転	逆にしてみたらどうか（Reverse）	役割を逆にしたらどうか、立場を変えたらどうか、など
❾	結合	組み合わせてみたらどうか（Combine）	目的を結合したらどうか、アイディアを結合したらどうか、など

①転用（Other Use）今のままで新しい使い道、少し変えて他の使い道はないか　など

かつて私のコンサルティング先企業で、センサーとウェブカメラを組み合わせた次世代の体感ゲームを開発し、ゲームとしての利用だけでなく、美術館でアートとしての展示や介護施設で寝たきりになる懸念のある高齢者のリハビリに活用するという事例がありました。このように開発当初の意図とは違う用途や利用方法がないか考えてみるケースです。世の中を見渡してみると、当初は別のことのために開発されたものが、他の用途で利用されているケースは多く、防衛や宇宙開発のために開発された技術や素材を民間転用するケースもこのパターンになります。

②応用（Adapt）これに似たものはないか、他に似たアイディアはないか　など

日本で「ミクシィ」を立ち上げた笠原健治氏は、アメリカでSNS（ソーシャル・ネットワーキング・サービス）が普及しているのを見て、その事業モデルを持ってきました。このように、ITビジネスの分野では、海外で流行っているものを日本に持ってくるというパターンは多いです。その他、家具チェーン大手の「ニトリ」が、家具の実際の使用イメージが湧くよ

うに部屋の雰囲気をコーディネイトした展示方法（コーディネイト・ディスプレイ）がアメリカで流行っていることを真似て大きく飛躍したといった販売方法のケースがあります。それから、他業種でのやり方や商品開発のアイディアを参考にするというケースもこのパターンです。

③変更（Modify）形式を変えたらどうか、意味を変えたらどうか　など

これまで決まっていたものを何かしら変更してみるケースです。日産自動車が業績不振に陥ってカルロス・ゴーン氏が社長に登板したときに、外部から新しいデザイナーを招いて、四角い形が基本だった車のデザインを丸い形をメインに考えていったという事例があります。これまで写真を入れていた商品のパッケージをフラットなデザインに変えたり、ＣＭのテイストを変えてみたりするといったことも、このパターンになるかと思います。

④拡大（Magnify）何か加えたらどうか、もっと回数を多くしたらどうか　など

従来、補聴器は目立たたないようにできるだけ小型化しようとしてきた流れがありますが、逆に大きくして、手に持っていてもカッコいい、スタイリッシュなデザインのものを発売した

補聴器の事例があります。大きさや機能を拡大・拡充するパターンです。これは、プラスとマイナスの両方の機能のついたドライバーや４色ボールペン、シャープペンに消しゴムをつけた例などもこのパターンになります。

⑤縮小（Minify）分割したらどうか、やめたらどうか　など

③とは逆に、対象を絞ったりセグメントを狭くしたりするパターンです。たとえば、対象を女性に絞るというケースが当てはまります。それだけで対象が半分に分割されて縮小されるわけです。ホットヨガやリラクゼーション、料理教室、予約サイトなど、女性限定のサービスは数多くあります。対象のセグメントを絞ることで、よりサービスを尖らせて、顧客候補に訴求できることになります。この対象を絞る方法は、第５章で解説するニッチ戦略の基本的な考え方となります。

⑥代用（Substitute）他の材料にしたらどうか、他の人にしたらどうか　など

従来プラスティックが普通だったシャンプーの容器は紙でもよいではないかという発想で、

詰め替え用のシャンプーが生まれたという事例があります。素材を別のもので代替する例は、私のコンサルティング先企業にも、店頭のディスプレイを樹脂や金属ではなく、段ボールで作成したという事例があります。その他にも、正社員ではなく、派遣社員やパート・アルバイトなど非正規社員に切り替えるといったことも、このパターンとなります。

⑦置換（Rearrange）他の順序にしたらどうか、原因と結果を入れ換えたらどうか　など

成功報酬の報酬体系がこの事例となります。もともとは「いくら払うから、この仕事をしてください」という形の給料体系が一般的だったわけですが、「これができたら、いくら払います」という形に順序を入れ替えた形です。M&A仲介や人材紹介などにおいて、こういった報酬体系が増えたのは、このパターンの発想からです。原因と結果を入れ換えてみると、新しいスタイルが見つかることがあります。

⑧逆転（Reverse）役割を逆にしたらどうか、立場を変えたらどうか　など

eコマース（インターネット販売）が増加する中でのネット・オークションが事例となるで

しょう。インターネットでモノを売る（モノを買ってもらう）のではなく、インターネットでモノを買い取る（モノを売ってもらう）と立場を逆にした形です。その他にも、一般の人にインターネット上のメディア媒体等に、イラストや画像、旅行先の情報などを投稿してもらい、それをコンテンツとして媒体を充実していくケースなどもこのパターンです。本来、ユーザーはお客様の立場になることが多いわけですが、前述の例では、ユーザーにサービス拡充の役割を担ってもらっている形で、役割や立場を逆転させています。

⑨結合（Combine）目的を結合したらどうか、アイディアを結合したらどうか　など

筒型ポテトチップスのプリングルスは、一度開けたポテトチップスの袋を開けておくと、しけってしまうので、ふたを閉じられる筒状のパッケージとなっており、また、その筒状のパッケージによって持ち運んでも型崩れしないという２つのニーズを結合した事例です。防災用の懐中電灯はラジオの機能がついているものが多いですが、これもライトで照らすこととラジオを聴くことの２つの目的を結合している事例となります。

以上が「オズボーンのチェック・リスト」を活用した新規事業のアイディア出しの手法です。

会議で新規事業のアイディアがなかなか出てこないときは、前記9つの項目に当ててはめてみて、ともかくアイディアを出してみるということをやってみましょう。何も指針がない状態で、アイディア出しの会議をやるよりも、進めやすくなると思います。

また、そういった会議では、「他人の意見の批判をしない」「何を言ってもいい」というルールにして、思い切って多くのアイディアを出し合ってみることが大切です。

ポイント

新規事業のアイディアが出ないときは、オズボーンのチェックリストを使う！アイディア出しの会議では、「何を言ってもいい」というルールにする。

3　日々の生活の中で、アイディアを拾う

◈机に向かっているときだけでなく、生活の中で！

新規事業のアイディアを出そうというとき、机に向かっているときやミーティングのときだけ、アイディアをひねり出そうとしても、限界があります。アイディア出しをするには、クリエイティブでアーティスト的なまどろむ時間が多少は必要です。

また、**日頃の生活の中で、アイディアのネタを拾ったり、発想してみたりすることが大切**です。たとえば、テレビを観たりラジオを聴いたりしているとき、電車の中吊り広告などを見ているとき、誰かの話を聞いているときなど、あらゆるときに情報やネタを仕入れていくことが大切です。新聞や雑誌も自分なりにいくつか決めて、ずっと継続してスクラップをするなどして、情報を常に集め続けることが大切です。

私自身も、「日本経済新聞」はかれこれ20年以上毎日スクラップしていますし、その他の新聞数紙、さらにいくつかの雑誌も継続してスクラップしています。読むだけでなく、ビリビリ破って切り取ってノートに貼るだけでもしていくことが大切と考えています。そして、コンサルティング先企業の研修の中でも、必要に応じて実践していただいています。

ともかく情報感度を高めていき、引き出しを多くすることです。

◈自分の頭で全部考え出すのではなく、他社を参考にする

自分の頭の中や過去の経験や知識からだけで新しいものを生み出そうとしても、なかなかうまくいきません。

やはり、**他社や他業種が行っていてうまくいっている事例を探して、それを参考にすることが必要**です。

たとえば、文具メーカーなどは、新商品のアイディアをあの手この手で出しています。それから、発明の王様なども参考になります。ホームセンターや家電量販店にも参考になるアイディアが豊富にあります。

全部自分で考えようとせず、うまくいっている事例、自分が解決しようとしている問題を別

の形で解決している事例など、参考となる事例を探すことも大切です。

それから、**素材や仕組み、技術などを外部から持ってくることも、企画を多くするにあたってのポイント**となります。第６章の「アライアンスを活用した新製品開発のススメ」でも解説しますが、全部自分たちで行おうとせず、どこかの部分を外部の企業から持ってきて生かすことも商品開発のスピードを加速することになります。たとえば、私のコンサルティング先企業である、前述の調理用ラップなどを作っている化学メーカーの東証一部上場企業は、その主力商品を補完するラインナップとしてキッチン用品「キチントさん」シリーズを出していますが、先般発売された新商品はその素材を別の大手企業から導入した商品です。各種メディアで取り上げられ、話題となっています。

◎新規事業立ち上げでは、アウトプットを多くすることを意識する！

新規事業を立ち上げるにあたって、知識や情報の収集、つまりインプットを多くすることが必要です。

しかし、インプットばかりしていてアウトプットをしないと、実際に新規事業の立ち上げは進みません。

「新規事業が立ち上がらない……」と課題を抱えている会社は、インプットばかりをしていて、ビジネス・プランとしてのアウトプット、さらに推進する企画のアウトプット、打ち手のアウトプットなど、全体的にアウトプットが足りないケースが多いです。

トレードオフ関係、すなわち、どちらかを立てれば、どちらかが立たない関係を考えれば、新規事業についての会議での発表や発言、新規事業企画の稟議・提案などは、きちんと内容の詰まったもの、吟味した精度の高いものにしようとすると、アプトプットの件数は減ってしまいます。

したがって、精度や合致度合い（フィット性）を多少犠牲にしたとしても、**ともかくアウトプットを増やすことを優先させる**ということが、新規事業に推進ができていない会社の場合、必要となります。そういった行動指針を立てることを意識しましょう。

◎「こういうものが必要だ！」とまず発想する

マーケットの需要がわからないことに過敏になってしまわずに、「**こういうもの、こういう製品、こういうサービスが必要なはずだ！**」と考えて、ビジネス・アイディアを考え出すことが大切です。このことは、第3章の認知的遠方収益論のところでもお話した通りです。

まだ調査もしていない段階で、市場ニーズがどうだとか、マーケット状況がどうだとかを考えすぎると、アイディアが出せないこともあります。市場の動きやニーズに合わせた考え方ももちろん必要ですが、時には、そういったマーケット調査的な発想から脱して、帰納的にではなく、演繹的に考えることもしてみましょう。

開発系や企画系の部署にいる人の場合、顧客ニーズやマーケット規模、状況がわからないことは当然です。それなのに、マーケットの状況がわからないからと言って、そこで止めてしまっていては、新しい企画は出てきません。

「これが必要だ！」と自信を持って、ビジネス・プランを作ってみましょう。

ここで一つ補足としては、便利なものを作る場合は、何が利点なのかをはっきりさせることがポイントだと覚えておきましょう。漠然と「この商品は便利です」と言っても、手間が省けるのか、時間が短くなるのか、わかりやすいのかなどと、何が便利なのかがはっきりしないと、わかりません。**「何がどういうふうに便利なのか」**をはっきりさせた企画にしていきましょう。

◈法律や制度、政策に依存しすぎない

受託型の施工会社などに多いのですが、国が決めた法律や制度、政策に依存しすぎると、新

しいビジネスのアイディアがなかなか出てきません。

そういった法制度や規制などに依存せず、お客様の困りごとを解決するにはどうしたらよいか、民間ベースでサービスを作る発想で考えていきましょう。

官需が多い企業の場合、法制度に依存した発想をしすぎるがために、新しい事業を生み出せないことがあります。

「お客様が求めているものは何か」「こんなものがあったらいいな」「こういう困りごとをこれで解決できる」といった発想を、法制度に縛られずに持っていくことが大切です。

第2章の新規事業のタイプ分けの項に書いたように、受託型の会社は、法律や制度に基づいて実施している作業が多い面があるので、特に、規制に依存した発想にならないように気をつけましょう。

◎ネット検索力が重要

アイディアを生み出すにあたって、身体を動かして様々な所に出向いていくこと、人の話を聞きに行ってみることは大切です。セミナーなどを聞きに行って、何か一つでもヒントとなることが得られれば、十分ペイすると思います。

加えて、今の時代はインターネット検索で情報を取ることが大切です。インターネットでの検索ノウハウが仕事の成果を決めるとさえ言えます。

そして、**世の中の情報の７割がたは英語の情報**と言われているので、日本語だけでなく、英語での検索力も重要です。英語での検索をしないということは、７割の情報を捨てていることと同じです。

たとえば、インターネット上でプレゼン用の画像を見てみようとすると、日本語での検索では見たことがあるような画像が出てきます。これは、日本語での検索だけだと、日本人が日頃から目にしているようなものが出てくるということを意味しています。逆に、試しにやってみていただけるとよいのですが、英語の単語で検索してみると、あまり見たことのないテイストの画像が出てきます。これは、日本語情報だけに基づいて仕事をしていると、他の日本人が言っていることと同じような発想になってしまうということを顕著に表しています。しかし、それでは、本書の第3章の「認知的遠方収益機会論」の項でお話したように、誰もが考える方向性で、目新しくない発想だけをしてしまうことにもなってしまいます。

自分の考えを出さずにインターネット上に載っているものをそのまま引用することは良くないですが、世界中の情報のかなりの部分がインターネット上で入手することができます。新聞記事や論文についても、インターネットでの検索システムが有料にて多数存在しています。

インターネットでの「検索力」がより一層重要になっていると認識しましょう。

ポイント

アイディアは日常生活の中で拾うという発想が大事！
また、アウトプットを多くすることを重視する！

第5章

競合の中で勝つという発想

1 競合のいないビジネスはほとんどない

◎新規事業担当者の大きな勘違い

私の講演やセミナーに来られる方々や多くの企業の新規事業担当者の方々からの相談を受けていて、みなさんが大きな勘違いをされていると思うことがあります。

それは、**「新規事業とは、今までにない、まったく新しいことをやらなければならない」と思い込んでいる人が非常に多い**ということです。

このような人の多くは、新規事業立ち上げメンバー同士でアイディア出しや議論をしているときに、他のメンバーが「こういうのをやってみたらどうか」と言っても、「それはもう他社がやっているよ、ダメだ」と突っ込みを入れてしまいがちです。そして、議論はそこから進まなくなります。

図表9　ビジネスというものは……

ビジネス（実業）には、競合が必ずいる。
ほとんどすべてのビジネスには、競合がいると言ってよい

⇓

競合の中で、何かしらの“強み”を作って、
ライバルに勝っていくのがビジネス！

しかし、実際のところ、その突っ込みは本当に正しいのでしょうか。

一見もっともらしく聞こえますが、他社がすでに行っていることを新規事業とは言えないとなったら、この世の中で誰もまったく行っていないものを発明しなければならなくなります。

私は、**ビジネスには競合が必ずいる**と考えています。私の感覚では、少なくとも9割以上のビジネスには、競合が存在すると言ってよいと思います。

むしろ、**競合がいる中で、何かしらの〝強み〟を作って、勝っていくことがビジネスの本質**と考えることが必要です（図表9）。

まったく新しいマーケットを作っていくケースは少なく、ほとんどのビジネスは、すでにあるマーケットの中で、競合に勝ちながらマーケ

ット・シェアを取っていく形となります。そのような競合の中で、「**自社が勝てそうなところはどこか**」を考えることが大切です。

◎〝勝てるところで勝ちに行く〟ニッチ戦略

「競合の中で勝つ」ということは、言い換えれば、「**勝てるところで勝ちに行く**」という戦略を意味します。

第3章でご紹介したP&Gのラフリー氏も、「**ビジネスとは、戦略シナリオを作って、何らかの強みで勝ちに行く、競争優位性を作っていくものである**」と述べています。

競合がいないということは、逆に考えれば、マーケットがそもそも存在しないということなのかもしれません。したがって、すでに他社が行っているということは、少なくともその他社のマーケット部門が色々な調査や分析を行って検証した結果、「妙味がある」と思っているから行っているわけです。「他社がもうやっているから、ウチはやらない」というスタンスでは、他社が少なくとも妙味のあると思って行っているマーケットを自社は狙わないということになります。それでいいのかということです。

もちろん「自分はスティーブ・ジョブズのように、誰もまだやっていない新しいマーケットを創造するんだ」と意気込むのも一つの手ですが、実際には難しいし、成功確率も低くなると思います。

◎マーケット・シェアから見た尖ったニッチ戦略の成功例

以前、自動車メーカーのマツダの関連の会合で講演をする機会がありました。マツダは一時期、フォードの傘下に入るなど、経営不振が続いていた時期があるのですが、昨今、復活してきています。

マツダは今、ＳＵＶ（Sport Utility Vehicle オンオフ両用の多目的車）の車がかなり好調のようですが、この車は、走りにこだわる顧客層のみをターゲットにして開発し、尖ったニッチ戦略を採っています。

マツダの全世界シェアにおけるシェアは1ケタ%しかないため、メジャーな車を作っても売れないという現実があります。マツダの経営陣や開発チームは、的確にそのような判断をしたようです。

その結果、徹底的に走りにこだわったＳＵＶというニッチ戦略を採ったところ、奏功しました。ハイブリッド・カーではなく、クリーン・ディーゼル・エンジンを開発・搭載したことも、差別化するためのニッチ戦略と言えます。

この事例からもわかるように、「**自社の置かれている状況はどのようなものか？**」「**自社のマーケットにおけるポジショニングはどのようなものか？**」をよく見極め、何かに特化したニッチ戦略を採ることは非常に大切です。

繰り返しますが、新規事業は「**勝てるところで勝ちに行くニッチ戦略**」が基本です。

特に、マーケットにおいて、自社が弱い立場に置かれている場合は、何かに特化して、差別化を作り出し、勝負できる強みを作っていくということが、何よりも大切です。今一度、「**尖ったニッチ戦略の重要さ**」を考えてみましょう！

◈「他社と比べてどうか？」が重要

ビジネスは、競合があり、競合他社（ライバル）がいるわけですから、「自社のサービスや製品がこうだ」ということだけを言っていても意味がありません。

重要なのは、「**他社と比べてどうか？**」です。

私は、スマホのアドネットワーク広告会社の社外取締役をこの数年務めていますが、お客様であるソーシャル・ゲームの会社やｅコマースの会社は、他のアドネットワークの会社からの提案も受けているわけです。

イメージとしては、お客様の会議室のテーブルの上に、競合他社からのピッチブック（提案書）がいくつも乗っていて、お客様はその横比較でどの会社を使うかを決めているという状況です。それをイメージしてみましょう。

お客様は、他社との比較の中で、こちら側の提案を吟味しているわけですから、「こちらのサービスがどうだ」だけを言っていてもダメで、それよりも**「他社と比べてどうか」**をお客様に伝えることが大切です。

サービスの提案においては、「他社と比べてどうか」を常に意識して、**他社の戦略や提案を見て、自社の戦略や提案を決めていく**ことを重視しましょう。「他人の振り見て、我が振り直す」という言葉もあるように、他社の動きをよく見ましょう。

◎競合調査・競合比較が大切

そのためには、**競合調査、競合比較をしっかり行うことが必要**です。

1つの業界に長くいる人は、あまり競合他社の動きや比較をきちんと行わない傾向にあります。だいたいわかっていると思ってしまっているわけです。

しかし、それでは他社との競合に勝つための適切な戦略を作ることができません。

ライバルが「**どういうものを、いくらで、どういう対応で売っているのか**」ということを押さえなくてはなりません。**その中でどこかの部分で強みを出すことが重要**です。

たとえば、オンデマンド印刷の会社であれば、他社がどのような種類の印刷をいくらで、どのように提供しているかを項目ごとによく調べ、すべての印刷種類で価格を下げたりサービスを良くすると採算が合わなくなるので、黒赤の二色刷りだけ「業界最安値」と打ち出すなどして、勝ちに行くといったやり方をします。

この「競合調査・競合比較をしましょう」という話をセミナーやコンサルティングですると、そのやり方がわからないという声を聞くことがあります。

競合調査・競合比較では、まずは、項目に分けて、比較の表を作ることです。

たとえば、売上高や社員数、拠点数、資本金、製品・サービスの特徴、性能・スペック、サービスの提供の仕方、営業の仕方・手法、カバーする地域や販売網、上場の有無、メディア露出など、会社の各側面を項目として挙げて、それを調査して表にしていくと、調査や比較が進みます。比較表のサンプルを掲載します（図表10）。

そこからまず始めてみましょう。そうすると、戦い方や強みの打ち出し方などがわかってくると思います。漠然とした競合先・他社の捉え方をするのではなく、きちんと表にすることが

図表10　競合比較調査表(例)

	A社	B社	C社	D社
売上高				
資本金				
上場／未上場				
社員数				
本社の場所				
拠点数				
製品・サービス				
技術面の強み				
営業・販売の方法				
主要取引先				
参考になるところ				

重要です。

また、必要に応じて、本書第12章の事業計画書の作り方のところでご紹介する戦略ポジショニング・マップを作って、競合他社をX軸、Y軸の座標軸の中でプロットしてみて、自社のポジションと比較するということも大切です。戦略ポジショニング・マップはできるだけ、多くのX軸、Y軸のパターンで作ってみると、競合他社の位置や特徴、自社の現在のポジション、そして今後狙っていくポジションが明確になると思います。

こういったポジショニング・マップや競合調査の比較表を作成することで、議論が漠然としたものではなく、具体的かつ合理的に進めることができるようになります。

ポイント

新規事業では、まったく新しいことをやらなければならないわけではない。むしろ競合がいるという前提で自社の強みを打ち出して勝つという発想で臨む。

2 顧客が購入を決める3つのポイント

◎顧客はこの3つのポイントの組み合わせで判断する

顧客がモノやサービスを買うときとは、次に挙げる3つのポイントの組み合わせが自分のニーズと合っているときだと言われています。

①サービスや製品の内容・機能・スペック
②価格
③提供の仕方・対応力

①のサービスや製品の内容・機能・スペックは、どのような製品・サービスなのか、です。

図表11　顧客が購入を決める3つのポイント

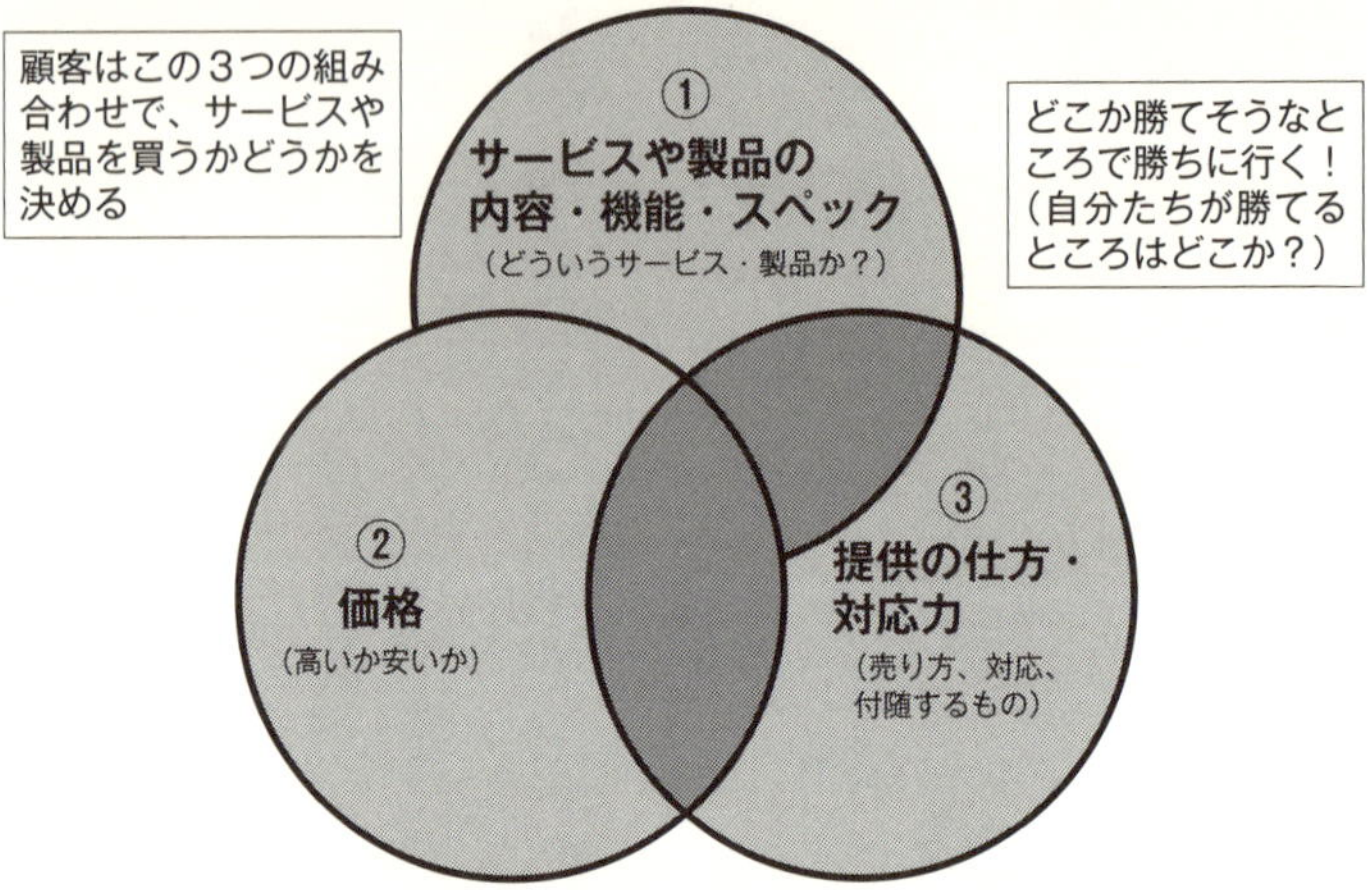
顧客はこの3つの組み合わせで、サービスや製品を買うかどうかを決める
①
サービスや製品の内容・機能・スペック
（どういうサービス・製品か？）
どこか勝てそうなところで勝ちに行く！（自分たちが勝てるところはどこか？）
②
価格
（高いか安いか）
③
提供の仕方・対応力
（売り方、対応、付随するもの）

顧客は当然、サービスの内容や製品の機能、スペックの中身を見るわけです。これは当たり前のことで、最初のポイントとなります。

次に、**②の価格は、高いか安いかという値段設定**です。これも当然ながら、顧客の購入にあたっての大きなポイントとなります。

③の提供の仕方・対応力は、インターネットだけでの対応なのか、電話でも対応してくれるのか、営業マンが対応してくれるのか、どのようなアフターサービスがついてくるのか、訪問しなければならないのか、来てくれるのか、といった対応についてです。

技術系のベンチャー企業などでよくあることとしては、「お客様から『こういうものがあったらいい』と言われて作ったけれども、売れなかった」という話です。なぜ売れなかったかというと、お客様は「こういうスペックのものがいくらで、こういう提供の仕方をしてくれたら買う」と言っているのに、スペックだけ揃えているからです。１つだけでなく、**３つのポイントの組み合わせをお客様のニーズにピタッと合わせていかなければなりません**（図表11）。

しかも、顧客のこの３つの観点の組み合わせは日々刻々と変わっていきます。そこに合わせていかないと、新規事業の立ち上げは刺さりません。顧客が「**どういったものを、いくらで、どういう対応で売ってほしいと思っているのか**」ということを常に考えて、そこにアジャストさせることが基本です。

◎新規事業の勝負の仕方もこの３つのポイントから

前述したように、顧客は、①サービス・製品の内容・機能・スペック、②価格、③提供の仕方・対応力の３つのポイントの組み合わせが自分のニーズと合ったときに、その製品・サービスを買うわけです。

したがって、この３つのポイントのうち、どこかで強みを出していければ、他社がすでにやっているビジネスであっても、勝ちに行けるというわけです。逆に言えば、**この３つのポイントのどこかで勝ちに行くことを考えて、新規事業を立ち上げていくわけです。**

そのためには、やはり自社の目線だけでなく、**他社がどのように行っているかに注目しておくことはものすごく重要**です。プレス・リリースや新聞記事を読んだり、インターネットで他社の状況を定期的にチェックしたりした上で、他社はすでに行っていたとしても、**自社はどこで勝負するのか**という戦略を考えることが実は大切なのです。

すでに当たり前になっている製品・サービスでも、前記の3つのポイントで、勝てるところで勝ちに行けばいいのです。たとえば、最近肩こりのマッサージで「60分2980円」という価格破壊を打ち出しているベンチャー企業があります。この会社は通常「60分6000円」が多い肩こりマッサージサービスを半額で提供することで勝負しています。マッサージサービス自体はありふれたものですが、②の「価格」を変えることで勝負しているわけです。

このように、**3つのポイントのどこで勝ちに行くのかを明確にすることが大切**です。

◎対応力の面で勝ちに行くこともできる

中堅・中小企業の場合、対応力で勝っているケースはよくあります。わかりやすく説明してくれるとか、早く対応してくれるとか、親切だとか、そういったことも十分に強みとなることもあるのです。

私のコンサルティング先に、電子回路の設計と製造を行っている会社があります。単にコストだけを見れば中国メーカーのほうが安価です。しかし、その会社は専任の営業担当者を必ずつけて、日本語で打ち合わせ、訪問を行ってくれます。お客様からしてみれば、訪問してくれて、いろいろ説明してもらって、打ち合わせができるというのは、③の提供の仕方がすごく良いわけです。そうすると、価格が多少高くても勝てるし、対応力がいいというところで強いわけです。

実際、**中小・中堅企業は、対応力で勝っているケースが多い**ので、そういう観点でサービスをどうするかを考えることも重要です。

ポイント

顧客は「サービスや製品の内容・機能・スペック」「価格」「提供の仕方、対応力」の3つのポイントで購入を決める！　それに合わせることが必要！

3 フォーカスして、どこかでナンバーワンとなる〝強み〟を作る

◎フォーカスすることを怖がらない

本章のはじめに、新規事業を立ち上げるときは必ず競合がいるという前提で、勝てるところで勝ちに行くことの大切さをお話しました。

ここでは「**怖がらずにフォーカスする**」ことが大切です。中小企業の経営者に多いのですが、新規事業を立ち上げるとき、売上を大きく取りたいと願うがゆえに、「これもやります、あれもやります、これにも対応できます」と言ってしまうのです。これは新製品やサービスを開発するときも同じで、「この機能も」「あの機能も」といろいろな機能をつけたくなることが多いのですが、何でもかんでもつけてしまうと、かえって特色がなくなってしまうものなのです。

新規事業を立ち上げる際は、「頼んでもらえれば、何でもやります」と言わないことが大切

です。特に受託型のビジネスをやっている会社の中には、フォーカスすると問い合わせや売上が減るのが怖くなり、ついつい「何でもやります」と言ってしまいがちです。そうすると結果的に何の特色もなくなってしまうのです。そして、価格しか差別ポイントがなくなり、価格競争に陥ってしまいます。

あのスティーブ・ジョブズも、「**Think different! Do different!**」（**違うように考えろ、違うようにやれ**）と言っています。みなさんも、他社がすでに行っている事業を、何か違ったやり方で自社が競争優位性を持てるようにすることはできないかを考えてみてください。

この事例として、私のコンサルティング先企業で、女性向けアウトドア用品のレンタル業を行っている会社があります。ライバル企業が、登山用品を何でもレンタルしているのに対して、その会社は「山ガール向け」と打ち出すことで、ＳＥＯ対策などを行なわなくても、問い合わせがどんどん増えています。

その他、私の知人にインターネット上の中古品の買取と販売で急成長している会社の社長がいます。インターネット上で中古品を扱っているサービス自体は珍しくありませんが、この会社の場合、「何でも買い取ります！」ではなく、「トランペットを日本一高く買い取るドットコム」あるいは「バイオリンを日本一高く買い取るドットコム」「サックスフォンを日本一高く買い取るドットコム」という風にフォーカスしています。そうすると、「サックスフォンを中古で売りたいな」と思っている人からみれば、単に「何でも買い取ります」という総合リサイクル会社より、「サックスフォンを日本で一番高く買い取ります」と言っている会社の方へ行くことでしょう。

このように何かに**フォーカスすることでエッジを立たせることが必要**だというわけです。

◎何らかの部分でナンバーワンをめざすこと

多く売ろう、できるだけ売上をかき集めようという気持ちが出て、まんべんなく対応してしまい、結果として、差別化や強みのない状態に陥ることが一番よくありません。

前述したように、中小企業の社長はどうしても、「何でも言ってください。何でもしますから」と言いがちになるのですが、その結果、かえって特色のない会社になってしまい、価格競争に陥ってしまいます。

受託型のビジネスにおいても、「何でもやります！」ではなく、「私たちの強みはここです！」と、メインが何なのかを決めて、そこにフォーカスしていくことが大切です。**「何でもできるということは、何もできないと言っていることと同じ」**なのです。

そうではなく、「**自社の製品なり、サービスはここが一番強いです**」というのを打ち出さなければいけません。そうしないと、第6章でお話するアライアンスの際に提案ができなくなるのです。

世界一とか日本一が難しくても、たとえば「首都圏でナンバー1」「東京でナンバー1」「港区でナンバー1」「表参道でナンバー1」などのようにフォーカスすれば、どんな企業でも特定のエリアでトップになることは難しくありません。地域のほかにも、「女性限定」、さらに「30代の女性限定」と、サービスの対象や内容をよりフォーカスすれば、ナンバー1を狙いやすくなるし、かつお客様から見たときの特色になります。

◎強みを作り、強みをさらに強くする

アライアンスのコンサルタントとして、私は「この会社はどうやったら勝てるか、どこが強みなのか、どう強みを引き出していけばいいのか」を日々考えています。

日本の学校教育ではみんなが平均的に同じようにすることを重視する傾向があるため、日本人は、どうしても、横並び意識が強くなってしまうところがあります。

しかし、ビジネスの世界ではみんなと同じことを行っても意味がないのです。**強いところをさらに強くする**必要があります。他社と比べて特色のない同じようなことを行っても強みにも

何もなりません。また、他社よりも弱いところを平均まで持っていくことには、それほど意味がありません。

そうではなく、他社よりも強いところを作る、もしくは強いところをさらに強くするというアプローチで、怖がらずに何かしらにフォーカスして、そこでナンバー1だと言える部分を作っていくことが必要です。

◎特色がないと提携先発掘や新規開拓は進まない

私のところには、「コンサルティング料を払うので、提携先や顧客候補を紹介してください」と来社される中堅・中小企業の方が多くいらっしゃいます。

しかし、正直に申し上げて、強みや特徴がないため、紹介のしようがないケースがあります。特に大手企業と提携したり取引したりする場合、なぜこの会社と組むのか、この会社と取引をしなくてはならないのかを説明する稟議書を担当者が上にあげる必要があるので、何らかの点で「ここがナンバー1」というものがなければ、理由づけが弱くなってしまいます。「良い社長さんです」とか「一生懸命頑張ります」だけでは話が進みません。

そうではなく、「**この会社はここがナンバー1だから、ここと組むのが一番です**」「**この会社**

と取引すると、この面でメリットがあります」と明確に言えるようにする必要があります。もっと突っ込んで言えば、「**御社がいなければダメです**」という特別な存在になることも大切です。

また、アライアンスを組む際に、どこと提携しても同じという状態だと、外部の企業、特に大手企業とは組んでもらえません。提携候補先企業からすれば、何らかの弱みを補完したいと思っているときは、２番手、３番手ではなく、ナンバー１と組みたいはずです。だから、何かしらの分野でナンバー１の強みを打ち出して、「御社と組みたい」「御社がいないと困る」という存在にならなくてはならないのです。そして、その強みをウェブなどでしっかりアピールしましょう。そうすれば、「この会社の強みはここです」と言いやすくなるため、口コミなども広がり、提携の話も多く入ってくるようになります。

ポイント

競合の中で強みを出して勝つためには、特定の分野でナンバー１をめざす。自社の強みをアピールできないとビジネスはうまく進まない。

4　自社の強みを見つけ出し、生かす

◎自社の強みを見つけて生かすこと

第3章で、新規事業を立ち上げる際、どの方向に一歩を踏み出すかが非常に難しい問題だとお話ししました。

そのとき、**「自社の強みは何か？　それを生かせる分野はないか？」**と考えることが方向性を考える際に重要になります（図表12）。

周辺地域か、飛び地かということになりますが、基本的には周辺地域でやった方がいいと思います。たとえば、私が過去に関わった案件で、産業機械関連工場のラインに人材を派遣する会社がＩＴエンジニアの派遣会社を買収して新規事業にしたというケースがあります。産業機械関連製造業とＩＴは業種としてはまったく違うように見えますが、事業モデルとしては、人

図表12 “強み”で戦うことの大切さ

どんな会社にも、強みはある。その強みを見つけ出し、打ち出すことが重要。その強みを生かした新規事業の方向性を考える！

「強み」を出していかないと……

- 社長のつてだけの“お友達営業”“お友達外交”になる
- 紹介も進まないし、口コミも広がらない
- 大手企業との提携もできない
- Web での受注もできない
- 資本力が万全でないのに、“殿様勝負”をしてしまっている
- 「営業効率」も上がらない

自社の強みは、自分では見えにくく、わからないことが多い！ ⇒ 強みを生かせていない会社は非常に多い！

を採用して教育し、派遣して管理するという意味では同じです。もともと労務管理で強みを持つ会社が、違う分野の請負や派遣の事業を行うことは、これまでのノウハウを生かすことができます。このように、業界は異なるものの、同じノウハウで行えるビジネスや同じ事業モデルに取り組むことは、ひとつの強みの生かし方となります。

この事業の方向性を考えるとき、**会社のビジョンと新規事業のビジョンの整合性を考えることも重要**です。どの会社も多かれ少なかれ理念に基づいて経営が行われているわけですが、それまで言われていた理念とまったく違うことを新規事業で始めるとなると、同じ会社の中でうまくいかなくなります。たとえば、「一つひとつのことを丁寧にやりましょう」を経営理念に

していた会社が、ドラスティックに進めなければいけないような事業に取り組もうとしてもうまくいきません。やはり、それまで大切にしてきた**自社の経営理念やビジョンに合致した新規事業の方向性を選ぶということはすごく大切**です。

それでも、どうしても今までの理念やビジョンとまったく違うことを新規事業で始めたい場合は、新会社を作って行う形にすることが望ましいです。その場合、給与体系から何から何まで変えなければならないほか、全社会議などで話す内容も変えなければいけません。同じ会社の中で、異なるビジョンの事業を行うことは成果を上げにくくなります。ビジョンでやる人が集まって違うことを話したりしても混乱するだけなので、そういう場合には会社を分けた方がいいということになります。

最期に、事業構築の手順としては、この「どこでやるのか」という事業領域（ドメイン）を決めるところになります（第14章で詳しく説明します）。

◎自社の強みは自分ではなかなかわからないもの

そうはいっても、経営者であれ社員であれ、自社の強みというものは自分たちだけではなかなか見えにくくわからないものです。そのため、せっかく何らかの強みを持っていても、自社の強みを打ち出せていないことが多いです。

このように、**外部の目線で見たとき、その会社の強みは違ってくる場合があります**。私自身も、多くのコンサルティング先企業の強みを引き出すコンサルティングをしていますが、自社のパンフレットやウェブを作る際は、外部目線を入れるために、外部のコンサルタントや専門業者のアドバイスを受けています。自分たちだけでは自社の強みはわかりにくいので、そうするわけです。

◎自社の強みの見つけ方　５つのポイント

自社の強みをどう探すかについて、以下５つのポイントがあります（図表13）。

①売上の偏りを分析する
②お客様を分析する
③社長（社員、経営メンバー）を分析する
④収益の取り方を分析する
⑤サービスの別の側面を分析する

図表13 強みの見つけ方５つのポイント

❶ 売上の偏りを分析する！

❷ お客様を分析する！

❸ 社長（社員・経営メンバー）を分析する！

❹ 収益の取り方を分析する！

❺ サービスの別の側面を分析する！

①売上の偏りを分析する

どんな会社でも、売上の構成比を何らかの観点で分析すると、必ず偏りがあるものです。たとえば、業務システム開発会社であれば、全体の中で、どのプログラミング言語の案件が多いのか、どの業種のどのような種類の開発案件が多いのか、大規模案件と小規模案件のどちらが多いのか、どの地域からの案件が多いのか、どのようなルートで入ってきた案件が多いのか、といった観点で見れば、偏りがあります。

その偏りの一番大きなところがその会社の強みだと思っていいでしょう。そこがお客様に評価されて売上が一番大きくなっているわけなので、これを強みとして生かすことをまず考えましょう。

②お客様を分析する

どのようなお客様が多いかを調べることからも自社のことがわかります。お客様は何かしら自社の良さ、特徴をわかっているから仕事を頼んでくれているわけです。特にリピーターのお客様は、その会社や製品・サービスの良さをわかっているから繰り返し使ってくださっています。したがって、リピーターのお客様に、「弊社の何が良いと思って使っていただいているのですか？」と聞いてみれば、自社の良さがわかることがあります。「わかりやすく教えてくれて速く対応してくれるから」とか、「丈夫で壊れにくいから」などと、その会社や製品・サービスの強みを何かしら話してくれるはずです。

③社長（社員、経営メンバー）を分析する

私が、大企業ではなく、中小・ベンチャー企業から「売上を伸ばしたいんです」というコンサルティングを頼まれたとき、まず行うのがこれです。大企業の場合、もう少し違う手法での分析が必要となりますが、中小・ベンチャー企業の場合、社長の強みを会社の強みとするしかないので、その社長がどういう強みを持っているのか、どのような知識や経験があって、どの

ような人脈を持ち、どのようなことに興味や関心があるのかなどから、売上を伸ばす糸口を見つけ出すことが多いです。

社長だけでなく、社員にどのような人が多いのかということもまた重要です。決まったことを決まったとおりにきちっと納期通りにやれる人が多いのか、それともゲリラ的にどんどん売ってくることが得意な人が多いのか、それとも色々な新しいことをクリエイティブに創造するのが得意な人が多いのか、などによって、新規事業の方向性は自ずと決まってきます。

日本の場合、米国と違って、社員を簡単に解雇することはできません。米国であれば、「新規事業はこれをやるぞ」となれば、抱えている社員がその事業とフィットしなければ、社員をバサッと解雇して入れ換えることも選択肢の一つになりますが、日本企業の場合、正社員は解雇しないという前提で新規事業を考えざるをえません。

そう考えると、「現在いる社員にどのようなタイプの人が多いのか」、具体的には「どのような分野のエンジニアが多いのか」とか、「どのような営業マンが多いか」とかをチェックすれば、新規事業として始められることが絞られてきます。それをまったく度外視して新しいことを始めようとしても、うまくいきません。

それから、**経営メンバーを分析することも有益**です。たとえば、私のコンサルティング先企業でも、経営メンバーの中に何らかの分野で経験や知識、人脈を持っている人がいて、経営者はその分野のことはまったく知見がないが、経営メンバーが得意な分野に進出して、発展し、新規事業がもともとの事業と同じくらいの規模になっている会社があります。

④収益の取り方を分析する

たとえば、システムやエンジニアリングなどにおいて、一括払いか、分割払いか、半金ずつの支払いかなど、収益の取り方で、違いを作るということがあります。

たとえば、コピー機やカラーレーザープリンタなどの場合、初期の購入金額よりも、その後のカートリッジやメンテナンス費用で儲けている会社も多いです。

第2章で紹介したように、ソニーのＰＳ４（プレイ・ステーション４）などは、ゲーム機本体の売上よりも、インターネットからゲームをダウンロードしたり、ネットを介して他の人と対戦したりことができる月次利用料のサービスや追加課金での累積的な収益を期待した事業モデルとなっています。

ネットやモバイルの事業でも、収益モデルは様々あります。システム開発系の会社では、初期に開発費を固定ですべて支払ってもらうのではなく、**レベニュー・シェア**（売上に応じて、報酬を按分して受領）や**プロフィット・シェア**（開発したシステムやサービスから生み出された利益を按分）する形で開発を請け負うことで、収益を出している会社もあります。

⑤サービスの別の側面を分析する

第4章のオズボーンのチェックリストのところでもご紹介したように、次世代の体感ゲームを介護に応用できないかとか、普段は別のことに使っている技術やノウハウを新しい分野に応用できないかなど、自社のサービスの別の側面に注目してみましょう。

案外、自分たちでは気がついていない強みがあるケースもあります。何らかの取引をしている層が特殊であったり、会員を多く抱えていたりといったことなど、何か特徴がないか考えてみましょう。

ポイント

新規事業立ち上げで重要なのは、自社の強みを生かすこと。自社の強みは自分たちだけではなかなかわからないことが多い。

5 新規事業は、できるだけ競争の少ない分野を探す

◎実は競争が好きな日本人

新規事業として出ていくときの基本的な考え方として、できるだけ競争が少ない分野を探して、そこへ出ていくという戦略は大切です。ハーバード大学教授のマイケル・ポーター氏も「競争の緩やかなところに出ろ」と述べています。

しかし、日本人は、どうしても皆が注目しているホットな競争の激しいところに出ていきがちです。これは、日本の学校教育による日本人の横並び意識やことなかれ主義、合議制で物事を決める日本企業の体質が影響していると思います。他社が行っているから、自社も行うという傾向があります。

実は日本人は競争が好きなのだと思います。受験でも就職活動でも、みんなが狙っている競

図表14 新規事業、どこへ出ていくべきか？

争の激しいところであえて戦おうとしてしまう傾向があります。実際はそのような超人気企業に難関を突破して入っても、また激しい競争があります。もちろん、そういった環境で戦うのもポリシーの一つですが、「ここなら自分が入ったらトップになれそうだな」という会社に入るという戦略もあるわけです。企業の新規事業のマーケティング戦法としては、どちらがよいのかを考えると、やはり基本的には競争がゆるやかなところに出る戦略となります。

レッド・オーシャンと**ブルー・オーシャン**という言葉をご存じの人もいると思います。レッド・オーシャンは市場での競合先が多く競争が激しい領域、ブルー・オーシャンは市場での競合先が少なく競争が緩やかな領域のことをいいます。新規事業の市場参入を考えたとき、競争の緩やかなブルー・オーシャンなところを探して、勝てるところで勝ちに行くことが基本だと私は思います。

ただし、業界によっては、すでに市場に「ガリバー」と呼ばれる絶対的強者がいる場合もあります。その場合は、まさにニッチ戦略を採るしかありません。つまり、対象を絞り、サービス内容を強化して勝負する戦いとなります（図表14）。

なお、本書では、他社に比べて強みを出す差別化戦略をメインに解説してきました。もちろん、新規事業のメイン戦略は差別化となりますが、市場におけるリーダーが2番手以下が取った差別化をすべて模倣することで、差別化をつぶす「**同質化**」という戦略も一部あるということを頭に置いておきましょう。これは、カップラーメンやカップ焼きそばで日清食品が取っている戦略で、日本コカ・コーラも飲料において同じ戦略を用いています。

ポイント

新規事業は競争の緩やかなブルー・オーシャンなところに出るのが鉄則。
そのうえで勝てるところで勝ちに行く！

6 他社の事例を参考にした新製品開発の注意点

◎儲かっていない製品を真似してしまっていないか

第3章で、業界や自社の固定概念にとらわれず、また、自分の経験や知識だけに頼らずに、参考となる事例を探して、そこから得たインプリケーション（教訓）を活用することの大切さを述べました。また、本章では他社の新規事業や新製品のプレス・リリースをウォッチすることの大切さも説明しました。

他社が出している製品からアイディアを得て、もっと改良できないかを考えることは、新製品開発としては妙味があります。最初に市場参入したり、最初に開発した企業ではなく、2番手の企業が勝ったり儲かったりすることは往々にしてあります。

しかし、その際に注意点があります。

それは、他社が出している製品やサービスを、技術や生産ノウハウ面だけから見て、「それって、うちでもできる！」と思って飛びついて、その製品やサービスを模倣して開発をしてしまうことです。

他社が開発したものを参考にして、自社の新製品を開発するということは、目のつけどころとしてはよいのですが、**その模倣した他社製品自体が儲かっていないものであった場合、儲かっていないものを真似てしまうという失敗**に陥ってしまいます。このパターンで新規事業に失敗しているケースは多いです。

自分たちの技術で作れるものをまず考えることは、着想としてはそれでよいですが、作っても儲からなかったら、意味がないことになってしまいます。儲かっていない製品をいくら模倣しても収益の上がる新製品や事業を作ることはできません。

◎参考例が本当に利益が出ているかどうかをリサーチする

では、どうすればよいか。それは、他社が出している製品やサービスで、自社でも作れると思うものがあった場合、すぐに飛びつくのではなく、**その製品が本当に儲かっているのか、利益が出ているのか、何か改良することで利益が出るようになるのかをリサーチすることが大切**

です。儲かっていないものを真似てしまわないようにするには、リサーチを忘れてはなりません。「この製品（サービス）、スゴイね、いいね」だけではダメで、利益が出ているか、利益を出せる可能性があるかをあらゆる手段で、調べることが必要です。

たとえば、同じような部品を取り寄せてみて、どのくらいの原価で作れるかを調べたり、購入した人から使い勝手や性能などについて話を聞くといったことなど、出来る限りのことをしてみましょう。その上で、改良したものを出すことを考えましょう。

たとえ、参考・模倣した製品やサービスが、今は利益が出ていなくても、**何かを変えれば利益が出るのであれば、それを修正した新製品・サービスを出すことは妙味があります**。

一から開発しようとすると時間がかかるので、今出ているもので改良点を見つけて、改良したほうが速いです。これが、先ほども述べたように、2番手に市場参入した会社の方が勝つことのある主因です。

ポイント

他社製品からアイディアを得ることは効率の面から有効。ただし、実際に売れているかどうかは入念にリサーチすべし！

第6章

アライアンスが新規事業立ち上げの切り札だ！

1　なぜアライアンスが必要なのか

◎事業が成り立つには要素を揃える

事業が成り立って、売上が上がり、利益が出るようにするためには、事業を構成するいくつかの「要素」が必要となります。図表15には、事業に必要な「要素」を表す9つのキューピック（四角）を並べて書いていますが、この事業が成り立つために必要なキュービックがきちんと揃い、ズレることなく、整然と並んでいるときには、事業は売上・利益が大きく上がります。どれか1枚でも不足していたり、ズレたりしていても、事業は成り立っていきません。

これらの「要素」は具体的には、製品開発における技術、開発やプロモーションに必要な資金、事業を推進するための人材、商品やサービスを売っていくための販売網などを指します。

事業を立ち上げ、収益化するためには、これら事業に必要な「要素」をきちんと揃えることが

図表15 事業構築には必要な要素がある！

→それらを揃えて、整えることが必要！

足りないものを補い、ズレたものを矯正し、
事業構築に必要な“要素”を整えていくことが必要！

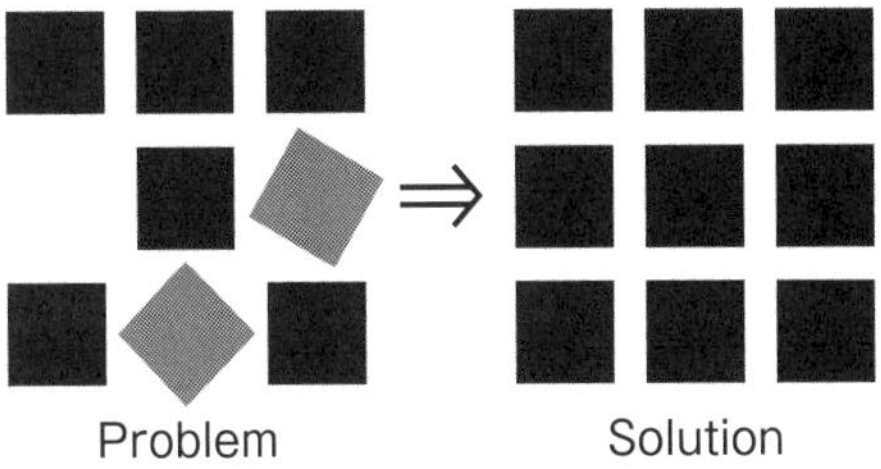

外部と組むことで、不足する経営資源を獲得する！

必要ですが、事業を構築するにあたり、必要な「要素」を自社ですべてまかなうのではなく、外部の企業と相互補完していくことを「**アライアンス**」と言います。私なりの詳しい定義づけは後ほど述べますが、新規事業の立ち上げなどにおいて、事業を構築するために外部の企業や人と組むことがアライアンスです。

主に事業構築面でのアライアンスを「**事業提携**」、資金の出資や株式の持ち合いが伴えば「**資本提携**」と言うこともありますし、業務面であれば「**業務提携**」、あるいは「**タイアップ**」といった言葉も類義語となります。

なお、本書は、学術的な論文ではないため、「アライアンス」と「事業提携」は同義語として扱います。

◎環境の変化で事業に必要な要素にズレや不足が生じる

第1章で述べたように、今これからの時代は、外部環境の変化が激しく、事業構築に必要な要素の不足やずれが発生しやすい時代です。**外部環境の変化が起こると、それら事業の構築に必要な要素の組み合わせが整然とならんでいたものがズレてしまったり、あるいは足りない状態になったりしてしまいます**。その結果、今まで刺さっていた戦略が刺さらなくなり、収益をあげられなくなります。つまり、外部環境の変化により、これまで成り立っていた事業がなかなか成り立たなくなるわけです。

かつては、一度作った事業を構成している要素が長きにわたってうまく並んでいることが多かったのですが、昨今は環境変化が激しいため、崩れやすいです。

事業を構成する「要素」（経営資源と言ってもよいです）で、不足したものを補い、ズレてしまったものは、フィットするものを揃えることが、事業を成り立たせて、利益を生むために必要です。

◎アライアンスにより、足りない経営資源を相互補完する

企業は新規事業構築にあたって必要となる要素、すなわち、経営資源が不足していることが多く、外部とアライアンスをしなければ、新規事業の構築をしていくことがなかなかできません。もちろん1社だけで単独で新規事業を立ち上げられる企業が存在しないわけではありませんが、超大手企業であったとしても、少数派と言えるでしょう。そのような状況下では、やはり、いかに外部の企業と提携し、提携先の企業が有する経営資源を獲得して活用していけるかがポイントとなります。

アライアンスというツールを用いることによって、外部と組むことによって、企業は会社経営や事業構築に不足している経営資源を補うことができます。**アライアンスの考え方は、根本的には、〝相互補完〟することにあります。**

私が現在、アライアンスによる新規事業構築のコンサルタントとして手がけているのは、この要素のズレを今の時代に合わせて正しく整えるために、私自身が知っている多くの企業から提携先を紹介し、アライアンスをしてもらうことにより、**足りない経営資源を外部から補うことです。アライアンスは、事業構築に必要な要素で足りないものを、外部から獲得して揃える**

手法（ツール）です。

なお、新規事業の立ち上げだけでなく、既存事業の売上アップにおいても、このアライアンスは有効だと言えます。独立してバラバラに企業活動していたのでは生み出せなかった売上や利益を提携によって生み出せるわけです。

◎日本人は、アライアンスが苦手です

そもそも、日本人、そして日本企業は、アライアンスが苦手です。

日本企業は、新卒入社を中心とした終身雇用や年功序列の日本型経営システムにより、同じカルチャーを持っている人との仕事や、情報が完全に共有できる社内での取り組みは得意ですが、異質なカルチャーを持つ人や企業、組織との連携が苦手です。

やはり、日本企業は自前主義が強く、逆に米国企業は外部と組むのが得意です。個人レベルのアライアンスという面でも、米国人は得意と思います。日本企業は、同じ企業内で同質の背景・考え方を持つ人だけで物事を進めてしまっているのです。

アライアンスが一般的ではない日本では実務家や研究家もまだまだ足りない状況です。これは、日本人がアライアンスが苦手で、これまであまり活用できていないことが影響していると

思われます。私は、〝日本でたった一人のアライアンス（事業提携）の専門家〟を自負していますが、日本では、アライアンスの実務的な専門家も少ないですし、研究者も数人しかいません。

米国では、ＡＳＡＰ（The Association of Strategic Alliance Professionals）という団体があり、アライアンスの専門家を育てる教育プログラムを実施したり、資格試験を実施するなど、アライアンスが一般的で、実務家や研究家も大勢います。ＣＡＯ（Chief Alliance Officer）というアライアンス専門役員がいる会社もあるくらいです。

◎〝富田流〟アライアンスの定義

本書では、「アライアンス」と「事業提携」という2つの言葉をほぼ同じ意味で使用しています。その定義について、ここで整理しておきたいと思います。

私が定義するアライアンス（＝事業提携）とは、「**複数の企業が独立したままの状態で、新規事業構築のために各企業が持つ経営資源を提供し合って相互補完し、契約の締結や資本関係の有無にかかわらず、継続的な協力を行って、その成果を分け合うこと**」です（図表16）。

1つのポイントとなるのは、一方の企業がもう一方の企業を買収してしまったり、一回限りのライセンシングや下請け関係のようにどちらか一方だけが利益を享受するものはアライアン

図表16 なぜ、アライアンスか？

個々の企業は、新規事業構築にあたって必要となる経営資源が不足しているため、アライアンスを行わなければ、新規事業を立ち上げていくことができない。

⇒ いかに外部の企業が有する経営資源を獲得して活用していくかがポイントとなる。

●アライアンスの定義（冨田賢ヴァージョン）：
「複数の企業が独立したままの状態で、新規事業構築のために各企業が持つ経営資源を提供し合って相互補完し、契約の締結や資本関係の有無に関わらず、継続的な協力を行って、その成果を分け合うこと」

なお、既存事業の売上アップにおいても、アライアンスは、有効！

スではなく、双方が独立したままでお互いの経営資源を提供しあって相互補完し、互いに利益を享受するものがアライアンスだという点です。どちらか一方だけでなく、〝お互いに双方が〟利益を教授するというところがポイントとなります。

それから私は、契約の有無といった形式面については、幅広く捉えています。米国ではアライアンスをする際には当事者間で提携契約書をきちんと交わして、アライアンスをする期限を2年なら2年と必ず定めるのが一般的です。しかし、米国とはビジネス風土の違う日本で違うので、アライアンスをしようとするときに、期限や条件を契約書にて細かく定めることにこだわって、あまりに厳格にやると「水臭い」ということになって、かえってアライアンスが進まなくなる可能性があります。ですから、日本では簡単な覚書程度に止めて、期間も厳格に定めない形で行うことが、状況によっては、適している場合もあります。

また、後ほど詳しく説明しますが、一口に「アライアンス」と言っても、業務面で協力し合う**業務提携**もあれば、提携先に資本参加したり、両者が資金を出し合ってジョイント・ベンチャーを作ったりするなど、資本関係が伴う**資本提携**のパターンもあります。

もちろん、資本関係がある場合は、資本関係がない場合よりも、関係性は強固なものとなりますが、他方ですぐには解消できない固定的なものとなります。提携の契約書についても、ないよりは、あるほうが、より固定的な関係性となります。**資本関係の有無、契約締結の有無によって、アライアンスの関係性の固定度合いが違ってきます**。

私は、これらのアライアンスのスタイルの違いにかかわらず、前述の通り、双方が独立した立場で足りない経営資源を互いに補い、継続的な協力関係に基づいて、互いに利益を享受するものを「アライアンス」と捉えています。

ポイント

事業が立ち上がるには必要な要素がある。
この要素を外部企業との提携で相互補完するのが「アライアンス」！

2 アライアンスのメリットは何か

◎アライアンスの5つのメリット

ここでは、他社とのアライアンスのメリットを以下のように5つ挙げます。

①新しい事業が構築できて、売上を作ることができる
②提携先からの商流により、売上を増やすことができる
③大企業と組めば、信用がアップし、資金も得ることができる
④他社とリスクをシェアすることができる
⑤自前でやるより、スピードアップができる

では、一つずつ解説していきましょう（図表17）。

①新しい事業が構築できて、売上を作ることができる

新規事業を構築する際、自社に足りない経営資源が必ず出てきます。それを外部の企業と組むことで補っていくという考え方です。

特に中小・ベンチャー企業の場合、1社だけで必要な経営資源（開発、生産、販売、資金、アイディア出し、推進力、信用力など）をまかなうことは困難です。そこで、「いかに外部と組むか、外部の経営資源を活用するか」ということがポイントになるわけです。

②提携先からの商流により、売上を増やすことができる

提携先からの商流、すなわちディール・フロー（案件の流れ）を確立させることによって売上を増やすということです。

ディール・フローとは、投資銀行やベンチャーキャピタルの業界で使われる言葉かもしれませんが、ディールとは「案件」、フローとは「流れ」、つまり、案件の流れを確立するというこ

とです。もっとわかりやすく言えば、提携先から仕事を紹介してもらうことで、より売上を増やせることを言います。

これは非常に重要なことです。自社による直営業だけでなく、提携先からの紹介によって、恒常的に案件が入ってくる仕組みを作るのです。

③大企業と組めば、信用がアップし、資金も得られる

未上場の中小・ベンチャー企業にとって、**上場企業などの大企業と組んで事業を行うことは、対外的に大きな信用力のアップにつながります**。

また、共同事業という形でマイナー出資をしてもらえれば、新たな資金調達チャネルの一つとなりますし、事業が成り立った後に、大企業に売却することでＩＰＯ（株式公開）に代わる投資の出口にすることもできます。

このことについては、後に、買収による事業開発や大企業とベンチャー企業の連携の項で詳しく説明します。

図表17 アライアンスの5つのメリット

❶新しい事業が構築できて、売上を作ることができる

❷提携先からの商流により、売上を増やせる

❸大企業と組めば、信用や資金が得られる

❹他社とリスクをシェアすることができる

❺自前でやるより、スピードアップができる

新しい売上を獲得

図表18 アライアンスの有用性

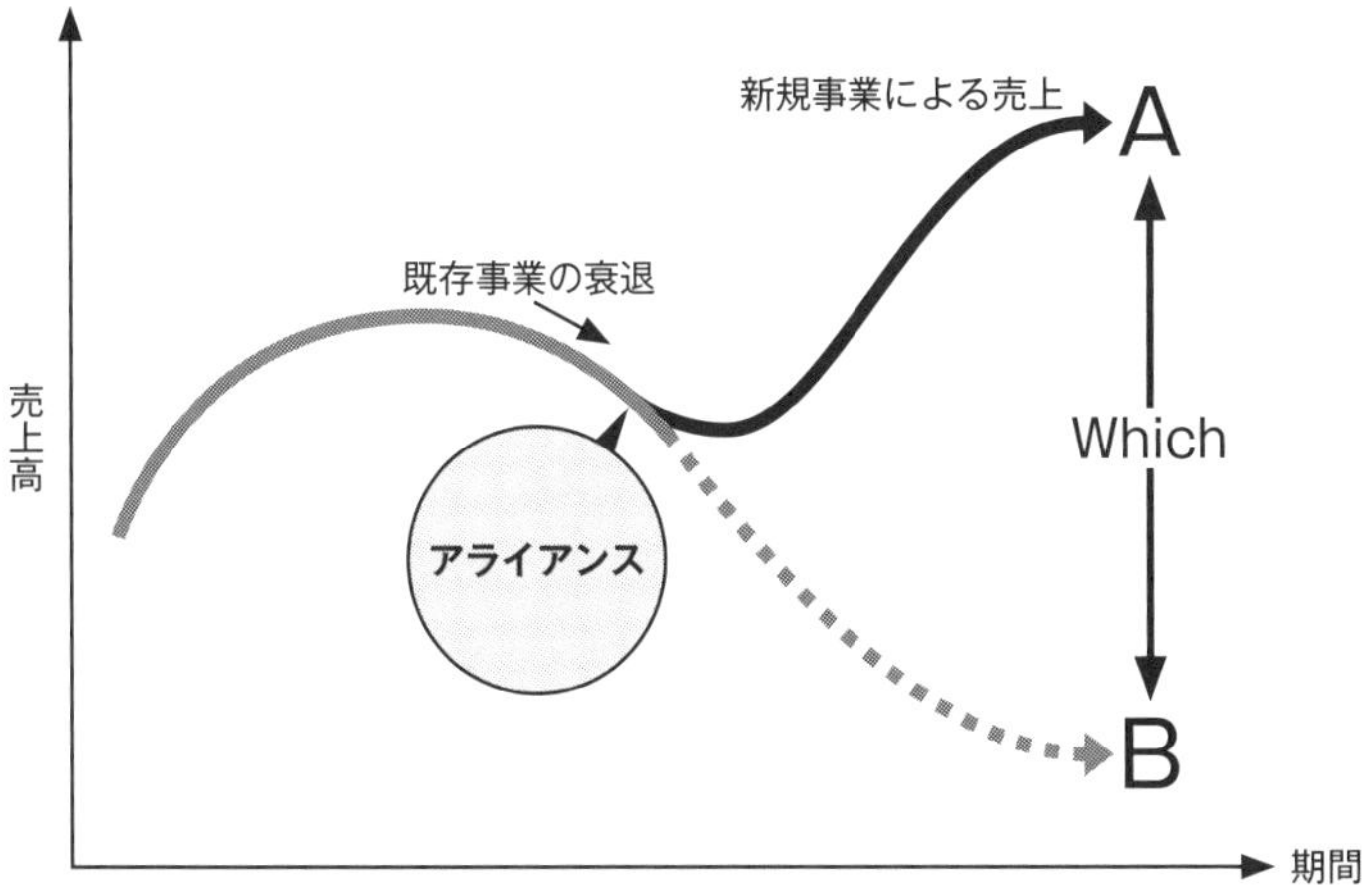

④他社とリスクをシェアすることができる

1社で新規事業構築に関わる開発や生産、販売、そして、それに必要な資金や人材をすべてまかなおうとすると、うまくいかなかったときのリスクを1社だけで取ることになってしまいます。

外部の企業と組んで、複数の企業で提携して事業構築を行っていった場合には、たとえ、うまくいかなかったとしても、被る損失は自社が負担していた分だけとなり、リスクが限定的になります。

複数の企業で、共同でアライアンスにより新規事業立ち上げに取り組むことで、**新規事業の立ち上げに伴うリスクをシェアリングする（分け合って分散する）ことが可能**になります。

⑤自前でやるより、スピードアップができる

1社だけで研究開発から商品企画、そして、その後の生産やサービス構築、販売・営業展開、アフターフォロー体制整備などを行おうとすると、必要な技術や販売網、様々なノウハウ、資金力などが不足するため、新規事業立ち上げに時間がかかってしまいます。

技術であったり、顧客層とのリレーションであったり、生産のノウハウなど、**新規事業構築にあたって必要な要素・機能で、自社では十分にまかなえないものについては、外部と組むことで、それらを調達したほうが速い**です。

たとえ、自社だけで事業構築や製品開発ができるように思われる場合でも、外部と組むことで、スピードアップさせることができます。一から自社で全部やるよりは、外部から必要なものをアライアンスによって調達したほうが、効率がよく、成果を得るまでの時間を短くできます。企業にとって、時間はコストなので、スピードアップはメリットがあります。

◎アライアンスにより衰退か発展かが決まる

図表18で示したように、アライアンスの手法を用いて外部企業と組むか否かによって、企業が発展するか、衰退するかの運命が変わることもあります。新規事業の立ち上げにおいて、必要な要素を補充してリスクを抑えながら、スピードアップができるかどうかが変わってきます。また、アライアンス活用の有無によって、現在の事業においても、一社一社でバラバラに活動していたときには生み出せなかった売上・利益を生み出せるかどうかが変わってきます。アライアンスをするかどうかで、会社や事業の行く末が異なってくるわけです。

◎中小・ベンチャー企業の単独の新規事業立ち上げは難しい！

よほど大きな会社で、資本が潤沢にあり、優秀な開発者や営業マンを豊富に抱え、新規事業のアイディアやネタをたくさん抱えているとしたら、1社だけでも事業を構築していくことができるかもしれません。

しかし、世の中のほとんどすべての会社、特に中小・ベンチャー企業の場合、資金面、人材面、技術・ノウハウ面、営業面などから、**1社だけで新規事業を立ち上げて、売上を向上させていくことは非常に困難です**。新規事業を立ち上げようとしても、最終的に売上として新しいキャッシュが入ってくるまでたどり着かず、途中で、力尽きてしまうことにもなりかねません。

中小・ベンチャー企業の場合は、新規事業を立ち上げたり、売上を増加させたりするには、外部の企業その経営資源を活用するというアライアンス戦略がとても重要になります。

ポイント

アライアンスには「売上を増やす」などのメリットがある。
特に経営資源が不足する中小・ベンチャー企業には重要な戦略である。

3 アライアンスのパターンその1（企業規模・業歴）

◈企業規模と業歴によるアライアンスのパターン

アライアンスのパターンを企業規模や業歴の観点から分けた場合、以下に示したとおり、大きく4つのパターンがあります。企業規模で見ると、中小・ベンチャー企業同士もあれば、中小・ベンチャー企業と大企業、大企業同士があります。業歴で見れば、業歴の長い中小企業と業歴の浅いベンチャー企業が組むパターンもあります（図表19）。

パターン①　中小・ベンチャー企業同士
パターン②　大企業同士
パターン③　中小・ベンチャー企業←→大企業

パターン④　業歴の長い中小企業←→業歴の浅いベンチャー企業

まず、パターン①は、企業規模から見た場合、中小・ベンチャー企業同士がアライアンスをする場合です。

次に、パターン②は、大企業同士のアライアンスです。これは、私もたまに仲介することがあるのですが、仲介者がいないとなかなか話がまとまらないと言えます。というのも、各社とも事業内容がかっちりしており、日本国内における業界内のポジショニングもしっかりしているという事情があります。その他にも、役員同士が親しいという理由で組むことになったものの、現場レベルでは別の会社と組みたかったというような事態が起こる可能性もあります。

それから、パターン③は、中小・ベンチャー企業と大企業のアライアンスです。これについては、後ほど「イノベーションのジレンマ」を解説する際に、中小・ベンチャー企業と大企業の経営資源の比較という形で詳しく解説します。

さらには、業歴で見た場合は、パターン④のように、規模的にはどちらも中小企業であっても業歴の長い中小企業と業歴の浅いベンチャー企業が組むアライアンスとなります。中小企業とベンチャー企業の区分については、株式上場（ＩＰＯ）を目指して、革新的な開発や事業をしているかといったような、いくつかの観点からの分類の仕方がありますが、ここでは、業歴

図表19 事業提携のパターン企業規模・業歴

中小・ベンチャー企業 × 中小・ベンチャー企業	中小・ベンチャー企業 × 大企業
大企業 × 大企業	業歴の長い 中小企業 × 業歴の浅い ベンチャー企業

図表20 大企業と中小ベンチャーの経営資源についての比較

	新規事業のネタ	資金／人材の余剰
中小・ベンチャー企業	○	×
大企業	△	○

中小ベンチャー企業と大企業間のアライアンスは、
日本における新規事業創造において非常に期待される

が長いか短いかで、単純に分けていると理解していただければ十分です。

◎大企業は実はイノベーションを生み出しにくい!?

ここで大企業と中小・ベンチャー企業の経営資源を比較してみましょう。

ざっくり言えば、大企業は新規事業のアイディアが不足気味です。私のオフィスにも大企業の新規事業担当者がよくお見えになりますが、新規事業の展開の仕方がわからない、新規事業のアイディアやネタが不足しているという声をよく聞きます。

その反対に、中小・ベンチャー企業からの相談は、「新規事業のネタはあるのだけれど、自社に経営資源が足りない」といったものです。

大企業は資金や人材は相対的に豊富にあるものの、既存の製品や設備、顧客を持っているがゆえに、破壊的なイノベーションを生み出しにくいという事情があります。他方、中小・ベンチャーの場合、しがらみがないがゆえに、新しいアイディア、技術、サービスを生み出しやすいと言えます。ベンチャーの場合、そうしていかないと、生き残っていけませんから、当然です（図表20）。

実はこのことは、ハーバード・ビジネス・スクール教授のクレイトン・クリステンセン氏が有名な**『イノベーションのジレンマ』**（The Innovator's Dilemma）で提唱している考え方です。

大企業のほうが資金力も人材も揃っているのだから、イノベーションを生み出しやすいと考えがちです。ところが、クリステンセン氏は「大企業は、製品・サービスにせよ、設備にせよ、顧客にせよ、資金にせよ、人材にせよ、既存の経営資源をたくさん抱えているがために、事業の発想もバージョンアップなど既存のライン上にとどまってしまい、かえって画期的なものを新しく生み出しにくくなる」と言っているわけです。

一方、中小・ベンチャー企業のうち、業歴の長い中小企業も固定観念にとらわれて新しいものを生み出しにくいという傾向がありますが、ベンチャー企業にはそのようなしがらみがないので、新規事業をどんどん生み出さなければ、そもそも生き残れないし、存在意義もなくなってしまうという切迫感もあるため、新規事業のネタを生み出す素養があります。

◎期待される大企業と中小ベンチャー企業の融合と提携

そういう意味で、**日本における新規事業創造において、中小・ベンチャー企業と大企業間のアライアンスは、非常に期待されていることだと言える**でしょう。特に、東証一部上場企業を中心とする大企業は景気回復の中、大きな利益を出している企業が増えており、そこで得た内部留保を新しい事業に投資したいと考えています。一方、ベンチャー企業の設立や活動は活発になっているものの、資金や人材、販売網といった経営資源は不足していることが通常です。最近、経済団体などが大企業と中小・ベンチャー企業のマッチングイベントを行っていますが、そのようなイベントを主催している団体にとっても、この両者の組み合わせに期待するところが大なのです。

大手企業の場合、「社員の多くは有名大学を出て安定志向が多く、社内でアントレプレナーシップを持っている人材が少ない」「社内から新規事業のアイディアを募っても、画期的なものはなかなか出てこない」といった新規事業立ち上げの課題を抱えているケースも散見されます。

現実問題として、社員は日々、自分の担当分野の仕事をしている状況のため、アイディアといっても、自社の周辺のものであったり、自社のサービスや製品から少し派生したようなものしか出てこないことがほとんどです。これは、ある程度は仕方がない面があります。多くの日本企業の場合、入社後5年から10年くらい、既存のビジネスを主に担当します。先輩や上司も多くは既存のビジネスに従事してきた人たちです。そのような環境でやってきた人々が突然新しいビジネスを考えてみろと言われても、なかなか難しいのではないでしょうか。

私も毎月数回、大企業の新規事業担当者向けに、新しい発想の生み出し方や新規事業立ち上げのノウハウを講義していますが、大企業にいる人たちだけで新規事業のネタをすべて考え出していくことの難しさを実感しています。

そうであれば、社内の専門や選抜メンバーでアイディア出しや社内公募をするとともに、外部からアイディアを獲得することが重要です。**資金力のある会社なら自社内で新規事業のネタを探すよりも、ネタを持ったベンチャー企業に投資することで、そのアイディアを自社が持っている組織力などで実現化したほうが新規事業が速く立ち上がる**と思います。

そういう意味でも、中小・ベンチャー企業が生み出した新規事業のネタを、大企業がアライアンス、あるいは買収などで内部化することは有効な戦略です。これは、社内ベンチャーの発掘、立ち上げ、つまり「**コーポレート・ベンチャリング**」において重要な手法となります。そのため、大企業と中小・ベンチャー企業の橋渡しに、私は力を入れているところです。

◎大企業も中小・ベンチャー企業をパートナーと考える

大企業が「**コーポレート・ベンチャリング**」（既存の大手企業が、新規事業としてベンチャー・ビジネスを立ち上げること）を推進するにあたっては、中小・ベンチャー企業とアライアンスすることをぜひ考えていただきたいと思います。

その際、大企業の方は絶対に、企業規模や業歴で比較して、中小・ベンチャー企業を〝上から目線〟で見ないことです。**中小・ベンチャー企業を、新規事業のネタや開発力やアイディアを持った人材、営業推進の観点などから、〝大切なパートナー〟として見ることが大切と思います**。実際、それを実践している大企業が、中小・ベンチャー企業と組んだ形での新規事業の立ち上げに成功しています。

今後ますます、大企業と中小・ベンチャー企業の二重構造の〝上下関係〟ではなく、大企業と中小・ベンチャー企業が協業し融合し合ってアライアンスを進めることで、新しい事業を立ち上げていく時代になっていくと思います。

もう一つ、逆に中小企業側からの面で注意が必要なことについて触れておきたいと思います。それは、アライアンスにおける大企業と中小・ベンチャー企業の組み合わせでは、中小・ベンチャー企業の社長や担当者が、大企業に対してどうしてもおもねてしまうという傾向があります。

第5章で述べたように、何らかの部分でナンバー1になることを目指して、自社の強みを作り、打ち出していけば、規模が相対的に小さいからといって、何も卑下することはありません。相手の大企業に足りない部分をこちらがしっかり持っているのであれば、正々堂々とやり取りすればよいのです。

事業のスピードや創造力が求められている今これからの時代、**中小・ベンチャー企業であっても、アイディアの創出、企画力、推進力などで勝っていれば、大企業と対等に連携しあっていくことは十分に可能**です。取引だけでなく、アライアンスの面でも、中小・ベンチャー企業が大きく伸びていくポイントとは、東証一部上場クラスの大企業としっかり取引できるようになることです。

そのためには、大企業からも「**御社と組みたい**」「**御社がいなければ困る**」と思われる存在になる必要があります。それには、本書で何度も強調しているとおり、自社の強みを磨き上げると同時に、その強みを自社のブランディングの中できちんとアピールしましょう。

ポイント
大企業と中小・ベンチャー企業は「イノベーション」という意味において、相互補完性の高い組み合わせである。

4 アライアンスのパターン その2(機能別)

◈機能面でのアライアンスのパターン

次にアライアンスのパターンを機能別に解説します。

アライアンスのパターンを機能別に分類すると、私が普段手がけているものとしては、図表21のようなパターンがあります。事業構築や売上増にあたっての機能面での相互補完の観点でのアライアンスのパターンです。

①新規事業のネタのある企業とネタはないが資金が余っている企業

資金はあるが新規事業のネタがない企業に、新規事業のネタを持っている会社が資金提供

図表21 アライアンスのパターン(機能別)

アライアンス

❶ 新規事業のネタのある企業とネタはないが資金が余っている企業

❷ 人が余っている企業と人の足りない企業

❸ 技術開発力（アイディア力）のある企業と営業力のある企業

❹ 開発力のある企業と生産力を持っている企業

❺ 営業先が共通の企業同士の営業先の共同利用

❻ 強いエリアが違う企業同士の地域的補完

❼ 技術系企業同士の製品開発の技術補完

単に“コラボ”しましょうという漠然としたスタイルではなく、何らかの相互補完関係を具体的に考える！

（出資など）をして、一緒に製品やサービスを作り上げるパターンです。資金が不足していて、外部から資金調達をしたいと考えている中小・ベンチャー企業にとって、最もメリットがある事業提携のパターンと言えます。

この事例については、後で詳しく説明します。

②人が余っている企業と人の足りない企業

ＩＴエンジニアの派遣事業などで、人が足りない会社が、人が余っている会社にビジネスパートナーとして協力してもらったり、営業パワーが足りない会社が営業マンをだぶつかせてしまっている会社に協力してもらったりするケースなどです。その他、様々なアウトソーシングや事務処理請負の会社なども、このパターンになると思います。

③技術開発力のある企業と営業力のある企業

何らかの製品やサービスを開発できる会社と営業力のある会社の組み合わせですが、これが最も理想的だと思います。というのも、新しい製品やサービスを考えるのが得意という会社は往々にして営業力が弱いという側面があるからです。

それに対して、新しい事業を考えるのが苦手な一方、営業マンを多数抱えて売るのは得意という会社も世の中にはあります。社長が光通信やリクルート出身の会社に多く見られます。業歴の長い商社で新しく売る商品・サービスを探している会社と開発力のある会社の組み合わせもこのパターンに含まれるでしょう。

④開発力のある企業と生産力を持っている企業

新しいモノをどんどん開発している会社と、工場や機械などの生産設備をもともと持っている会社が組むことも、リソースの有効活用の観点でよい提携となります。工場を自前で持たないファブレス・メーカーはこのパターンとなります。

アイ・オー・データ機器というパソコン周辺機器を作っている東証ジャスダック上場企業は、金沢に工場を一部持っていますが、基本的にはファブレス・メーカーで、自社で工場を持たず、シンガポールや台湾の会社に製造を委託しています。逆に、生産余力が余っており、その生産設備・工場で作るものを求めている会社もあります。私のコンサルティング先企業で、東証一部上場企業の子会社ですが、余剰している生産設備を外部に提供し、試作品の開発段階まで来ているベンチャー企業の製品の生産を行おうとしているケースがあります。

⑤営業先が共通の企業同士の営業先の共同利用

これは、私がコンサルティングの現場でよく行っていることで、たとえば、多店舗展開をしている店舗向けのサービスを手がけている会社同士が提携して、共同で営業をして、どちらかの会社が開拓した顧客を提携先にも紹介したり、営業に行く際に提携先のサービスも一緒に提案したりする形です。介護事業者向けの物販をやっている会社と、介護事業者向けのシステム開発を行っている会社が一緒に営業するといったことも、このパターンです。どちらかが開拓したらどちらかに紹介する、あるいは自分のお客様のところに他社の製品・サービスを持っていくということです。

⑥強いエリアが違う企業同士の地域的補完

昔からよくある組み合わせで、営業エリアの異なる会社同士が組んで、スケール・メリットを出すというものです。たとえば、東日本エリアが強い会社と西日本エリアの強い会社が組むというケース、首都圏エリアで北側の強い会社と南側の強い会社が組むというケースもこのパターンとなります。

⑦技術系企業同士の製品開発の技術補完

これは、製品開発の段階で技術面で組むというものです。製品開発をしていて、一部分の技術が足りないといったことが起こった場合、外部のその部分の技術を提供してもらうケースなどです。後述するアライアンスによる新製品開発における、複数の企業の技術を組み合わせるパターンです。

このように、アライアンスには、様々なパターンがあります。

ここで大切なのは、単に「コラボしましょう」という漠然としたスタイルではなく、具体的に、**どこの面で、どのように組むか、ということを頭の中できちんと意識して、何らかの補完関係を具体的に考えて提携を進める**ということです。

交流会などで社長同士が名刺交換して、漠然と「何か一緒にやりましょう」「コラボしましょう」とか、「お互いにウィンウィンの関係で行きましょう」と言っていても、漠然とした状態では、そこから話がなかなか進みません。ここに挙げたように、そのような機能面でどのように組むのか、パターンをきちんと考えながらアライアンスを検討していきましょう。

アライアンスを具体的に進めるのであれば、「**どういうパターン**」で「**どう補完しあうのか**」ということを明確に考えて進める必要があります。このことについては、第7章の「アライアンス・マトリックス」のところでも、経営資源の交換という別の視点から説明したいと思います。

◎アライアンスの本質は、〝強み〟と〝弱み〟の相互補完

第5章で強みを引き出すことについてお話しましたが、私は、アライアンスとは基本的に、強みと弱みの相互補完だと考えています。つまり、「**自分の強みを打ち出して相手と組み、自分の弱みを補うことで事業構築する**」ということです。

もちろん、新日鐵と住金が合併して新日鉄住金になったケースや、住友信託銀行と三井信託銀行が合併して三井住友信託銀行になったケースのように、過当競争になってお互いに食い合うのを防ぐために同業界で同じ経営資源を交換し合うという戦略的提携（ストラテジック・アライアンス）もあります。ルネサステクノロジーも、日立製作所とNEC、三菱電機など半導

図表22 強み"と"弱み"の相互補完

● アライアンスの本質は「**相互補完**」！

● 自社の"強み"を打ち出して、自社の"弱み"を補うために、アライアンスを行う！

⇓

● つまり、単純に考えれば、「"強み"と"弱み"が逆の会社を探す」ということ！

⇔過当競争を避け、スケール・メリットを求める「戦略的提携」もある。

体数社が同じ業界内でそれぞれ独立して事業を行っていても食い合いになってしまい、かえって利益や国際競争力が損なわれるという危機意識から出来上がっているわけです。

このような事例もあるのですが、私はやはりアライアンスの本質とは、提携する会社同士が自社の足りないところを相互補完しあい、結果的に自社が単独でやっていても生み出せなかった利益を生み出すことだと考えています。

逆に言えば、自社には提供できるものが何もないけれど、相手からは何かしらを提供してもらうというのは、アライアンスが成立しません。あくまでも相互補完というのがポイントです。そのため、アライアンスを成功させるためには、単純に考えれば、強みと弱みが逆の会社を探すということです（図表22）。

◎パターン①の事例

パターン①「新規事業のネタのある企業とネタはないが資金が余っている企業」について、私のコンサルティング先企業の具体的な事例をご紹介します。

余剰資金は有していたものの、新規事業のアイディアや開発力を有していなかった業歴の長いITエンジニアの派遣会社と、開発資金が足りなかったが新製品のアイディアと開発力を有しているIT系のベンチャー企業の事例です。

システムエンジニア（SE）の派遣を長く行ってきたA社と東京大学卒の若い理学博士が人の体の動きをセンサーでつかんでパソコンに取り込むシステムを開発するベンチャーB社がありました。両者とも中小企業です。

A社は固定客である大手企業のデータセンターのサーバー構築や保守メンテナンスをやってきて、決まったことを着実に行うことが得意です。資本金は数千万円ですが、内部留保は50億円くらい持っているという優良企業です。しかし、新規事業のネタを考えるのは苦手でした。

一方、B社は製品開発アイディアや企画力はあるものの開発資金がないという状況でした。

そこで私が仲介し、お金のあるA社が技術力のあるB社に2000万円を開発費と資本金という形で出資して、新規製品開発を助けるという話になりました。完成した製品はA社がメーカーのポジションをとり、総販売元の権利を持って営業するというものです。1台600万円くらいするシステムですが、すでに何社にも販売されています。

この案件は、両社とも私のコンサルティング先企業で、双方の会社の財務状況や強み・弱みを把握しており、また幸い、私自身が双方の社長との信頼関係があったため、3カ月くらいでうまくまとまりました。仲介者の存在が重要であることの事例ともなっています。

◎パターン⑤の事例

パターン⑤「営業先が共通の企業同士の営業先の共同利用」について、私のコンサルティング先企業の事例を3つご紹介します。

事例Ⅰ

POSシステムを長くやっているC社とインターネットでの集客をやっているD社があります。どちらも飲食店が主な営業先です。

C社はすでに1万店もの飲食店に自社のPOSシステムを導入しています。営業マンが定期的にメンテナンスに訪れるほか、ルート営業を行う営業マンを数十名擁し新規顧客開拓を行っています。問題は、POSシステムの置き換わりが1～2年ではなく、5～10年かかり、営業の空振りが多いことでした。

一方、D社はグーグルマップ上の上位表示（MEO）サービスやフェイスブックでの集客を行っていました。

そこでC社の営業マンがD社のチラシを持ってターゲット顧客回りを行い、D社のサービスの引き合いがあったら、すぐに紹介して営業の説明に行ってもらい、成約したら紹介料をもらえるという仕組みを作りました。C社にとっては、追加的な売り上げが発生して営業の空振りが減りますし、D社にとっては自社で営業をしなくても、C社から新規の案件がディール・フローとして入ってくることになります。

事例Ⅱ

オムツや介護機器の物販をしている中堅企業E社と、介護ヘルパーの勤怠管理をスマートフォンで管理するクラウドシステムを販売しているF社の例です。どちらも介護事業者や介護施設が主な営業先です。

両社とも営業先が同じなので、一方がすでに開拓した顧客はお互いに紹介し合い、新規営業をかける場合は、お互いの資料を持っていくという形でアライアンスを組みました。この形であれば、自分のところの商品は売れなくても、相手の商品が売れれば、営業の空振りがなくなり、営業効率が上がります。

事例Ⅲ

環境調査を行うG社は、アスベスト調査では日本での最大手の一角で、シックハウスや音響、放射能汚染測定など広範な分野をカバーしている会社です。一方、H社は東証一部上場企業の１００％子会社で５００社を超える会社の工場の排水や排ガスのエンジニアリングを行っています。どちらも私のコンサルティング先企業です。

昨年法律が改正されて、労働者の安全管理の観点からアスベスト規制が強化されました。アスベスト使用が全面禁止される以前に作られた工場のボイラー室や制御室などにはアスベストが使用されている可能性が調査されていない工場がたくさんありますが、そのような工場を一つひとつ訪問して営業するのは非常に困難です。

そこで、すでに500社を超える工場をクライアントに抱えるH社とアライアンスをすることにしました。H社の営業マンや保守メンテナンス担当者が工場を訪問する際に、「アスベスト調査はお済みですか?」「アスベスト調査を行わないとコンプライアンス違反になりますよ」ということがわかりやすく書かれたチラシを配布してもらうことにしました。

そこで興味を持ってもらえれば、H社からG社へすぐに連絡が行く形にして、調査が実施されれば、代金自体はH社が代わりに受け取り、G社はその中から調査・分析の費用をもらいます。G社にとっては、自分たちで営業しなくても案件が入ってくる形となります。他方、H社にとっても、追加的な売上が獲得できるわけです。

◎ディール・フローを作って恒常的に売上を上げる

前述の共通の営業先の企業同士のアライアンスも、直営業以外に提携先からの**ディール・フロー**を構築することで、そこから恒常的に案件が入ってくるようにする組み方です。提携相手にとっても、自社の商品が売れなくても何らかの売り上げが立つという意味でメリットがあります。このように、個々の企業がバラバラに営業していただけでは生み出せなかった売上を作るディール・フローの構築は売上アップにおいて、とても重要な手法です。

私自身、この7年間で150社近くの新規のコンサルティング先企業を獲得していますが、自分ですべてを営業して取ってきたとしたら達成不可能な数字です。銀行やベンチャーキャピタル、会計事務所、弁護士事務所、経営者団体などの提携先からの紹介のほか、既存の顧客から新たな顧客を紹介していただいたことも増えています。

みなさんの会社も、**案件を紹介してくれる提携先とのアライアンスによって、何かしら恒常的に案件が入ってくるような体制を構築する**ことを目指してみましょう。

ここでのポイントは、第1章でご説明した「取引関係の高齢化」を念頭に入れて、これまでとは違う新しい方面とのつきあいを増やす意義を持つということです。

このようなディール・フローとなるようなアライアンスは、新規事業立ち上げだけでなく、既存事業の売上アップにも有効なのですが、個々の企業が独立して営業しているだけでは生み出せなかった売り上げや利益を、営業先やターゲットが同じ会社、すでにネットワークを持っている会社と組むことで得ることができます。

ポイント

アライアンスは漠然と「コラボしましょう」と言っても進まない。
どのパターンに当てはまるかを意識しながら、具体的に進めていく！

5 アライアンスのパターン　その3（新規事業構築の段階別）

◈新規事業構築の段階別パターン

次にアライアンスのパターンを、新規事業構築の段階別で分類すると、以下の3パターンになります（図表23）。

パターン① 共同開発段階でのアライアンスのパターン
パターン② 事業展開段階でのアライアンスのパターン
パターン③ M&A（買収）してテコ入れするパターン

パターン①は、研究開発・商品開発の段階から外部と共同で行うというものです。売るため

図表23 アライアンスのパターン（新規事業構築の段階別）

❶ 共同開発段階でのアライアンスのパターン

- 研究開発、商品開発の段階から外部と共同で行う（売るためのモノ作り）
- 大学発ベンチャー

❷ 事業展開段階でのアライアンスのパターン

- 事業の立ち上げにおいて、足りない機能の部分で外部を活用する
- お互いの強みを使って立ち上げる

❸ M&A（買収）して、テコ入れするパターン

- ある程度できていて、テコ入れすれば伸びそうな事業を買収する。時間をおカネで買うイメージ

のモノ作りと言えます。大学発ベンチャーが生み出した技術を商品化する際に多いパターンです。

パターン②は、事業の立ち上げにおいて、足りない機能の部分で外部を活用するというものです。お互いの強みを使って立ち上げます。私が主に手がけているパターンです。

パターン③は、ある程度できていて何らかの事情でうまく立ちあがっていないものの、テコ入れすれば伸びそうな事業を買収して内部化するというものです。後ほど説明するA＆D（Acquisition & Development）と呼ばれる手法です。ゼロからアイディアを出して事業を立ち上げるのは大変なので、時間をお金で買うイメージです。アイディア出しは苦手でも相応に資金力のある大企業や中堅・中小企業に向いて

いるパターンです。

この買収（M&A）による開発は、いわゆる「オープン・イノベーション」の取り込みとなります。今の時代、一からすべて開発するのではなく、外部の企業が開発したものを買収する、あるいは完全に買収をしないまでも、投資をしたり、アライアンスをしたりすることによって、自社の事業開発・製品開発に取り込んでいくことは、とても重要です。IT分野においては、オープン・ソースとして、誰もが利用できるプログラミングも増えています。Linuxベースの MacOSやアンドロイドOSなどもその代表例です。すでに開発されているプログラミングやパーツを安価に入手して新しいものを原価的に安く、そして速く作ることができます。

このことについては、次の項でさらに詳しく解説します。

ポイント

新規事業構築のどの段階でのアライアンスをするのか、きちんと認識しよう。

M&Aも有力な手法の一つ

6　アライアンスによる新製品開発のススメ

◈自前主義ではタイムリーに新製品を開発できない

ここでは、アライアンスによる新製品開発についてお話します。

アライアンスによる新製品の開発を検討するとき、大きな問題となるのは、日本企業の自前主義の強さです。

先にも述べましたが、**日本企業は本来的に提携が苦手**だと言えます。特に大手企業の場合、社員は新卒で採用され、終身雇用と年功序列という環境下でずっと仕事をしてきたので、共通の文化や土壌がない外部の会社と組んで何かを作ったり行ったりする経験が乏しいのです。

また、自社だけの開発だったら情報が１００％共有されますが、外部と組むときはすべての情報を共有し合えない状況で、部分的に一緒に始めることになります。

このような自前主義が強いため、日本企業は新製品開発の最初の段階である研究開発の段階から、設計、生産、販売、最後のアフターサービスに至るまで、かなりの部分を自社一社だけで行ってしまおうとしがちです（図表22）。

しかし、**新製品開発をすべて自社でまかなおうとすると、最終の製品の完成・販売までなかなかたどり着かない形となってしまいます**。新製品開発には大きな時間とコストがかかるからです。自社だけで研究開発を行い、新しい技術を開発し、製品化し、販売し、代金回収し、アフターフォローまで行うとなると、最終的な売上を出すまでに長い時間とコストがかかってしまいます。そうすると、新しい売上が入ってくるまでが長くなりすぎます。

逆に、**米国企業は複数の企業が持つ技術を複合的に利用することが得意**です。たとえば、アップルの製品の多くは、自社が開発した技術ではなく、日本企業も含めた多くの会社が開発した部品を使い、それをアッセンブル（組み合わせ）して製品にしています。ボーイング787も65％くらいは外部の技術、そしてその半分くらいが日本の技術だと言われています。

この米国企業の発想を日本企業ももっと取り入れてみるべきではないかというのが、私の主張です。

昨今、日本企業もアライアンスによる製品開発を行い始めています。たとえば、私が今乗っているのは、トヨタの86という車ですが、これはトヨタとスバル（富士重工）がアライアンス

図表22 日本企業は自前主義が強い

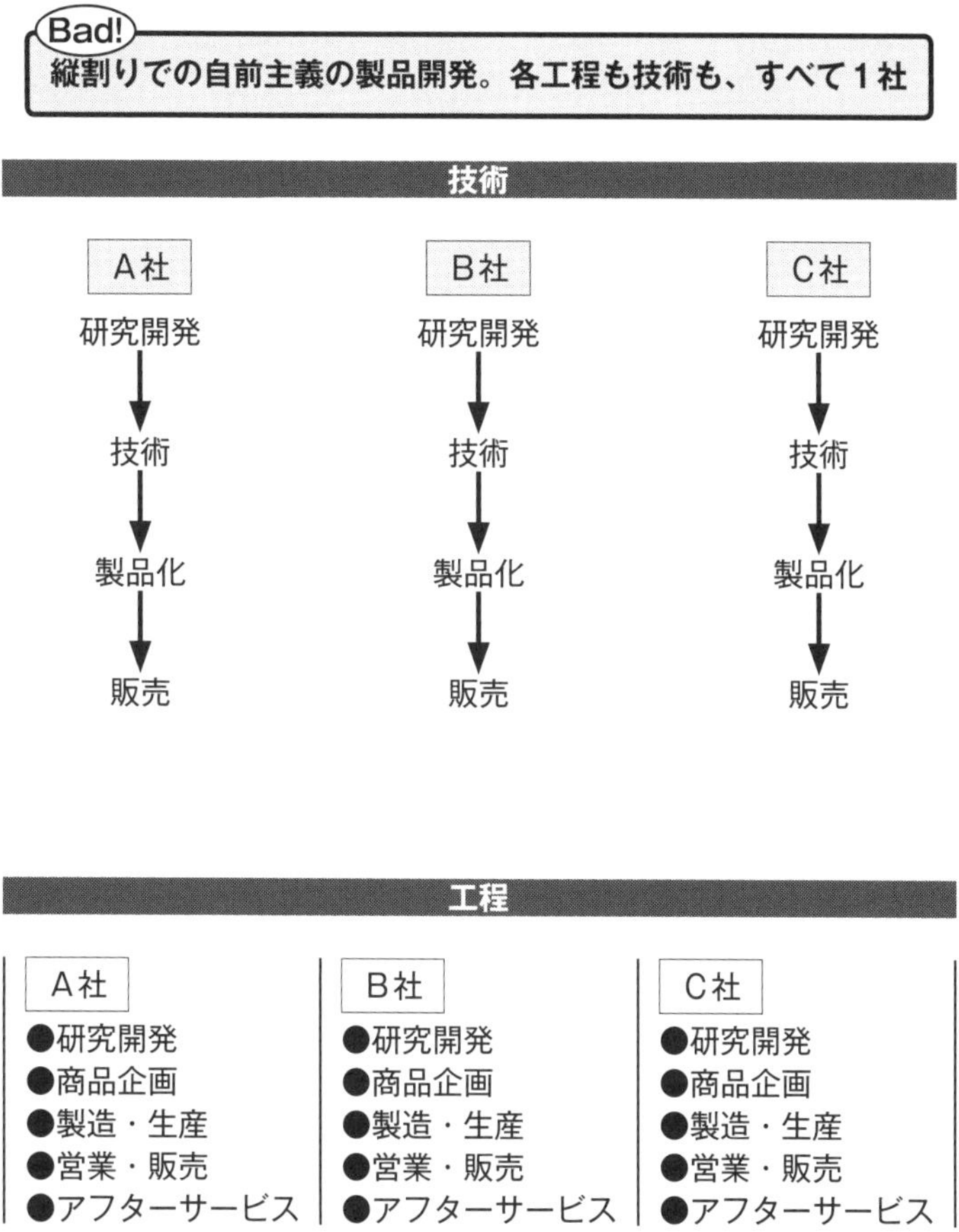
Bad!
縦割りでの自前主義の製品開発。各工程も技術も、すべて1社
技術
A社
研究開発
技術
製品化
販売
B社
研究開発
技術
製品化
販売
C社
研究開発
技術
製品化
販売
工程
A社
●研究開発
●商品企画
●製造・生産
●営業・販売
●アフターサービス
B社
●研究開発
●商品企画
●製造・生産
●営業・販売
●アフターサービス
C社
●研究開発
●商品企画
●製造・生産
●営業・販売
●アフターサービス

によって開発した車です。エンジンは、スバルの水平対向エンジンが載っており、他方、トヨタのデザイン性や技術も盛り込み、双方が販売することにより（スバルはBRZというネームで販売）、スケール・メリットを出そうとしています。また、私が使っているNECの薄型ノートPCには、シャープのIGZOの液晶パネルが使われています。このように、昨今の家電製品などにおいては、一見ライバル企業のように見える企業の技術が結合されているケースもあります。

たとえば、私が今取り組んでいる事例としては、ICTのクラウドシステムを有する企業と、センサーの開発・製造の企業、そして、環境調査の分析ができる企業が組むことにより、大気中の粒子の測定などの定点観測システムを作り出そうとしていますが、それをどこか1社だけでやろうとしても、とても無理だと思います。アライアンスを組んでそれぞれの企業が持つ技術を出し合って、補完しているからこそ、目指せているわけです。

◎複数企業の技術を横串で刺す形のアライアンスによる新製品開発

繰り返しになりますが、日本企業は、自前主義が強く、製品開発をすべて自社だけでやろうとする傾向が強いですが、これでは、なかなか最終的な製品開発を完成させられず、キャッシユが入ってくるところまでたどり着けません。

そうではなく、**複数の企業が持つ技術を複合的に利用して、最終エンド製品を生み出す**方向を考えてみましょう。

米国企業は、このような横串を刺すような形での製品開発に長けています（図表25）。

このように、他社の技術を組み合わせて、横串で刺すような形での新製品開発を考えてみることは妙味があります。

◈工程ごとに組み合わせるアライアンスによる新製品開発

また、複数の企業の技術を組み合わせる形以外に、新製品開発の全工程を1社だけで最初から最後まで行うのではなく、**各工程ごとに外部の企業と連携して、機能を組み合わせるアライアンスも必要**になると思います。まず売る物を設計して開発するところから、生産、加工、組立て、販売、アフターサービスなどの各工程において、外部の会社と組むという手方です（図表26）。日本企業はこれらについても、垂直的、すべて縦割りで自前で行うとする傾向がありますが、それではコストや時間がかかりすぎ、機動的に新製品開発と販売を進められません。

各工程ごとに複数の会社が組むことで、根本的な研究開発費をすべて自社でまかないきれな

図表25 横串を刺す形の新製品開発

●新製品開発にあたり、複数企業の技術を組み合わせる！
●自社の技術だけでなく、複数の企業が有する技術を「横串で刺す」

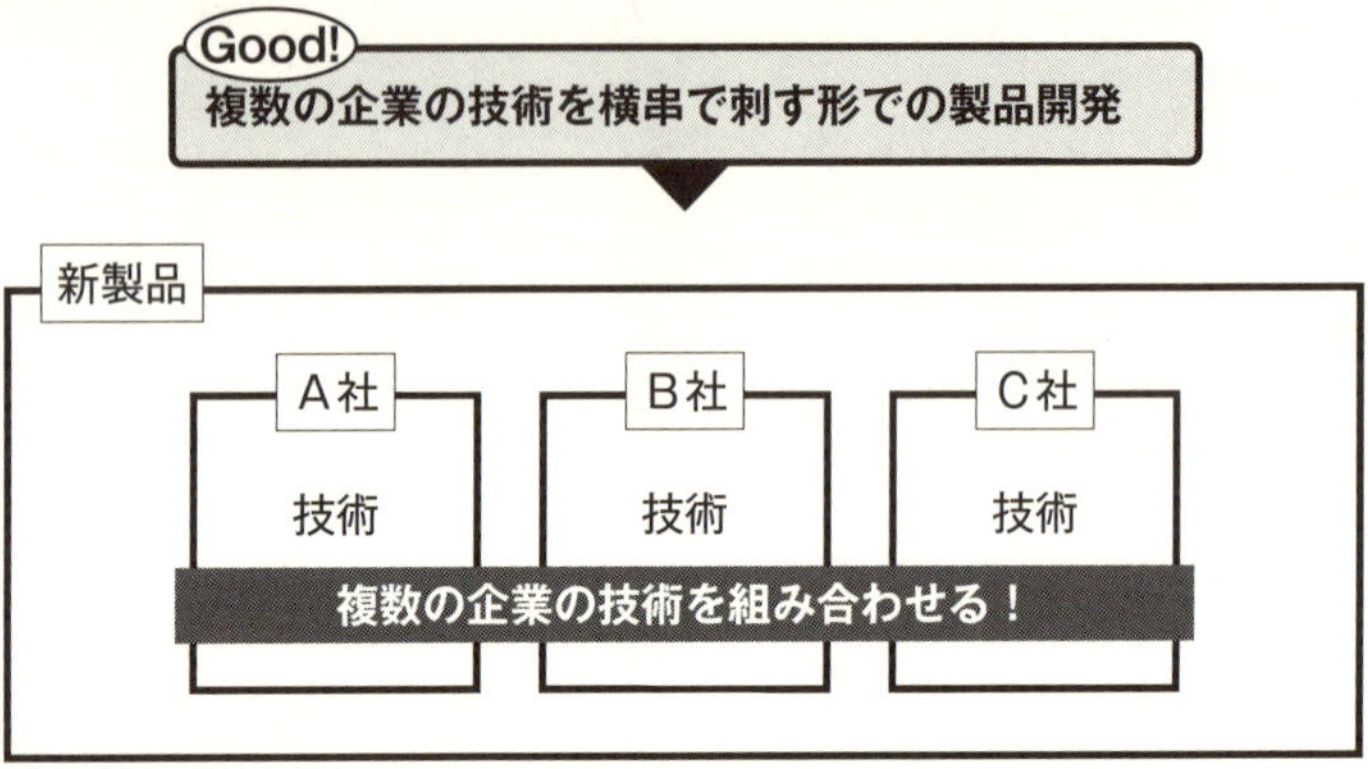

図表26 新製品開発の工程においても提携

縦割りでの自前主義の新製品開発ではなく、設計、加工、組立、販売、アフターサービスなど、各工程でも、他社と提携していく発想が重要！

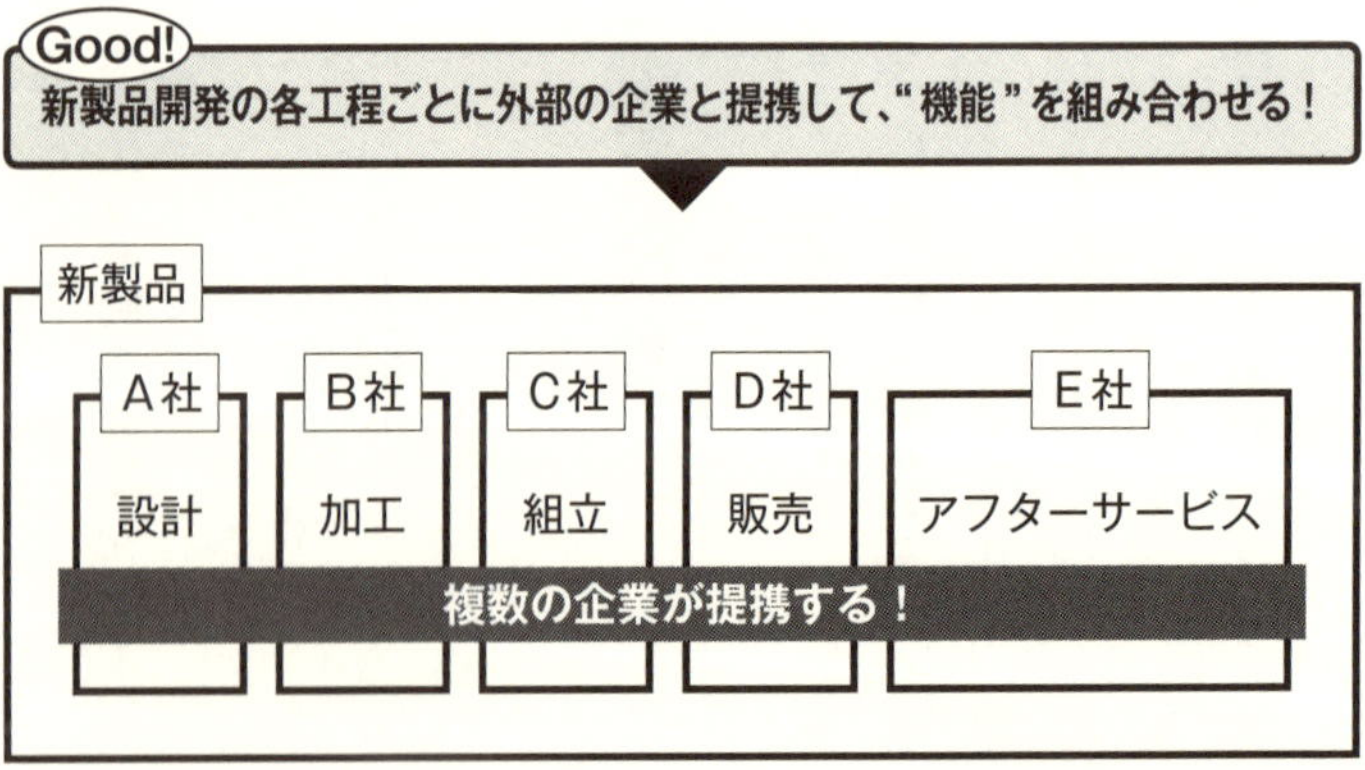

かったり、すべての生産設備を自社で所有できていなくても、それらの問題を解決することができます。

◎提携した包括な受託で利益をアップさせる

異なる工程の企業がアライアンスするメリットとして、**より幅広い範囲の工程をまとめて受注することにより、限られた狭い工程利益を盛り込める余地を広げた受注ができる**ということが挙げられます。

私のコンサルティング先企業には、いわゆる受託型企業がかなり多くあります。金属の加工や焼き入れなど、特定の工程で他社に負けない高精度な技術を持っており、大手企業からの受注をこなしている会社も何社かあります。

しかし、製品開発の全工程のうち、一工程しか受託していない場合、上乗せできる利益はそんなに多くありません。また、求められる納期もシビアになります。それが前工程や後工程の会社と提携して、より幅広い範囲の工程をまとめて受託できるようになれば、納期の調整や利益率の確保がしやすくなります。その他、何らかの整備などの保守メンテナンスを請け負う場合でも、幅広いカテゴリーをカバーできるようになれば、包括的に受託できますので、やはり利益率をアップさせることができるようになります。

◎買収による新規事業のネタの獲得

新規事業や新製品のもととなる技術やアイディアの獲得の重要な手法として、**R&D（Research & Development 研究開発）ではなく、A&D（Acquisition & Development）、すなわち買収による開発も必要**です。米国ではシスコシステムズ、日本では日本電産が有名ですが、今は資金力のある大企業にとって、事業開発のメインの手法となっています。

また、大企業による買収はベンチャー企業側にとっては、IPO（株式公開）以外の出口戦略の1つになります。通常、未上場のベンチャー企業がベンチャーキャピタルなどから投資を受ける場合、未公開株は流動性がなく市場で売ることができないため、IPOして投資の出口を設けなければ、投資してもらえません。ベンチャーキャピタルはIPOによる株式の値上がり益を取るために投資するわけなので、IPOしない会社は投資を受けることができないのが日本のこれまでの実情でした。

米国ではかねてからインテル、アップル、グーグル、マイクロソフトなどに売却することを前提にベンチャーを立ち上げる起業家が大勢いました。日本でも、最近の若いネット系のベンチャー起業家は大手のIT企業に事業を売却することを前提に起業する人々が増えています。

このように、**A&Dは、買収されるベンチャー企業にとっては新しい資金調達や投資の出口になりますし、買収する大企業側にとっては、新しい技術やアイディアを内部化するための手法の1つになりますので、双方にとってメリットのあるものです。**

◎アライアンスによる製品開発に向いている業界とそうでない業界

もちろん、このようなアライアンスによる新製品開発がうまくいく業界とそうでない業界があります。

たとえば、自動車産業のように高いレベルでの製品の安全性が求められる業界は、どちらかというと垂直的に少数の決まった会社と組む方が、情報の守秘義務や安全性の担保という観点で適しています。

逆に、**IT業界では、新技術をスプレッド（拡散）し、共有していく方が、各企業にとってメリットがあります。**まさに、**オープン・イノベーション**（ある企業が開発した技術を、その1社だけが活用するのではなく、外部にも提供して、閉鎖的なクローズドな形ではなく、オープンに、多くの企業でそのイノベーションを共有して活用していこうという取り組み方のこと）に向いている業界となります。

このように、**アライアンスによる製品開発やオープン・イノベーションが向いている業界とそうでない業界がある**ことを覚えておきましょう。

ポイント

新製品開発にもアライアンスの手法は有効！
他社の技術を組み合わせたり、各工程ごとに他社と組むなどの方法がある。

第7章

アライアンス・マトリックスと提携成功の秘訣

1　アライアンス・マトリックス
～経営資源の交換という考え方～

◎企業は経営資源の集合体！

「**アライアンス・マトリックス**」という言葉があります。ここでご紹介するのは、青山学院大学教授の安田洋史氏が『アライアンス戦略論』（ＮＴＴ出版）の中で書いているものを参考にして、私がまとめ直したものです。

国際的に見た場合、現在の経営学では、「**企業とは経営資源の集合体である**」という考え方が一般的です。デビッド・Ｊ・コリスとシンシア・Ａ・モンゴメリーの共著『資源ベースの経営戦略論』（東洋経済新報社）では、企業は、①技術資源、②生産資源、③販売資源、④人材資源、⑤資金資源という５つの経営資源の集合体と考えられています（図表27）。

企業は、製品や事業のもととなる技術を有し、製品やサービスを作り出す生産設備や創造す

図表27 アライアンスとは、経営資源の交換！

● 企業は、経営資源の集合体と考える！

● 経営資源とは、以下の5つ

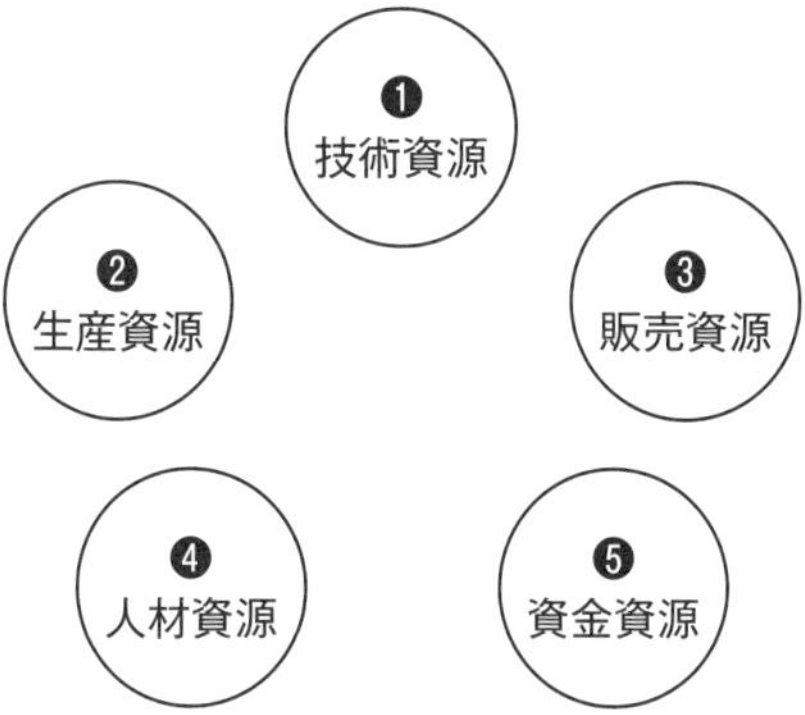

る機能があり、販売するための営業網や営業マンを持っており、そして、人材がいて、資金があるわけです。

それぞれの企業は、多少の違いはあるにせよ、また業種によって捉え方や説明づけは異なってくるでしょうが、前記のような5つの資源が組み合わされて成り立っています。

このような観点から見ると、独立した企業同士がアライアンスを組むということは、5つの経営資源のうち、自社が持っている経営資源のどれかと、他社が持っている経営資源のどれかを交換している行為と捉えることができます。

このアライアンスを、（1）「**同じ経営資源を交換し合っているのか、それとも異なる経営資源を交換し合っているのか**」、（2）「**同じ業界の企業同士のアライアンスなのか、それとも異**

なる業界の企業とのアライアンスなのか」という2つの観点から分類すると、以下のような4つのタイプに分けられます（図表28）。

タイプA……同じ業界で、同じ種類の経営資源を交換する
タイプB……同じ業界で、違う種類の経営資源を交換する
タイプC……異なる業界で、同じ種類の経営資源を交換する
タイプD……異なる業界で、違う種類の経営資源を交換する

タイプAは、新日本製鐵と住友金属工業が経営統合した新日鐵住金の例が該当します。どちらも同じ鉄鋼業界の中で、鉄鋼メーカーとしての工場の生産技術や設備、販売網などを交換し合っているわけです。このケースでは、技術資源、生産資源、販売資源、人材資源、資金資源のすべてを交換しています。過当競争を避けるための、いわゆる**戦略的提携（ストラテジック・アライアンス）**です。先に挙げた半導体業界のルネサステクノロジー（日立、三菱電機、NECの半導体部門が経営統合）や三井住友信託銀行なども、同じ業界内で、同じ経営資源を交換し合っているため、このタイプとなります。過当競争を避け、スケール・メリットを働かせるタイプAのアライアンスが非常に多いのは日本の特徴です。

図表28　「アライアンス・マトリックス」（冨田賢バージョン）

	同じ業界における提携	異なる業界との提携
同じ種類の経営資源を交換	タイプA	タイプC
違う種類の経営資源を交換	タイプB	タイプD

※『アライアンス戦略論』（安田洋史著・2010年NTT出版）を参考にして、著者が独自に作成

タイプBは、ソニーのゲーム機と東芝のセル・プロセッサーの事例が該当します。ソニーと東芝を家電メーカーという意味で同じ業界と考えた場合、ソニーのゲーム機の販売網及びブランドという経営資源と、東芝の安価で良質なセル・プロセッサーという技術資源を交換し合っている提携ということになります。同じ業界でありながら、違う経営資源で組んでいるというわけです。NECのノートパソコンの液晶パネルにシャープのIGZOが入っているのも、同じ業界内でノートパソコンの技術と液晶パネルの技術資源の中で異なるものを交換し合っているので、タイプBと言えるでしょう。

タイプCは、東京の新宿にできたビックカメラとユニクロの共同店舗「ビックロ」が該当します。家電量販店とアパレルという異なる業界

同士で組んでいるのですが、どちらも店舗での販売ノウハウなどを交換し合って集客力を高めているわけです。ガソリンスタンド内にコンビニを出店しているのも、異なる業界にて同じ販売資源を交換し合っているので、このタイプと言えます。

タイプDは、異なる業界で異なる経営資源を交換しあうというパターンで、難度の高い組み合わせですが、最もアライアンスの効果を出せるタイプです。ここでは、ソニーの画像処理技術とオリンパスの内視鏡技術を組み合わせた新しい医療機器の開発が該当します。どちらもデジカメを出しているという意味で同じ業界に思えますが、画像処理分野が得意なソニーと医療分野で内視鏡技術が得意なオリンパスということで、異なる業界で違う種類の経営資源を交換しているわけです。この事例はソニーが資本参加をしているため、ソニーの資金資源とオリンパスの技術資源の交換とも言えます。

◎どのタイプのアライアンスをするのかを明確にする!

アライアンスを検討するにあたり、漠然と考えるのではなく、前述の4つのタイプに分類される「アライアンス・マトリックス」を念頭に置き、**どのタイプのアライアンスをしようとしているのか、あるいは検討しているのかをクリアにしておくことが大切**です。同じ業界の会社同士で組むのか、それとも異なる業界の会社と組むのか、自社が持っているどのような経営資源を提供し、相手にはどのような経営資源を提供してもらうのかを具体的に考えるのです。

経営会議の場でも、「今回の提携はタイプAです」とか「タイプCです」と説明すれば、上層部にロジカルに理解してもらえ、アライアンスの議論が進みやすくなると思います。私も普段のコンサルティングでアライアンスによる新規事業の提案を役員会議へ上げるところまでサポートしていますが、このマトリックスを使って説明すると、アライアンスの検討がクリアーに整理され、話が進みやすいと感じています。

アライアンスの検討は、この「アライアンス・マトリックス」を用いるなどして、より具体的で、整理した形で進めることが重要です。

先の第6章「機能別のアライアンスのパターン分け」のところでも述べたように、どのように組むかを機能面、そして交換する経営資源の種類、同業種か異業種かなどで、整理してアライアンスを検討していきましょう。

ポイント

漠然とアライアンスを考えてもダメ！
アライアンス・マトリックスを使って、具体的に考えることが大切！

2 アライアンスによる新規事業の立ち上げ方 5つのステップ

◈アライアンスの5つのステップ

ここまで、アライアンスの有用性や組み合わせのパターンなどについて解説してきました。

経営資源がよほど潤沢にある会社でもない限り、1社だけで新規事業を立ち上げることは困難であり、そこで、いかに外部と組むか、外部を活用するかがポイントとなること、そして、**アライアンスを行うことにより、新規事業の立ち上げの成功確率を上げ、売上の伸びを大きく、そして速くすることが可能となる**ことについては、ご理解いただけたのではないかと思います。

次にアライアンスによる新規事業の立ち上げのステップを解説すると、次の5段階となります。

ステップ①自社の〝強み〟を見つける！

どんな会社にも、〝強み〟が必ずあります。この〝強み〟は自分たちではわかりにくいものですが、第5章で紹介した手法を用いて、自社の強みを引き出しましょう。アライアンスをするためには、自社の〝強み〟を引き出してアピールしなければ、提携先を見つけることはできません。**候補先企業に提携してもらうためには、いかに〝強み〟をしっかりアピールし、魅力的にプロモーションをするかが重要**です。

ステップ②どのような会社と提携するのがよいかの戦略を立てる！

自社が立ち上げようとしている新規事業の方向性の中で、自社の〝強み〟を生かし、相互補完ができる提携先企業はどのような会社かを検討し、戦略立案します。

単に「コラボしましょう」ではなく、第6章で紹介した企業規模や業歴、そして事業構築における機能面、経営資源の交換といった様々な観点から、**より具体的に、どのような組み方で、どのように双方が相互補完でき、事業立ち上げを推進できるかを検討**しましょう。

ステップ③提携先を探索し、提携先とミーティングを行う！

第10章でご紹介する営業メソッドや交流会の徹底活用術を用いて、新規の人脈やネットワークを広げて、提携先を発掘しましょう。その際、**常に「ｉｎｇ形」（現在進行形）で、提携先を探索することが大切**です。そして、状況に合わせながら、ミーティングを継続し、提携の条件や事業構築の推進の仕方を決めていきましょう。新規事業のネタがない場合には、買収や投資による新規事業のネタの獲得も検討していきましょう。

ステップ④提携先と交渉・合意して、協力しながら事業構築を推進する

提携先を発掘した後は、**提携候補先企業との交渉、そして、合意形成、新しい共同での事業開発チームでの事業構築の推進**を、本書で紹介しているノウハウを用いながら進めましょう。それにより、当初計画した収支見直しや売上計画を達成できるように、事業立ち上げを営業面を重視しながら進めましょう。提携の条件交渉や枠組みの構築では、将来的に利害対立が起こらないように、ストレートに本音で話し合って、諸条件や枠組みを決めていきましょう。

ステップ⑤アライアンスによる新規事業からの収益を享受する！

アライアンスによる新規事業からの収益を獲得していく段階にあたっては、メイン・シナリオとして、最初の3カ月～半年くらいで〝強み〟の引き出し、戦略立案、提携先の探索を行い、その後の半年くらいでアライアンスによる事業構築の推進を行います。取り組みの開始から、1年後くらいまでには新しい売上が立つことを目指し、1年半から2年後には、収支が合い、利益が出ることを想定して進めます。このことについては、次の項で詳細を説明します。

以上のようなステップで、アライアンスの手法を用いて、新規事業を立ち上げましょう。

ステップ

アライアンスによる新規事業立ち上げのステップを順番に進めよう。

3 アライアンスによる事業立ち上げのメイン・シナリオ

◎アライアンスのスケジュール感

アライアンスによる新規事業立ち上げについて講演する際に、よく出る質問の1つが、「大体どのくらいの時間スパンでやるものなのですか」というものです。

新規事業立ち上げの期間としては、第2章で述べたように「短期型」「中期型」「長期型」などがありますが、アライアンスによる新規事業立ち上げの時間スパンをどのように考えるかについて、説明しておきましょう。

もちろん、案件ごとに異なりますが、オーソドックスな計画は、図29に示したように、おおよそ3カ月から半年で新規事業のネタや提携先を見つけて、それから2～3カ月くらいで提携交渉を行い、提携内容について**基本合意**と**最終合意**を行います。

図表29　アライアンスによる事業立ち上げのメインシナリオ

オーソドックスな計画は２年計画！

❶ ３カ月〜半年くらいで、ネタや提携先を見つける

▼

❷ それから２〜３カ月くらいで提携交渉をして、提携内容をまとめる。基本合意と最終合意

▼

❸ 試行錯誤をしながら、共同で新しい事業を立ち上げていく

▼

❹ 提携後、半年〜１年後くらいから、新しいキャッシュが入ってくることを目指す

▼

❺ 提携後、２年目くらいに収支を合わせ、軌道に乗せていく

ディール・フローになる提携先はどしどし増やしていく！

契約書や覚書として、文書を取り交わす場合には、最初に簡単に「基本合意」をして、一緒に提携して事業を進めていく旨をまとめ、その後、詳細な条件などを取りまとめた「最終合意」をするという2つのステップに分けると交渉を進めやすいです。

そして、試行錯誤しながら、共同で新しい事業を立ち上げて行き、提携後、半年〜1年後くらいから新しい売上を立てることを目指していき、提携後2年目には、事業の収支を合わせ、軌道に乗せていく形がメイン・シナリオとなります。

今の時代、3年や5年スパンの計画では、時間的に少し長すぎるかなと思います。**1年くらいから新しい売上が立ち始め、2年目くらいからは単月の収支を合わせていけるくらいのテン**

ポでないと、提携している双方が焦ってしまったり、モチベーションが下がってしまったりすることがあるかと思います。

もちろん、技術開発や製品開発などの場合や上場企業同士などのケースにおいては、時間が数年にわたるので、そういう場合には、時間がかかる取り組みだということを、始める前に双方がよく認識しておくことが必要です。

ただし、ディール・フローになるような提携先についてはどんどん増やしていくスタンスで進めましょう。第9章のPDCAのところでも解説するように、1年くらいやってみて、そこで棚卸しをして、まったく成果がないと思ったら、その会社との提携は止めていき、別の提携先を探すというPDCAを回しましょう。

ポイント

アライアンスは半年から1年後には売上が立ち、2年目から収支が合うくらいの時間スパンで取り組むべき！

4 人材獲得に着眼したアライアンス

◎ビジネスはやはり〝人〟！

ビジネスはお金だと思われがちですが、私から見ると**ビジネスはやはり〝人〟**です。同じビジネスプランでも、誰が行うかで結果も違ってきます。会社や事業を大きくできる経営者や新規事業の担当者もいれば、そうでない人もいます。どのような経営チームや新規事業チームのメンバー構成で行うかによっても、結果は大きく違ってきます。

実際、私はベンチャーキャピタル時代、多くの企業に投資をしましたが、最終的にどこで出資するかしないかを決めていたかというと、8割方は、**社長の能力や経営チームのバランスなど、〝人〟**で決めていました。もちろんビジネスモデルやマーケットの成長性もチェックしますが、8割方は人の面で決めていたと言ってよいでしょう。

現在、アライアンスの仕事を手がけていて感じるのは、**新規事業の立ち上げもベンチャー投資とまったく同じ**だということです。

新規事業を立ち上げる際、自社だけで経営資源をまかなうことは難しいと説明しました。そのときの最大の要因は何かというと、「人」なのです。特に多くの中小企業が新規事業を始められない最大の理由として、**新規事業を任せられる人材の不足**が挙げられます。

◎アライアンスは「人」の獲得の面からも有益!

中小・ベンチャー企業では、優秀な人を多く抱えるということは、資金面でもなかなか難しいです。他方、「大企業病」になりがちな大企業にとっては、推進力のあるベンチャー・マインドの強い人材が社内にいないこともあります。また、新規事業の担当者として、そういった人材を獲得しようとしても、うまく採用できなかったり、入社後に活躍してもらったりできていないのが実情です。

新規事業立ち上げの担当者を、正規の社員として採用することも難しさを伴います。私がよくお聞きするのは、「新規事業を立ち上げるということで外部から新たに人材を入れたがうまくいかなかった」という話です。具体的には、「この人はよい」と思って採用したけれども、会社のカラーに馴染めなかったとか、期待したほどのノウハウや人脈を持っていなかったとか、あるいは社風に馴染みすぎてしまってもともとの正社員と同じようになってしまった、という話でした。正社員で採用することは、固定的なコストが増えますし、もしその採用した人がうまく機能しなかったり、あるいはその新規事業が立ち上がらなかったとしても、容易に解雇することは日本の環境下では難しいため、コストがかさんでしまう危険性があります。

ここで、新規事業の立ち上げにおいて、**アライアンスをすることにより、必要な人材を獲得できる**という点についてお話しましょう。「人」の獲得という面でも、アライアンスは、中小・ベンチャーと大企業の双方にメリットがあります。私は、今、「**人材の獲得**」という面でも、アライアンスに着目しています。

新規事業を立ち上げる際には、新しいチームを作る（詳しくは第9章にて記載）ことが大切ですが、そのチーム構築において、あたかも自社の社員であるかのようにチームに入ってもらうことができます。

◎提携により外部人材をあたかも社員のように取り込む

そのため、事業提携の提携先の選定においては、企業と企業の組み合わせの観点だけでなく、提携した会社にいる〝人〟の獲得の観点でも、提携先を見ることが大切です。

「この会社と組めば、この人を新規事業チームに入れることができる」

「この人に新規事業チームに入ってもらうために、この会社と組もう」

というように、新規事業の立ち上げにおいては、新規事業チームを作る、そして、その構築にあたっては、外部企業との事業提携を〝人〟の獲得という目線で考えるということを行っていきましょう。

それから提携相手を考えるとき、会社を選ぶのではなく、人で選ぶという視点を持つわけです。つまり、「この人を新規事業チームに入れるためにこの会社と組む」という視点を持つことが必要です。

たとえば、アライアンス先候補としてA社とB社の2社を検討する際、保有する技術や資本金、売上高、販売網などの外形基準の面で、A社のほうがB社よりも良かったとしても、B社に非常にノウハウや人脈、推進力のあるX氏がいたとします。B社と組むことでX氏を社外の人だけど擬似的に自社の新規事業グループのメンバーとして活用できるのであれば、X氏を獲得するという観点からB社と組むという可能性も検討しましょう。私はむしろそのような考え方をした方が良いと思います。X氏のような優秀な人材を自社で抱え込むには、人材紹介会社に払う相応の採用コストがかかりますし、正社員で採用すれば、日本では容易に解雇はできないので、人件費が固定費となって経営に重くのしかかってきます。また、日本の場合、米国と違って、一旦正社員で雇うと解雇することが難しくなります。このように正社員で新規事業の立ち上げメンバーをすべてそろえるのはリスクが高いのです。

もちろん自社の新規事業担当者との相性もありますが、やはり「ビジネスは人」なので、X氏のようなノウハウや人脈、推進力を持っている人を取り込むという観点で提携を考えることも重要だと思います。

自社に新規事業立ち上げの推進ができる人材を大勢抱えていれば話は別ですが、そうでないときには新規事業チームの構成の上で必要な人材のいる会社と提携するという目線を持ちましょう。

◎外部の人材を取り込むことの有用さ

アライアンスにより、外部の人材を取り入れることは、新規事業のチーム作りを行う際に固定観念から脱却できる上に、コストの抑制や人材とのフィット感という意味でも有効です。

大企業の場合、社員が総じて失敗を恐れてリスク回避的になってしまって新規事業を推進できないという側面があります。一方、業歴の長い中小企業の場合でも、「ウチの会社ではそういうことはしない」「ウチの業界ではそういうことはしないものだ」などという固定概念が社長だけでなく社員にも強く、新しいことがなかなかできないということがあります。どちらも既存の自社内の人材だけで行っていると、年功序列を気にして言いたいことを言えなかったり、正しいことを正しいと言えなかったりといった弊害が生じます。

そういう場合、**外部の人材を1人入れるだけでも、会議が引き締まる**という効果があります。私のようなコンサルタントでもいいし、会計士などに入ってもらうのでもいいでしょう。

このように、**自社の人材だけで新規事業立ち上げを行うと弱くなってしまいます**。人材獲得の観点からのアライアンス戦略を考えてみましょう。

多くの企業から新規事業に関する相談を受けている中で感じるのは、アライアンスがうまく進まない多くのケースでは、組織的な問題、及びそれ以前の社内文化的な問題が大きく関係しています。

日本の大企業の社員の多くは、終身雇用の年功序列、及びモノカルチャーという組織文化で育ってきている人々です。外部の異質なカルチャーの人と一緒にビジネスを行う経験や感覚が乏しくなってしまうため、うまくいかないことが多いのです。

このカルチャーの部分を打破するには、外部と組むとき、相手が日本企業だったとしても、「**自分たちとは文化の異なる人たちとつきあうんだ**」という意識改革が必要です。

そのためには、情報はなるべくオープンにして、悪い情報ほど先に伝えるなどして相手に隠さないように心がけることです。M&Aでも、お互いに最初は良いことばかり言っていて、合併した後に「えっ?」となって揉めるケースが多くあります。したがって、最初の段階でなるべく隠さず、話し合っていく必要があります。

ポイント

新規事業の成功はやはり〝人〟にかかっている!
「人材獲得」という面からでもアライアンスは有効!

5 アライアンスのためにも、自社の〝強み〟を見つけて、アピール！

◎アライアンスのためにも、自社の〝強み〟を見つけ出す！

アライアンスによる新規事業立ち上げや売上アップを進めるためには、**自社の〝強み〟をアピールすることが必要**となってきます。

第6章にてアライアンスの機能面でのパターンについて解説しましたが、お互いの〝強み〟を持ち寄り、〝弱み〟を補って相互補完をするというものがほとんどです。

営業力が足りないが開発力があるとか、あるいは、企画力はないが資金はあるといったお互いの〝強み〟を持ち寄って、組み合わせるのがアライアンスです。

製品開発段階におけるアライアンスでも、それぞれが持つ技術力を持ち寄るなど、やはり、〝強み〟を生かすことがポイントとなっています。

自社の〝強み〟は、案外、自分たちでは気がつかないことが多いですが、業歴が相応にある会社の場合は、必ず〝強み〟があります。

しかし、その**〝強み〟を見つけ出し、うまくアピールできないと、特色のない会社となってしまい、アライアンスは進みません。**結果的に売上もアップしません。

◎アライアンス成立には、相手に選んでもらう必要が！

ここでお話したいのが、**自社の〝強み〟を引き出した後、それをしっかりアピールするためのブランディングやプロモーションが非常に重要だ**ということです。

当然のことですが、アライアンスとは〝お見合い〟と同じで、相手先企業に自分たちの会社を選んでもらう必要があります。

そのためには、ウェブや会社案内などのデザイン・クオリティを高くして、また、ソーシャルメディアやメルマガなどを使って情報をできるだけ多く発信していくことが必要です。また、ブランディングのために、プレスリリースも重要です。

しかし、中小企業の場合、宣伝広告費を多く使えないのが通常です。その場合、自社のサービス展開や新製品発売など社会性のある内容をうまく絡めて、新聞や雑誌、テレビなどに取り上げてもらうことで、〝無料〟で宣伝広告ができる形となります。

特に、新聞は一般の人々からの信頼度が高いメディアなので、そこに記事として載ることで、自社のサービスや製品の信頼を高めることができます。また、プレスリリースは、営業推進をより円滑にするとともに、アライアンスの推進にも、大きなプラスとなります。

プレスリリースも含め、**自社の〝強み〟をしっかりプロモーションしていくことが、アライアンス先を発掘し提携をまとめるために重要**だと認識しておきましょう。

ポイント

アライアンスを組む際には自社の〝強み〟をうまくアピールすることが重要。情報発信やメディアを活用して、ブランディングを行う！

6 提携ニーズの作り方

◎顕在化しているニーズだけでなく、ニーズを作り出す！

外部の企業とアライアンスを組もうとする際、あるいは自社のサービスや製品を相手に新しく販売しようとする際には、すでに具体的に提携をどこかとしたいというニーズを感じている企業だけを追いかけていては、提携先を発見したり、販売や受託をしたりすることは難しくなります。

つまり、**どの企業も現状のままで相応に回っていると思っているため、相手先企業の経営者や担当者はアライアンスに対して特段明確なニーズを感じていない**わけです。どこかとあえて組まなくても、一応回っているわけですから、それは当然のこととなります。

そのため、アライアンスの提携先を探そうとするとき、提携のニーズがすでに顕在化していて、相手先企業もどこかの提携先を探しているケースだけを対象に探していては、提携先を見つけられる可能性が低くなってしまいます。

また、システム開発などの受託型ビジネスの場合は特にそうなのですが、顕在化した明確なニーズがある企業だけを対象に考えていたら、結局は相見積りなどのコンペとなり、価格だけの過当競争に入っていってしまいます。受託開発の場合でも、利益が出ていて内部留保が貯まっていっている企業は、何かしら、その資金を使って、業務効率を良くすることや顧客満足が高まること、あるいは新規事業などをしたいと思っています。

そこに**何かメリットのあることを提案することで、相手がこちらと取引することのまだ顕在化していないニーズを引き出しましょう。**

では、どうすればよいのでしょうか?

それには、相手先企業がまだアライアンスのニーズが明確に顕在化していると感じていなくとも、相手先にメリットになることを考えて提案し、潜在的に存在しているニーズを掘り起こしていくことが大切です。

こちらから、相手にとってメリットのあることは何かを考え、また、こちらから提供できる〝強み〟や経営資源は何かがあるかを考え、それをダメもとで提案していくことです。

どこの企業にも、その企業自身が気づいていないものの、その企業をより良くするポイント

はあります。それを見つけ出し、相手にとってのメリットとなることを自社が持っているものの強みを生かした事業展開の方向性で提案していきましょう。
そういう感覚・意識を持つことが、アライアンスの推進には極めて重要です。

◎ストーリー性が重要！　ストーリーを作ろう！

潜在的なニーズを掘り起こしてアライアンスを進める際に、次に重要なのがストーリー性の構築です。

相手先企業にとっては、単に「組みましょう！」と言われても、どのように組むのか、どういうメリットがあるのか、どのような流れになっていくのかわかりません。

相手先企業の経営者や担当者に、「そこまでイマジネーションを働かせて考えろ！」というのは乱暴です。

そうではなく、こちら側から、自社はどういう〝強み〟を持っていて、それを提供することで、どういう方向性で提携して、そして、どのくらいの期間で、どういう取り組みをして、どのくらいの売上をおおよそ取るのか、その結果、お互いどのくらいの利益を取れるのか?、というう、**大まかでもいいので、ざっくりとしたストーリーを話すことが重要**です。そうしないと、話が進みません。

大まかにざっとで構いません。また、必ずしもそれがピタッと当てはまるかどうかも、あまり気にする必要はありません。細かいことは気にしすぎずに、おおよそのストーリー性を作ることが大切です。

そういった大まかなストーリー性がなければ、相手もどんなメリットがあるのか、どういう話なのか、わからない状態となります。**ストーリー性はとても重要**です。

相手先とのアライアンスや新規取引の大まかなストーリーを作ることにトライしましょう。

◎相手が求めているのは、売上だけではないことにも配慮！

その際、相手が必ずしもキャッシュ（売上）だけを求めているわけではなく、業務の効率化や顧客満足度が高まること、社会的な評価が高まることなど、キャッシュ以外のメリットを求めている可能性もあるということを踏まえましょう。

中小・ベンチャー企業の場合、自分たち側が売上を求めていることが多いため、相手先も同じように売上を求めていると考えがちですが、売上・利益が上がっている企業にとっては、売上以外のことを求めていることもあります。そこに注意することも必要です。

以上、顕在化しているわけではないアライアンス・ニーズの掘り起こしの必要性とストーリー性を作ることの大切さについて説明しました。

ポイント

アライアンスのニーズは自社でストーリーを作成する！
相手が求めている顕在化しているニーズを想像して提案することが大切。

7 アライアンスを成功させるために必要な3つのこと

◎アライアンスを成功させるために必要なこと

これまで述べてきたように、アライアンスには、いくつものメリットがあるわけですが、アライアンスを実現させて、双方がメリットを享受できるようにするには、どのようにしたらよいのでしょうか。

アライアンスを成功させるために必要なこととして、①「**突破力**」、②「**豊富なネットワーク**」、③「**信頼・信用のある仲介者（紹介者）**」の3つが挙げられます（図表30）。

図表30 提携を成功させるために必要なこと

❶ 突破力
提携はキレイごとだけではない。多少剛腕に力づくでまとめることも必要

❷ 豊富なネットワーク
ポイントは、過去の人脈だけでなく、現在進行形（ing 形）で開拓する！

❸ 信頼・信用のある仲介者（紹介者）
信頼・信用のある人が間を取り持つと双方との信頼関係がもともとあるので、提携の話は進みやすい。スピードアップ

◎突破力

まず①「突破力」についてです。アライアンスはきれいごとだけでは進みません。相手がアライアンスについてもう少し先のことだと考えていても、ある程度、剛腕を振るって力づくで話をまとめるための突破力も必要だと思います。

大企業同士のアライアンスで多いのは、双方が丁寧かつ慎重になりすぎてしまうことです。私が資料などは2～3ページ程度でいいですよと言っているのに、担当者が20ページもの資料を作ってきてしまいます。そうなると、その詳細な提案内容にフィットしない限り、話がそこで止まってしまいます。

反対に中小・ベンチャー企業同士のアライア

ンスだと、社長同士の話し合いで話が決まってしまったりしますが、結局は突破力がないので話だけに終わってしまうケースが多いです。

また、大企業と中小・ベンチャー企業のアライアンスの場合、どうしても中小・ベンチャー企業側が上下関係を感じてしまい、弱気になってしまうことがあります。しかし、現実には中小・ベンチャー企業のほうが企画力や推進力があるのですから、卑下しないで対等に提携を進める突破力を持っていただきたいと思います。

このように、**アライアンスは躊躇してしまうと進まない**ので、恥も失敗も掛け捨てくらいに思ってやっていくことが必要になります。

◈豊富なネットワーク

それから、②「豊富なネットワーク」も必要になります。私は7年間で7500枚の名刺交換をしましたが、今でも月に200枚ペースでやっています。メルマガも5000名以上に配信しています。そのようなネットワークを構築していることで、アライアンスの話をまとめられるようにしています。

ここでのポイントは、**過去の人脈に頼らない**ということです。過去の人脈など、いずれ売り切れになります。そうではなく、現在進行形（ｉｎｇ形）で開拓していくことが重要です。「どこかと組みたいんですが、良い人脈がありません」「新規のお客様を見つけることができません」と言っている社長がいます。私が「どれくらい交流会に行かれていますか」とお聞きすると、「行っていません」という方がほとんどです。しかし、それでは人脈ができないのも当たり前です。そうではなく、ｉｎｇ形で足を使って人脈を広げていきましょう。

◎信頼・信用のある仲介者（紹介者）

最後は、③「信頼・信用のある仲介者（紹介者）」です。私のようなアライアンスのコンサルタントもそうですし、あるいは金融機関や税理士など誰かに仲介してもらうということです。特に地銀や信用金庫は地域のネットワークをすごく持っていますし、メガバンクや大手生命保険会社などは、全国規模のネットワークを持っています。まったく紹介がないのと、信頼ある人から紹介を受けて会うのは、全然違ってきます。

第６章で、私のコンサルティング先企業のある会社が別の会社に２０００万円を出資してもらって、新製品開発をしたという提携の事例をご紹介しましたが、これは３カ月くらいで話をまとめています。私がそれぞれの会社に対し信頼関係を築いていて、また両社の財務状況も把握していたので、早くできたのであり、その会社の社長同士がどこかの交流会で出会っていただけなら、おそらくそんなに短期間では提携の話はまとまらなかったと思います。

このように、**アライアンスのスピードアップを図る意味でも、間に誰かに入ってもらうのは効果的**です。その他にも、デリケートな条件面の交渉も、当事者同士だと直接言いにくくなったりするので、信頼・信用のある人に仲介してもらうと良いでしょう。

ポイント

アライアンスを成功させるために必要なポイントは、「突破力」「豊富なネットワーク」「信頼・信用のある仲介者・紹介者」の3つ！

第8章

資金投入の仕方と撤収条件設定の大切さ

1　新規事業立ち上げは「おカネ×時間×労力」

◎新規事業立ち上げに必要な3つのもの

新規事業の立ち上げには、何が必要でしょうか？　一言で言えば、

お金 × **時間** × **労力**

この3つを投入することが必要です（図表31）。

一銭もかけずに立ち上げられる事業はほとんどないと言ってよいと思います。第2章で説明したブローカレッジ的な新規事業であってもいくらかの資金は必要です。本格的に事業構築や新製品・サービスの開発をするのであれば、なおさらです。

図表31　新規事業立ち上げに必要な３要素

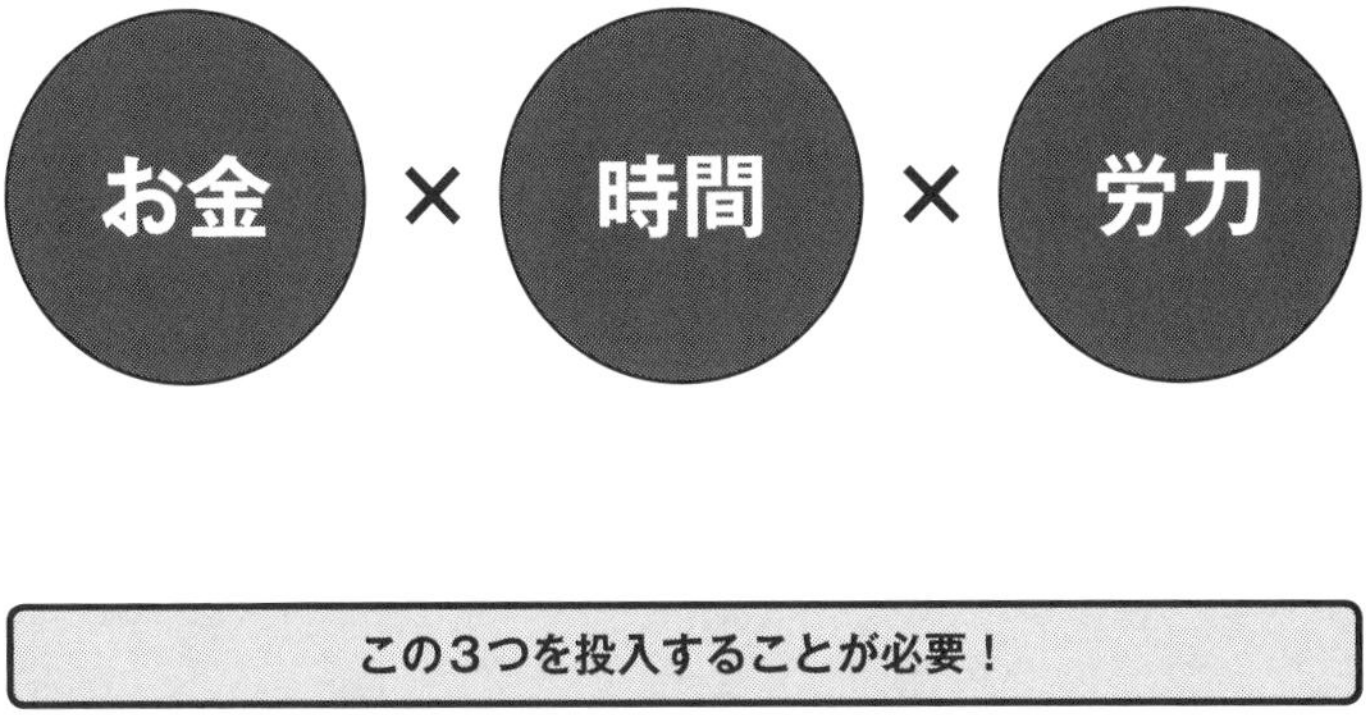

資金を投入していかなければ、新規事業は立ち上げられません。まったくお金をかけずに「新規事業の芽が出てこない」「新規事業が立ち上がらない」と言っていても始まりません。

そのためにも、普段から、**内部留保を常に貯める意識、そして、その資金を機動的・計画的に投入していくことが必要**です。

新規事業のネタの探索、新規事業への資金の投入、新規事業立ち上げができる人材の採用や育成にまったく力を入れずに、新規事業が立ち上がることはありえません。**リスクが取れる範囲でしっかり資金を投入すること、そして、費用をかけながらも、新規事業立ち上げができる人材を採用し、育成していくことが必要**です。

私のコンサルティング先企業の例で説明します。その会社は業歴20年くらいで年間の売上規模が数億円の環境調査会社ですが、売上構成を見ると、もともとの事業がかつては全体の8割ぐらいを占めていたのが、現在ではここ数年で立ち上げた新規事業が2割くらいずつ稼いでくれるようになり、全体の4割近くが新規事業で占められるようになってきています。逆に言えば、新規事業をやっていなかったら、この会社の売上は4割も下がったということになります。

では、この会社はなぜ新規事業を立ち上げることができたのか。それは、その会社が内部留保をしっかり貯めてきて、新規事業の立ち上げが必要なときに必要なお金を出すことができたからです。

◎新規事業立ち上げにはお金を投入しなければならない

同じく私のコンサルティング先企業で正反対の例をご紹介します。

この会社は業歴が40年以上あるのですが、株主に利益をほとんど吸い上げられてしまって、この10年間、内部留保を残すことがほとんどできていません。これでは新規事業のための資金を使えないですし、これまで新規事業のために必要な人材や技術開発などに資金投入をしてきていないわけですから、芽が出ないのは当たり前です。

同じような会社は他にもあります。先日も私のところへ「新規事業の芽がない」という会社が来ました。この会社の場合、社長が役員報酬をとり過ぎて、やはり内部留保を残していませんでした。自業自得と言えるでしょう。

強い会社には、景気に左右されにくいとか、社長に依存していないとか、いくつかの要因がありますが、とりわけ特徴的なことは、儲かっている会社には打ち手が多いということがあります。そのように、**本業で儲けが出たら、それを配当や役員報酬などで取りすぎず、適切に内部留保して、新規事業に投資していくことが非常に重要**だと思います。

これは、特に中小企業の経営者にとって必要な考え方だと思います。「まだ利益があまり出ていないときに、そんなこと言われてもしょうがない」と思われるかもしれませんが、儲けた資金を何かに浪費してしまわずにきちんと内部留保として残し、本業や新規事業に再投資できるような資金管理を行っていただきたいと思います。

ポイント

新規事業の立ち上げには「お金」「時間」「労力」の３つが必要！
特に、お金なしで立ち上げられる事業はないと心得よう！

2 新規事業立ち上げでの資金の使い方
〜ベンチャーキャピタル投資理論の応用〜

◎分散投資とマイルストーン投資

新規事業を立ち上げていく際、どのように資金を使っていったらよいか、よくわからないと思っている人も多いのではないでしょうか。

たとえば、新規事業に使える資金が1000万円あったとして、それをどのように資金投入していけばいいのでしょうか?

私は、ベンチャーキャピタルの投資理論を応用することによって、新規事業立ち上げの際の資金投入も、合理的で失敗の少ない形にできると考えています。実際、きちんと投資理論に則ったほうが中長期的に確実にパフォーマンスを上げていくことができます。その投資理論をここでご紹介します。

ベンチャーキャピタルには、実務と研究で半世紀かけて生み出してきた投資手法として、**「分散投資」**と**「マイルストーン投資」**という2つの投資原則があります。

まず分散投資について説明します。これは新規事業に使える資金を1つの案件に全額投入するのではなく、複数の案件にリスク分散して投資するというものです。そうすれば、その中から必ず成功する案件が出てくるという「大数の法則」に基づく考え方です。

実際のベンチャーキャピタル・ファンドでは、10～15件以上の案件に分散投資するのが一般的です。新規事業を同じ数立ち上げることはなかなか難しいと思いますが、最低でも3～5件くらいの新規事業案件を立ち上げて、分散できるようにしましょう。図表32のように、新規事業に使える資金を何か1つの案件αにすべて投入してしまうのではなく、いくつか複数の案件に資金を分散投資するわけです。オーナー創業社長の場合、創業時など過去に一発当たった成功体験があるがゆえに、自分が選んだ何か1つに投資してしまいがちなので、注意しましょう。

次にもう1つ大切な投資原則が「マイルストーン投資」です。これは「段階的な資金投入」(staged investment) とも呼ばれます。マイルストーンとは「一里塚」という意味です。

これは投入する資金額を、案件ごとに資金をまず暫定的に均等に割り振った後、その割り振った資金をその案件の進捗状況を見ながら段階的に投入していくというものです。

図表32の事例のように、全体として使える余剰資金が1000万円あり、それを5つの案件

図表32 ベンチャーキャピタル投資理論の応用

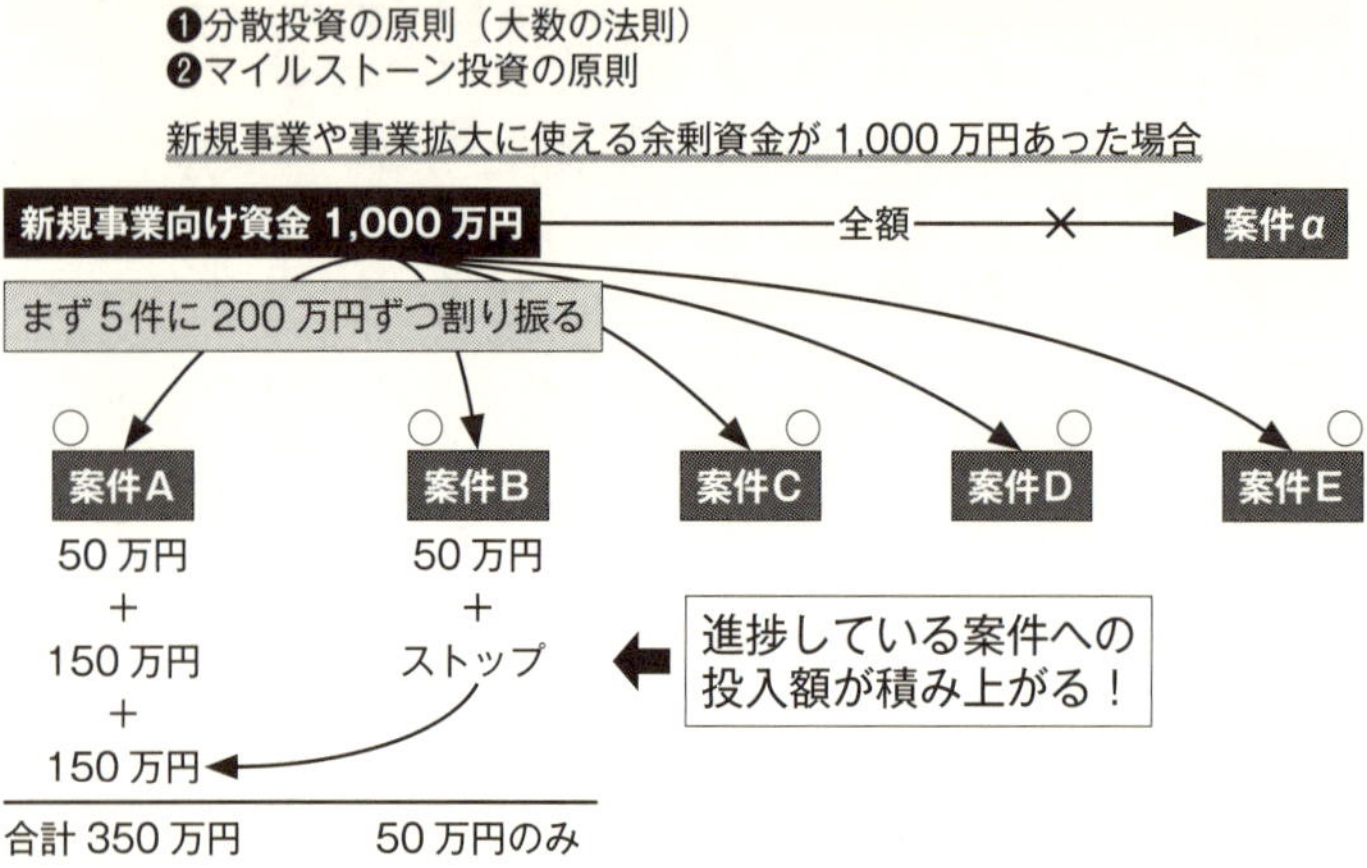

に２００万円ずつ割り振った場合、各案件に割り振った２００万円を一度に使い切ってしまうのではなく、案件ごとの進捗状況を見ながら段階的に投入していくことを意味します。つまり、案件Aに割り振った２００万円を一度に使ってしまわずに、まず50万円使ってみるわけです。

50万円でも実際にお金を使ってビジネスを始めてみれば、まったく何も始めてない状態に比べれば、得られる情報量がまったく違ってきます。そして、うまくいくか、いかないかが多少は見えてくるわけです。そして案件Aが50万円を使ってうまくいっていれば、さらに残りの１５０万円も使って、２００万円まで使います。

逆に案件Bは50万円使ってみて、うまくいかないと思ったら、その50万円までしか使わないことにします。そして、案件Aが２００万円全部を使って、さらにうまくいっているのであれば、案件Bで使わずに残っている150万円を案件Aにさらに投入するのです。そうすると、うまくいっている案件Aへの投資はトータル350万円となります。

これを繰り返していけば、結果的にうまくいっている案件への資金投入残高が大きくなり、合理的で正しい資金投入ができる形になります。

投資理論に基づかずに、あてずっぽうで投資を行っても、たまには当たることがあるかもしれませんが、中長期的には適切な投資リターンを得られません。投資理論に基づくことで中長期的に適切な成果を上げることができます。

実務的には、新規事業の立ち上げをベンチャーキャピタル・ファンドの運用と同じように正確に実行することは難しい面もありますが、このような考え方をしっかり頭に置いて、新規事業立ち上げを進めていくことで、失敗を減らし、成功確率を上げることができます。

◎その他の業務にも応用可能

このベンチャーキャピタルの投資理論を使った考え方は、新規事業への資金投入だけでなく、時間やマンパワーのかけ方、さらに営業手法の選定、割り振りにも応用できます。

たとえば、営業手法として、チラシをDMでどんどん送ったり、ウェブでリスティング広告を打ったりSEO対策をやったり、あるいは営業代行サービスを使うなど、いろいろあります。この場合も、営業費用を5つくらいの手法に分けてみて、段階的に資金投入をしてみるのです。うまくいっている手法には投入額を増やしていき、逆にうまくいかなかった手法はそこで止めてしまいます。そうすれば、うまくいっている打ち手にかけている金額が結果的に大きくなります。ぜひ、このベンチャーキャピタルの投資手法を、新規事業の立ち上げをはじめ、様々なところで応用していただきたいと思います。

ポイント

ベンチャーキャピタルの投資理論「分散投資」「マイルストーン投資」は新規事業への資金投入にも応用が可能！

3 目の前の費用対効果ばかりではいけない

◎費用対効果についての考え方

「費用対効果」という言葉が好きな方は、多いのではないでしょうか。費用対効果というと、一見、合理的な手法のようにも聞こえるため、この言葉が好きなビジネスパーソンは多いです。一義的には、かけたキャッシュに対して、どれだけのリターンがあるかを考えるのは悪いことではありません。

しかし、**何でもかんでも、費用対効果ばかり言っていると、事業は伸びません**。私は費用対効果のことばかり言っている会社で、大きく伸びている会社を正直、見たことがありません。**ビジネスには、すぐ目の前に見える費用対効果と、すぐに目に見えない費用対効果がありま す**。このことをよく理解する必要があるのです。

図表33 “目に見える”費用対効果と“目に見えない”費用対効果のバランス

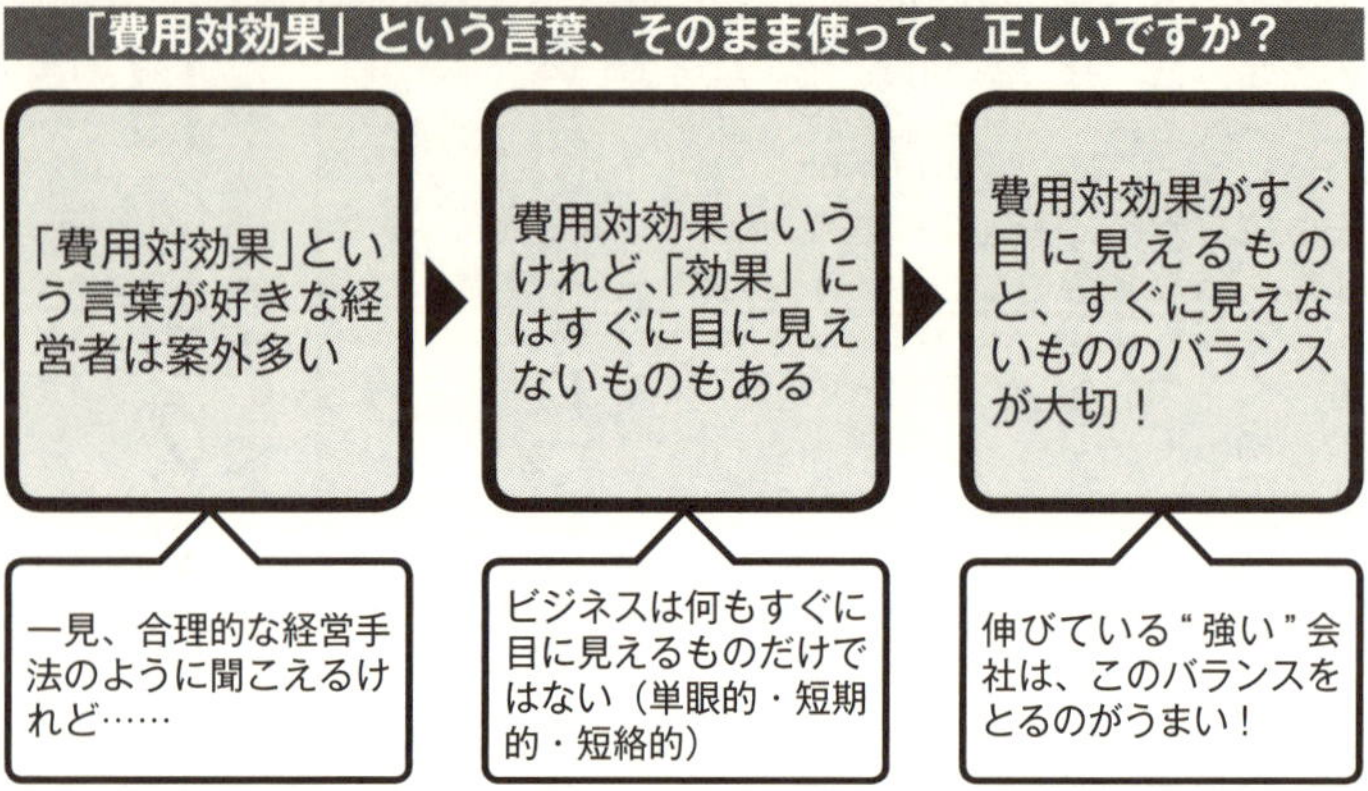
「費用対効果」という言葉、そのまま使って、正しいですか？
「費用対効果」という言葉が好きな経営者は案外多い
一見、合理的な経営手法のように聞こえるけれど……
費用対効果というけれど、「効果」にはすぐに目に見えないものもある
ビジネスは何もすぐに目に見えるものだけではない（単眼的・短期的・短絡的）
費用対効果がすぐ目に見えるものと、すぐに見えないもののバランスが大切！
伸びている“強い”会社は、このバランスをとるのがうまい！

新規事業の芽をうまく継続的に発見し、3〜5年ごとに新規事業の立ち上げに成功している経営者には、この2つの費用対効果のバランスをとることが上手な人が多いです。

すぐ目に見える費用対効果ばかりに目が行ってしまっていると、新規事業の将来の芽をつかんでいくことはできません。その結果、継続的に会社を伸ばしていくことができなくなります。

すぐ目の前に見える費用対効果だけを、単眼的、短期的・短絡的に考えるのではなく、すぐ効果が出るかわからない効果を得るという目線が大切です。

何か新規事業につながりそうなものに投資しておく、協力しておく、情報を取れるように少しお金を払っておくといったことなどをバランスをとって、行ってみることです。特に、儲か

っていて、資金余力があるときこそ、無駄に浪費してしまわずに、また、必要以上に倹約・貯蓄をしてしまわずに、すぐ目の前にある、費用対効果はわからないものの、何か将来の発展に間接的にでもつながる可能性や広がりのあるものに、資金を少しでも投入しておきましょう。何も資金でなくとも、協力したり、相談に乗ったりということでも良いです。伸びている会社の経営者は、そういったことを実践している人が多いです。

すぐ目の前に見える費用対効果だけでなく、すぐ目に見えない将来の可能性を探るための投資的なお金の使い方も考えるようにしましょう（図表33）。

ポイント

目に見える費用対効果だけでなく、
すぐ目に見えない費用対効果も大切にする

4 既存事業が不振のときの新規事業の立ち上げ方

◎既存事業と新規事業の予算枠を分ける

ここのところ、既存事業が衰退してきて、不振状況、もっと言えば赤字の状況で「何とか、新規事業を立ち上げたい」という相談を受けることが増えています。

そのような状況に陥っている場合、「既存事業を何とか維持しようとしつつ、新規事業のことも……」と思うとなかなかうまくいきません。

なぜなら、既存事業は資金の支出を絞る方向でのマネジメントとなる一方、新規事業立ち上げは資金を前向きに支出していく方向でのマネジメントとなるため、相反することを同時に行うことが難しいためです。

では、どうすればよいか？　2つポイントがあります。

1つ目は、**既存事業と新規事業の立ち上げを明確に分けて考え、新規事業向けの予算枠をしっかり分ける**ということです。本章のはじめにお伝えしたとおり、事業は「お金・時間・労力」をかけなければ立ち上がらず、一銭もかけずに立ち上げられるものではありません。新規事業向けの予算枠を分けて、資金支出の機動性を確保することが大切です。

2つ目は、**既存事業を何とか持ちこたえさせようとせず、まずは、どういう状況でも単月黒字化が確保できる水準まで、思い切って縮小均衡してしまう**ことです。何とかしようとして、手をこまねいているのではなく、思い切っていったん縮小均衡させ、多少の売上の増減があっても必ず利益が出る体制にしてから、再度、拡大・多角化をするステップを踏むべきです。

既存事業が衰退する中で、新規事業を立ち上げようとしている人は、このようなことを意識して、実行してみましょう。

ポイント

既存事業が縮小しているときに新規事業を立ち上げることは、別方向のマネジメントになるため、難しい。

5 新規事業立ち上げは、方向転換を細かく速く！

◎議論ばかりしていても何もわからない

新規事業を立ち上げる際、社内で喧々諤々の議論を延々と繰り返し、リスクばかり指摘してしまって、話が前に進まない状況を散見することがあります。

何事もちょっとでもやってみないとわからないので、「**まずは、ちょっとやってみる**」というスタンスが重要です。ちょっとでもやってみると、うまくいくかいかないか、わかります。まったく何も試してみていない状況と、少しは話を進めて実行に移した段階では、わかることが格段に違います。

成功が見込めるかどうか、会議室で延々議論してみても、実際にやってみないとわからないことは非常に多いのです。ですから、結論が出ないのであれば、前述したマイルストーン投資の原則に基づいて、リスクをとれる許容範囲で、段階的にちょっとやってみるのです。その上で、方向転換の幅を小さくクイックにやっていくようにしましょう。

「まずは、ちょっとやってみる」際には、大きな痛手を負ってしまわないように、小さくプレ的にやってみると、大きなリスクはありません。考えてばかりいても、ビジネスは前に進みません。

◎方向転換の幅を小さくクイックにやっていく

次に、重要なことは、大きく方向を間違ってから方向転換をするのではなく、ちょっと間違ったと思ったら、**すぐに大きな幅の失敗になる前の小さな幅のうちに方向転換をすること、そして、そのような方向転換のスピードを速くすること**です。

一定以上のインテリジェンスがある人たちが集まれば、リスクや問題点の指摘などいくらでもできます。しかし、机上の議論だけではわからないです。会議で、リスクの指摘だけをいくらしても仕方がないと言えます。

繰り返しますが、まずは少しでも実行に移してみることが重要です。少しでも実行してみるとわかることは多いです。まったくやってみていない状況と、少しでも進めてみた段階では、情報量がぜんぜん違います。

まずは、**取れるリスクの範囲で進めてみる、プレ的にテスト的にやってみる、そして、それで取れた情報をもとにまたさらに検討を進める、ということが大切**です。

これについては、第9章にて、ＰＤＣＡの観点からも解説します。

ポイント

新規事業は会議室で議論だけを重ねても進まない。
「まずはちょっとやってみる」という姿勢でやりながら検討していくべき！

6 撤収条件の設定が最大のポイント

◈撤収条件を先に決めておくことで赤字流出などを防ぐ！

既存の新規事業に関する本にはあまり書かれていないことですが、**新規事業立ち上げにおいての最大のポイントの一つは、あらかじめ撤収条件を設定しておくこと**です。

私のコンサルティング先企業では、経営会議資料や稟議書にも、「撤収条件」という欄を作ってもらっています。

これは、だらだらとした赤字出血を防ぐことにもなりますし、新規事業を合理的に止めやすくすることで、かえって始めやすくするという効果があります。さらには、社長や新規事業責任者のメンツを守るということにもなります（図表34）。

3～5年ごとで成長ステージを上げ、景気にも左右されにくい「強い会社」の社長は、儲かっているときに、利益を浪費してしまったり、あぐらをかいてしまったりせず、そういうときこそ、次に向けた打ち手を多く打っています。儲からなくなってから、あたふたしないで済むようにしているわけです。

そういった〝強い会社〟の社長が打ち手を多く打つ際には、撤収条件をあらかじめ決めているケースが多いです。**事業を合理的に止めやすくすることで、逆に始めやすくしている**わけです。

なぜかというと、すべての新規事業の案件がうまくいくとは限らないからです（第9章にて詳細に記載）。そのため、赤字出血が進んだり、損切りができなくなったりしないように、あらかじめ撤収条件を決めておく必要があるのです。

そうしないと、経営陣や事業部長が「やるぞ」と始めた以上、簡単に止めにくくなるのです。やると言っていたことを止めると、「ブレてる！」「社長（あるいは、事業部長）がやると言ったから、始めたんじゃないか」との批判をあびることになります。

「なぜ止めるのか」と担当者やチームから突き上げをくらったり、「ぶれている」「言うことがコロコロ変わる」「優柔不断だ」などと社内・社外へのメンツが立たなくなることも関係します。

しかし、そのまま放っておくと、傷が深くなり赤字の垂れ流しになってしまいます。**売上高**

図表34　撤収条件の設定が重要

- 新規事業や多角化がうまくいっている会社は、「撤収条件」を事前に決めていることが多い
- 合理的に止めやすくすることで、始めやすくする
- 社内向けの社長のメンツ、社員の意欲、外部への説明、親会社（株主）への説明、過度な赤字出血の防止の効果がある
- 稟議書や会議資料に、撤収条件の欄を作る

や経常利益、営業キャッシュフロー、投入するトータルの資金額、期間などで、マイナス何％が何カ月間続いたら止めるという撤収条件をあらかじめ決めておくわけです。そうすれば、新規事業を多数行っていてもむやみに固定費を増やさない仕組みを作ることができます。新規事業の赤字出血で他の既存事業に悪影響が出ることを防ぐこともできます。

　また、社内にも「こういう撤収条件をもともと決めていた、それに抵触したから止めるんだ」と理路整然と説明しやすくなります。逆に言えば、新規事業をやると決めた事業部長にとっても、こういったことを決めておけば、撤収したときの責任問題になりにくくなります。銀行の担当者などの外部に対しても、説明しやすくなります。

「**いつまでにこういう状況だったら撤収する**」という条件をあらかじめ決めておくことは、内部の新規事業チームに対しても、一種の歯止めになります。あとは資金支出を怖がらずにしっかり行い、できるだけ多くの打ち手を打っていくことが必要です。実際、事業の多角化や新規事業立ち上げをうまく行っている会社は、何か新しいことを始める前に撤収条件を決めている会社が多いです。

あくまでも撤収条件を決めた上で、資金が使えるときに積極的に資金支出を行い、できるだけ多くの新規事業に取り組みましょう。

ポイント

新規事業立ち上げでは、「撤収条件をあらかじめ決めておくこと」で、過度な赤字出血や信用失墜を避けられる。

第9章

新規事業チームの構築と実行のポイント

1 新規事業アイディアの社内公募の仕組みを作る

◎新規事業アイディアの社内公募での注意点

社内で新規事業のアイディアを募る際、**アイディアを出した人と、事業構築を推進する人を分けることがポイント**となります。アイディアを出す能力と、そのアイディアを事業構築して推進していく能力はそもそも別ものですので、その面でも担当者を分けて考えることが必要です。アイディア出しも仕組み化が重要です。

したがって、新規事業立ち上げのアイディアを社内で募る際（外部から新規事業のネタを持ってくる場合も）には、社員には「**とにかくアイディアだけ出してください！　実行は、新規事業専門チームを作って行います！**」と、はっきりアナウンスすることが重要です。そうすれば、アイディアが出やすくなります。

◎アイディアを出す人と実行する人を分ける効用

このアイディアを出す人と実行する人を分けるのは理由があります。

それは、**アイディアを出した人が、その新規事業立ち上げを担当していく仕組みだと、社内からのアイディアが出てきにくくなる**ためです。

言い出したら、自分がやらなければならないことになると思うと、アイディアを出すのは止めておこうとなってしまいがちです。社内からアイディアを募るにあたっても、アイディアを出した人に「実行」する部分も担ってもらおうとすると、なかなか「実務的」なアイディアが出てこない状況となります。

給料に見合う仕事をすでにやれていると思っている社員にとって、アイディアを出して自ら新規事業を担当することは、急に昇進したり、大幅に給料が増えたりするのでなければ、うまくいかなかった場合のリスクを抱えるだけとなり、消極的になってしまいます。

◎アイディア出しの会議では、普段の階級を意識しない

私のコンサルティング先企業では、役員クラスが出席していても、平社員も事業部長も同じ立場で臨んでいます。新規事業のアイディアを考えているときは、既存の役職を取り払ったほうがいいのです。役職を意識していたら、正しいことを言えなかったり、メンツが邪魔してしまいます。したがって、新規事業に関する会議では「○○さん」と呼び合った方が良いと思います。

◎社内公募で出てきたアイディアをサポートする体制が必要

出てきたアイディアを新規事業担当者に任せてやらせることはもちろん大切ですが、ほったらかしにせず、外部の専門家やコンサルタントにアドバイスを受けさせたり、セミナーなどを受講させに行ったり、わからないことやノウハウのないことについては外部を活用しながら実行していけるようにする会社側からの仕組みとしてのサポート体制も重要です。

アイディアを出せ、そして、出した後は自分たちで考えて立ち上げろ、といったように、ほ

ったらかしでは、新規事業の担当者やアイディアを出した社員も心理的に厳しいと思います。**ビジネス・アイディアが出てきてプランになってきたら、その精度を上げ、具体的に実行するための支援を会社側が行っていくことが必要**です。

◎役員もアイディアを自ら出すことはとても大切

ＩＴ企業のサイバーエージェントは次々に新規事業を立ち上げることで有名です。同社では、新規事業立ち上げのアイディア出しやビジネス・プラン作成を社員だけにやらせることは片務的になってしまうということで、役員も新規事業のアイディア、事業立案をするようにさせているようです。当社のコンサルティング先企業にも、役員に新規事業のアイディア出しやビジネス・プラン作成をさせている会社があります。

これは、とても良いことです。

なぜかと言うと、自社で新規事業のアイディアを出すことがいかに難しいことか、自分たちがいかに固定概念にとらわれているかということを、役員も身をもって体験することで理解できるからです。

社員にアイディアを出せと言うだけでなく、経営陣もアイディアを出すことが必要です。それにより、どちらかがどちらかを評価するといったような関係性ではなく、役職員全員が力を合わせていくことができます。
　このように、**新規事業の社内公募を企業文化として育てていくことを会社として行っていく必要**があります。サイバーエージェントなどでも、アイディアを出した社員を役員に抜擢したりすることを地道に繰り返すことで、やっと社員全員がアイディアをためらわずに出す文化ができ上がったのだと思います。

ポイント

新規事業のアイディアを社内公募する際は、アイディア出しと実行を別の担当者にしたほうがうまく行く！

2 新規事業立ち上げの組織をどうするか

◈新規事業チームの構築がポイント

新規事業を立ち上げる際には、**新しいチームを作ることが大切**です。限られた人員しか抱えていない企業の場合、社内から多くの優秀な人材を新規事業チームに配置することはなかなか難しいかもしれませんが、できる限り、新しいチームを作るように努めましょう。

新規事業チームを構築するにあたり、社内だけで不十分な場合は、外部を活用することになります。コンサルティング会社を契約で活用することも一つの選択肢ですし、**アライアンスによって外部と提携することで、社内の人材不足を補うことができます**。

第７章で述べたように、私は最近、「アライアンスによる人材の獲得」に注目しています。

社内に新規事業を担う優秀な人材が十分いなくとも、外部の企業と組むことで補っていくことができます。

足りない人材の部分は、外部と組むことによって補完することを目指し、アライアンスを模索することも大事です。アライアンスは「人材の獲得」という面からも有効です。

そして、新しく構築したチームをうまく機能させることが新規事業立ち上げの成否を分けることとなります。

◎新規事業の専門部署の創設のタイミング

新規事業を立ち上げる際には、社内で新規事業チームや事業開発チームなど新規事業を担当するチームを作り、その**〝新規事業チーム〟をうまく作れるかどうか**がポイントになります。

新規事業の内容がある程度決まってきてから、専門部署やチームを作ったほうが効率的である場合もあります。

新規事業の内容が決まる前に、専門チームだけを作っても、仕事の内容が調査のためのネット検索などばかりとなってしまい、成果があがらないこともあるので注意しましょう。

ただ、仕掛り中の案件を引き受けたり、アイディア段階のものの調査を行う人材や部署が必要であることも事実です。

新規事業の専門部署を作り、そこに兼務ではない、専任の人材を配置するかどうかは、一つの大きな判断の境目となります。そのタイミングを見極めましょう。

◎新規事業立ち上げの組織形態　～事業部か子会社化か～

新規事業を立ち上げていく際、自社内に事業部を作って行うか、それとも別会社を新設して子会社の形でやるのか、という組織形態の問題が出てきます。

新規事業の理念や方向性が、社員の働き方や給与体系の面で既存事業と大きく違っている場合には、組織運営上、別会社にしたことがよいケースがあることは第3章及び第13章で述べた通りです。

加えて、子会社の形態で行うことのメリットとしては、B／S（貸借対照表）やP／L（損益計算書）を別に作ることになるため、損益状況が明確に見えやすくなり、子会社の社長を任せた人に経営者感覚を持ってもらいやすいといったメリットもあります。

他方、事業部の形で新規事業を行う場合は、決算などの経理、税務面でのコストがかからない、人の異動がしやすい、他の部署のリソースも活用しやすい、といったメリットがあります。

事業部で行う場合と、別会社で行う場合の選択については、運営のコストや権限委譲の機動性、独立採用の責任の明確化、他部署との連携やシナジー、任せることによる人材育成などから、総合的に判断することとなります。

◎ジョイント・ベンチャーの設立

アライアンスの相手と共同で新規事業を行う際には、資金を出し合って、ジョイント・ベンチャー（合弁企業）を立ち上げることもあります。この場合、ポイントとなるのは出資比率です。

50％対50％の折半出資の形にしようという意見が出ることも多いのですが、やはり、どちらがイニシアチブを取るのかを明確にするために、51％以上（50％超）対49％以下（50％未満）にしたほうがよいと、私は経験的に感じています。

今の日本の会社法では、ほとんどの決議が50％超の議決権での普通決議で決められます。もちろん、たとえば、60％対40％の出資比率だからと言って、相手先の意向を無視して物事をすべて決めるわけにはいきませんが、最終的な判断となった場合には、過半数のシェアを取っている側が決めていくということができます。

これにより、意思決定の機動性、合理性を確保し、無用な主導権争いの回避ができます。

◎新規事業立ち上げにおける経営トップの役割

新規事業の立ち上げにおいて、代表取締役社長をはじめとする経営トップが果たすべき役割は大きいです。新規事業の立ち上げでは、会社をどのような方向性に持っていこうとするのかで、新規事業の方向性が変わってくるので、それを最終的に決めていく経営トップ（多くの場合、社長）の判断が重要になってきます。

また、新規事業立ち上げは、前述のとおり、資金の投入が必要になるので、その面での経営トップの最適な判断が求められます。

さらには、次の項で述べるように、新規事業には多くの困難が伴い、また失敗案件も必ずでるので、最終リスクを経営トップがしっかりとる姿勢を示して、新規事業担当者が思い切ってやれる環境を作っていくことが必要です。

経営トップが、こういった方向をしたり、責任がすべて新規事業担当者に被さってしまわないように、「**最終リスクは経営トップがとる**」ということをはっきり言わず、責任回避的になってしまっていると、現場の担当者もリスク回避を考えてしまい、新規事業を推進できません。

新規事業は困難が多く、不確実性も伴うものであるだけに、経営トップが明確に方向性と、**「何が何でもやるのだ、やり遂げるのだ！」**という覚悟とスタンスを持つことが重要となります。

ポイント

新規事業の立ち上げは、チーム構成が成否を握っている。
新規事業の内容によって、自社の事業部でやるか子会社を作るかを判断する

3 新規事業立ち上げは、失敗といかに向き合うかである

◎すべての案件がうまくいくことはない

新規事業立ち上げ（新製品開発も含む）は、残念ながら、百発百中というわけにはいきません。うまくいくものもあれば、うまくいかないものもあります。失敗することも当然あると考えることが必要です。それにもかかわらず、〝一発一中〟を狙う人をたまに見かけます。

私は、もともとベンチャーキャピタルでベンチャー企業への投資を行っていましたが、ベンチャーキャピタル投資でも、たとえば10社投資しても、うまくいく案件はせいぜい2～3件で、残りは失敗案件となります。しかも、投資案件が資金繰りに窮して破綻してしまうなど、悪い結果ほど先に出る形となり、逆にうまくいく成功案件が順調に成長して成果が出るまでには時間がかかります。投資先が破綻しないまでも、上場を達成できずに残ってしまうリビング・デ

ッド（Living Dead　生きた屍《しかばね》）となってしまう案件も多く出ます。

このように、**ベンチャーキャピタリストの仕事は、いかに失敗と向き合うかなのですが、新規事業立ち上げにおいても同じことが言えます。**

元東北楽天イーグルス監督の野村克也氏は、「『失敗』と書いて『せいちょう』と読む」と言っています。失敗は全部がダメなことではなく、成長して成功する基というわけです。

年俸1億円、2億円をもらっているプロ野球のバッターでも、3割以上の打率を打てることはあまりありません。つまり、7割は失敗しているわけです。失敗といかに向き合うかが重要です。メジャーリーガーのイチローも同じようなことを言っています。

新規事業立ち上げにおいては、「**すべての案件がうまくいくことはない**」と考えて、リスクを取れる範囲で失敗を恐れないことです。

◎失敗を恐れず、失敗から学ぶ

第8章で説明したとおり、ベンチャーキャピタル投資では、「大数の法則」により、一定以上の数の投資案件にきちんとした投資基準（クライテリア）により投資を行えば、成功する案件が出てくるということが実務・研究の両面からわかっています。

打ち手の数をできるだけ多くして、たとえ失敗案件が出たとしても、その失敗とうまく向き合っていくことが、結果的に新規事業を成功させるためには必要です。失敗も資産と見なしていくことが重要です。

「君が失敗したくらいで、この会社はつぶれない」というフレーズが書かれている本がありました。一人の新規事業担当者が行うことが、会社の存続の危機にかかわるようなことは、日本企業ではそれほどないと思ってよいでしょう。むしろ失敗を恐れずに、前向きに新規事業のアイディア出しや打ち手を多くし、情熱的に推進していくことのほうが、よほど大切です。失敗にへこたれないタフネスさが求められます。そして、失敗から学んでいくことが重要です。成功からよりも失敗からのほうが学べることが多いです。

「**新規事業立ち上げは、いかに失敗と向き合うかである。すべての案件がうまくいくわけではない**」

このことを、新規事業立ち上げにおいては、心に留めておきましょう！

ポイント

新規事業のすべての案件がうまくいくことはない。失敗とうまく向き合い、失敗も資産と見なす考え方が重要。

4　PDCAをしっかり回すことが大切

◎仮説→実行→検証→見直し

「PDCA」という言葉をみなさんもご存知でしょう。すなわち、「**Plan（仮説の立案）→Do（実行）→Check（検証）→Action（見直し）**」という試行錯誤の一連の流れの頭文字をとったものです。

新規事業の立ち上げにおいても、このPDCAをしっかり回していくことが大切です。

まずやってみて、うまくいけばその方針・戦略・やり方を継続します。反対に、やってみてうまくいかなかったら、どのようにすればうまくいくかを考えて、こうすればうまくいくだろうという方策の仮説を立てます。そして、それを実行します。そして再び、うまくいったかどうかを検証し、見直しが必要であれば、見直しを行い、また仮説を立てて、実行する。これを

図表35 新規事業における「PDCA」(試行錯誤)

- 「PDCA」＝Plan（計画）Do（実行）Check（検証）Action（見直し）
- Check＝ただ単にチェックではない。チェックしたものをどうAction（見直し）するかが大切
- 間違っていると思ったら、すぐ修正する！　新規事業の立ち上げでは、これが一番大切！
- 方向転換の幅を小さくする。方向転換のスピードを速くする！
- 「まず、ちょっとやってみる！」という姿勢が非常に重要！

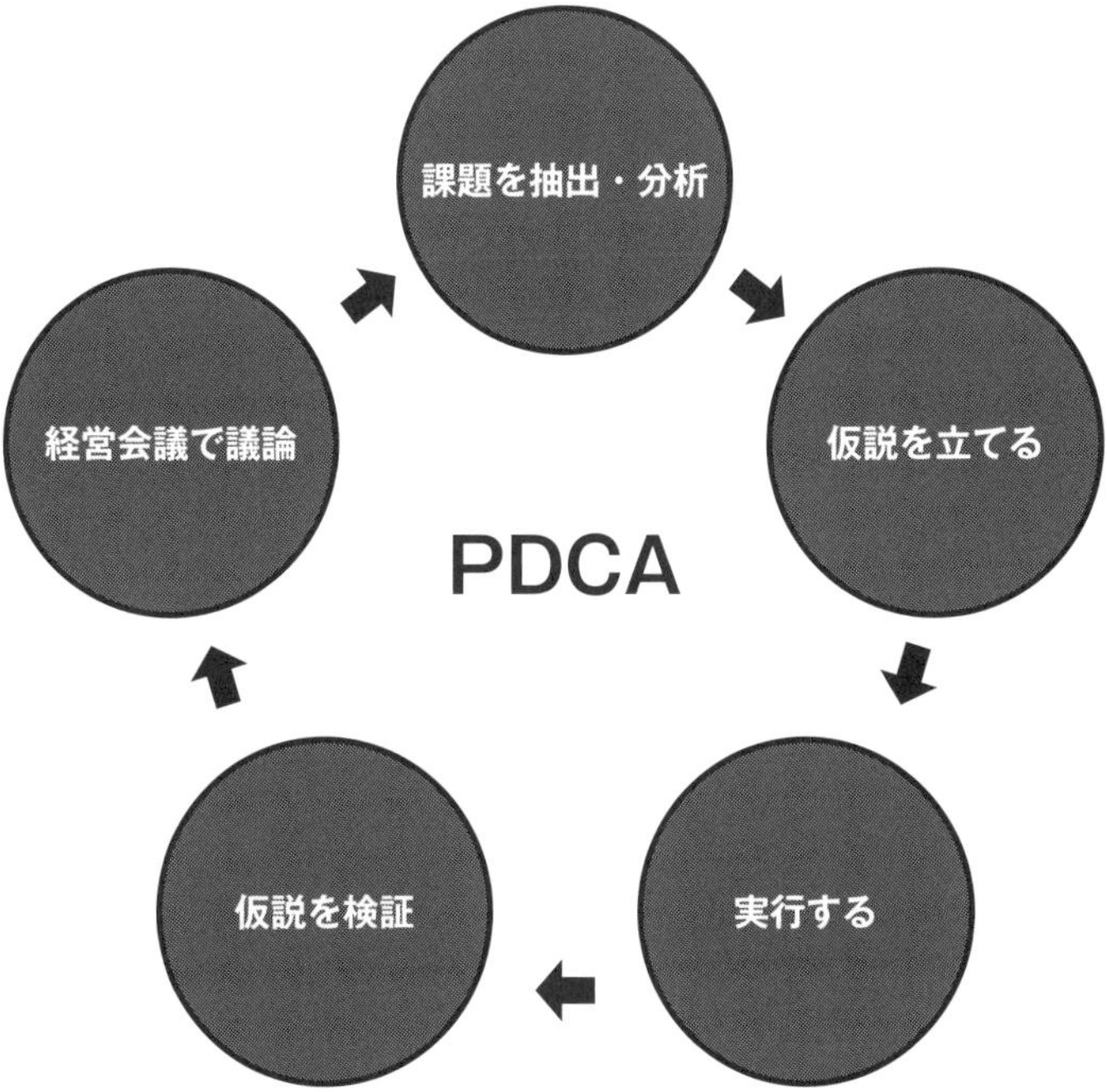

しっかり繰り返すことが大切です。

何かをやったときに問題や課題が生じたら、それをおざなりにするのではなく、検証して、うまくいっていなければ、うまくいくにはどうしたら良いかについての仮説や対策を考えます。それを検証して、また見直すのです。

たとえば、売上が目標に届かなかった場合、未達の原因と解決策を経営会議で議論し、こうやったら達成できるだろうという仮説を立てます。その仮説を実行してみて、それで達成できればそのまま続ければいいし、達成できなければ再度経営会議で議論し、新たな仮説を立ててまた実行する。このサイクルをぐるぐると速いテンポで回すわけです（図表35）。

ＰＤＣＡそのものは多くの会社で行われていますが、この中で、Ａ（Action見直し）をきちんと行っていない会社が多いように思えます。「さらにがんばろう」と言うだけではなく、Ａの「見直し」が重要です。しっかり改善するための方策を考えてやります。私は何かをやるときには打ち手を30個くらい考えてやった方が良いとコンサルティング先企業にアドバイスしています。そうやって、見直すことが大切です。間違えていると思ったら、すぐ修正するアジャイルさも重要です。

◎経営会議をきちんと運営している会社は伸びる

私が思うに、**経営会議がしっかりしている会社ははっきり言って伸びます**。

私はベンチャーキャピタル時代から、経営会議に参加する機会が数多くありましたが、経営会議がただの報告会にしかなっていなかったり、社長の指示を受ける場になっているだけの会社は伸びません。

そのような会社は、先ほどのPDCA、つまり試行錯誤の正しい積み上げがうまく行われていません。経営会議をおざなりでやっている感じです。会議の時間を区切ってやることもないし、発生した問題に対して「こうやったら解決できるんじゃないか」という仮説を立てて実行してみることをするわけでもなく、ただ社長が一方的に方針を話しているとか、担当社員にずっと報告だけさせているなど、建設的な議論をしていません。やはり、経営会議ではPDCAをしっかり回すことが重要です。

経営会議を機能させるためには、外部の人に参加してもらうことも非常に重要です。中小・ベンチャー企業で経営会議を一緒にやるメンバーがいない場合は、コンサルタントや顧問税理士に入ってもらうのでもいいでしょう。正しい議論の積み重ねができるような経営会議を、定例できっちり作ってやっていくということが重要です。

◎ディール・フローの構築においてもPDCAは有効

第6章で述べた「ディール・フロー」構築における提携先の見極めや見直しにも、このPDCAは有効です。

実際問題として、最初から提携相手として申し分のない会社を自分で探していくことは困難です。案件や仕事が恒常的に紹介の形で入ってくる「ディール・フロー」構築での提携先の発掘と提案では、そのような候補の会社をどんどん増やしてみて、1年くらいやらせてみるのです。1年やらせてみて、あまり成果が上がらないようであれば、アライアンスを終了させ、新しい提携相手を見つけます。これは、営業代行の会社の選定においても同じです。

このような営業面でのディール・フローの構築、その組み先の選定の過程でもPDCAは役立つと思います。

◎強みの打ち出しでも、ＰＤＣＡを回す

ＰＤＣＡを回すことは、自社の強みの引き出しや打ち出しにおいても、同じことが言えます。①売上が上がらない……では、②「強み」を探そう！、そして③「強み」を決定、その上で、④「強み」をアピールしてみる、その結果、⑤売上アップ！、をするかどうか。もし、思うように売上がアップしなければ、また①に戻り、②の強みを探すところから順次、またこのＰＤＣＡを繰り返してみるのです。

ＰＤＣＡはどの本にも書いてありますし、よく言われることですが、やはり重要です。ポイントは、おざなりにせず、経営会議などの場を用いて、関係するメンバー皆できちんと議論して、実践していくことです。

ポイント

新規事業立ち上げではＰＤＣＡを回して、仮説を試行錯誤することが重要。経営会議の場でもしっかりＰＤＣＡを回す！

5 新規事業立ち上げの時間スパンを把握する！

◎何年計画かを忘れないようにする

新規事業を立ち上げる際には、**時間スパンを常にきちんと把握しておくことも重要**です。新規事業を立ち上げようとするときに、誰でも何年くらいで立ち上げるかを考えると思います。まったくそういった時間軸を考えない人はいないと思います。

しかし、経営者や新規事業担当者の中には、早くキャッシュが欲しいと思うあまり、当初の計画の時間スパンを途中で忘れてしまう人がいます。

それでは、新規事業チームメンバーや社内も混乱してしまいますので、新規事業立ち上げでは、時間スパンを忘れないように把握しておくことが必要です。

何年（何カ月）の計画で取り組むものなのか、取り組み始める前にきちんと決めることが大

図表36　事業立ち上げの時間スパンをしっかり把握する！

何年計画の事業なのかを意識する！

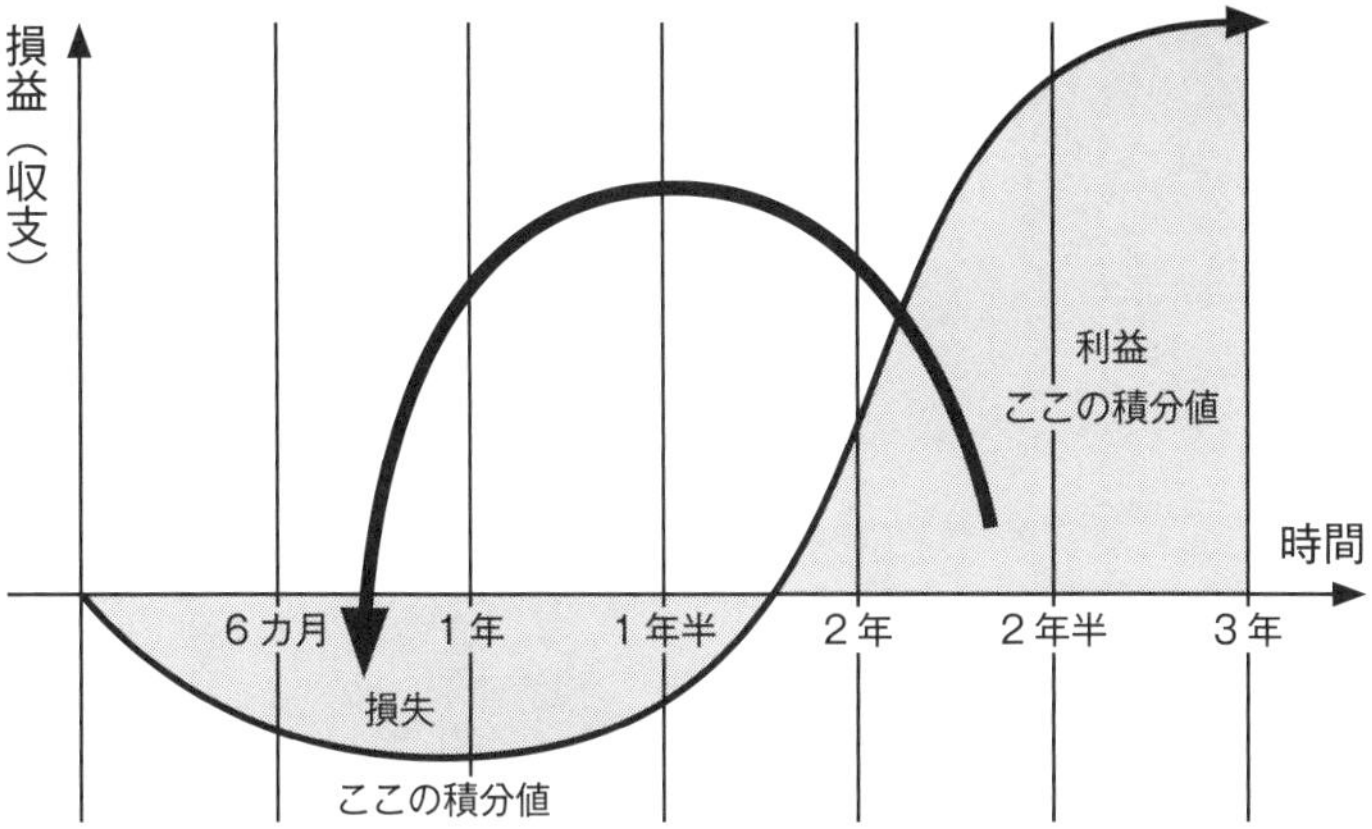

切で、その後は、**自分たちが今、どの〝時点〟を進んでいるのかを、正しく認識**して進めていくことが大切です。

そうしないと、新規事業がうまくいっているのか、いっていないのかがわからなくなります。特に、経営者やチームリーダーなど責任者が焦ってしまって、どの〝時点〟を今歩いているのかがわからなくなると、現場が混乱してしまいます。

事業提携による新規事業の立ち上げにおいては、**「Jカーブ」**（最初に先行して支出が出ていく分、収支がマイナスになり、その後、収益が上がって、プラスに転じていくキャッシュフローの曲線）のどこを歩いているのか、歩いているべきなのかをきちんと正しく認識して進めることが肝要です（図表36）。

そして、Jカーブで水面下に潜っている時期の面積（損失を表す積分値）の分を、その後、事業が立ち上がり、水面上に上がってきた時期の面積（利益を表す積分値）の分で取り戻して採算を合わせるという感覚を持ちましょう。

ポイント

新規事業立ち上げには時間スパンを把握することが重要。何年計画で今どの時点を進んでいるのかを正しく認識する！

第10章

新規事業の成否は結局、営業力で決まる!

1　新規事業立ち上げの成否は、営業力が決める！

◎技術者や企画担当者も営業力をつけることが必要！

ここまで新規事業の立ち上げについて、その方向性やビジネス・チャンスの見つけ方、アライアンスの組み方、チーム構成のやり方などについて説明してきました。

しかし、結局のところ、**新規事業立ち上げがうまくいくか否かは、最後の営業がうまくいくかどうかで決まる**という一面があります。つまり、「**新規事業の成否＝営業力の強弱**」と言えます（図表37）。

こう言ってしまうと元も子もないように聞こえるかもしれませんが、どんなに多額の資金をつぎ込んで研究開発したり、どんなにアイディアを凝らして製品開発やサービス創造、事業構築をしたりしても、最後は、営業が進んで製品やサービスが売れない限り、会社にはキャッシ

図表37 新規事業立ち上げでも営業力が必要！

- 新規事業立ち上げがうまくいくか否かは、結局、最後の営業がうまくいくかどうかで決まる！（新規事業の成否⇔営業力の有無）
- アライアンスするにも、提携先の発掘や交渉は、新規開拓営業と同じ！
- 新規事業チームの構築においては、営業力のある人を入れることが必要。そうしないと進まない
- 技術系や企画部門の人も、営業力をつけることが必要

ュが入ってきません。

そのため、私は普段のコンサルティングでも講演でも、「**新規事業の立ち上げにおいては、最後の営業の部分を最も意識して構築することが大切**」とお話ししています。

第3章でも述べましたが、「何」（What）を売るのかを決める以上に、「**誰に**」（Who）、「**いくらで**」（How much）、「**どのようにして**」（How）、「**どれだけ**」（How many）売るかを重視して考えることです。

特に、「どのようにして」という営業・販売方法（営業マンの直接営業、代理店販売、ネットでの販売など）の部分を考えて、手離れ良く売れる形にすることを意識しましょう。

◎アライアンスにも営業力が必要！

製品やサービスの販売だけでなく、**アライアンスにおける提携先の探索・発掘、自社の〝強み〟をアピールして交渉したりする際にも、営業力が必要**となります。営業力がなければ、提携先を見つけてくることも、話をまとめて提携することもできません。

それから、第3章でご紹介したように、私は、新規事業構築や新製品開発は、「リーン・スタートアップ」の考え方で、顧客の声を聞きながら進めることが重要と主張していますが、顧客候補を探し、そこに打診していくためには、やはり営業力が必要となります。

このように、**営業力とは、営業職の人だけが身につければよいものではなく、技術職や企画職にも必要なビジネス・スキル**です。理論的に把握しにくいものであるため、ビジネス・スクールに営業の講座はありませんが、ビジネスにおいて営業が重要な要素であることは言うまでもありません。

また、第9章でも述べたように、新規事業の立ち上げにおいては、新規事業チームの構築がポイントです。この**新規事業チームの構築においても、営業力のある人、あるいは営業経験のある人をメンバーとして入れることが重要**となります。

営業力のある人が新規事業チームの中にいないと、顧客の声を聞きながらの事業開発・製品開発を進めたり、アライアンスにおける提携先の発掘・交渉、そして、最後の営業（販売）の部分をより意識した事業開発・製品開発を進めたりすることができないことになってしまいます。

営業職だけでなく、技術者や企画担当者も営業力をつけることが必要であること、そして、営業力が最終的に新規事業の成否を決める大きな要素となることをよく認識することが大切です。

◇開発部門と営業部門の連携が大切

第3章で解説したリーン・スタートアップの手法では、製品・サービスが完成してから営業部門が動き出すのではなく、開発部門が最低限の製品・サービスを作ったら、すぐに顧客候補に提案に行ってみることの大切さをお話しました。

それに加え、製品・サービスが完成した後も、開発部門の意図や改良のポイント、「何がその製品・サービスのセールス・ポイントなのか」などを、端的にわかりやすく、シンプルに営業部門の各営業職に伝えていく努力が必要です。

そのためには、**開発部門（商品開発部や企画部）と営業部門（営業統括部や各営業部・営業所）との連携を密にすることが大切**です。具体的には、定例のミーティングを行ったり、営業現場に開発部門のメンバーも同行させたり、展示会や発表会などのイベントに開発部門のメンバーも参加させたりなどして、営業の場面でどういうものが売りやすいか、求められるかを開発部門が把握してイメージできるようにすることが必要です。

営業部門が顧客に提出するプレゼンテーション資料などの営業資料やチラシなども、開発部門で作るくらいの取り組みが大切と思います。その際は、スペックなど技術的な説明に終始するのではなく、「**営業マンがお客様に説明する際に最も必要な情報とは何か**」を念頭に置き、営業が進みやすい資料にすることがポイントです。つまり、営業部門がそのまま営業先に持って行けるくらいの資料を提供してあげる心構えが必要です。それを提供すれば、営業部門は様々な商材を抱えている中で、開発・発売をした製品をより積極的に売ってくれると思います。

◎ビジネス企画は一言で伝わるように

製品やサービス、そして自社の特徴をアピールする際は、「**この製品（サービス）、〝いいね〟」と一言で、良さがわかるようにする**ことも大切です。

説明や説得を延々と必要とするような製品・サービスは、最後の営業の部分が手離れよく進まないので、営業部も嫌がりますし、販売代理をしてくれる会社（代理店）もなかなか見つかりません。そのためにも、差別化や〝強み〟がすぐわかるような企画にして、営業が進みやすい製品・サービスにする必要があります。

第12章でも説明しますが、事業計画書（ビジネス・プラン）においても、「**この製品・サービスは何が売りか**」が一言でわかるようなキャッチフレーズがとても重要です。「**他社製品や自社の既存製品と比べてどこがすごいのか**」「**そのサービスを使ったら何がどうなるのか**」ということが端的にわかるセンテンスが必要です。

製品・サービスのセールス・ポイントについては、躊躇せず、3倍くらい盛るつもりで考えるのがちょうどよいとも言えます。特に、理工系のバック・グラウンドを持つ人は、キャッチ・フレーズ作りにおいて厳密に考えすぎるきらいがありますので、思い切ってテレビ・ショッピングの売り言葉くらいの感覚で、作っていくようにしましょう。

ポイント
新規事業立ち上げの最後の成否を決めるのは営業！
技術者や企画担当者も営業力を身につけることが必要！

2 人と会うことがビジネスの基本

◎まず人と会うことが大切

本書では、新規事業立ち上げにおけるアライアンスの重要性を繰り返しお話ししています。しかし、アライアンスの提携先をどのように見つければよいのか、そのやり方がわからないという人も多いと思います。

私の経営セミナーには、メーカー系の会社の技術職や企画部門の人が多く参加しますが、外部とのコンタクトを増やす活動をあまりしていないように見受けられることがあります。しかし、それでは、アライアンスも進められないですし、最終的に新規事業の売上を立てていくことが難しくなります。

新規事業の担当者は、自ら営業先や提携先を発掘していけるようになることが必要です。会社として、企業との新しい接点を多く持ち、発掘していく〝仕組み〟を入れていく意識が求められます。

提携先を発掘する際は、とにかく人と会っていくことが大切です。そのために、私は交流会への参加を推奨しています。部署として毎月の交流会参加費用の予算を3万円くらい確保してもらい、その予算枠の金額分は必ず交流会に参加して、名刺交換した企業に対してアプローチしていくことが必要です。

2012年に出版した著書『これから10年活躍するための新規開拓営業の教科書』にて、私は「人と会うことがビジネスの基本」ということに加え、次のようなことを書きました。

・人と会うことで、新しいアイディアが生まれたり、新しい事業展開が出てきたりする
・交流会は、自社や自分をアピールする最高の〝練習の場〟となる
・新規事業構築は1社だけでは難しく、提携先が必要。交流会はその発掘の場となる
・東京なら、交流会はほぼ毎日開催されている
・交流会参加は、走り込みや筋トレと同じようなもの
・人が集まるところを交流会と考えれば、様々な会合が交流会となる
・セミナーの後の懇親会などは目的意識が高い人が集まるので有益

◎人と会わずに、立ち上がる事業はない

私がこの約7年間で名刺交換した数は7500名以上になります。これは、集中的かつ計画的に交流会参加やセミナー・講演を多数行って、できるだけ多くの名刺交換をしようと努力してきた結果です。

まずは交流会まわりをして、新規事業の方向性やニーズを探り、どのように打ち出していくかを確認し、そして具体的に提携先や営業先を見つけていくことが必要です。**多くの人にまず会って話してみることが、ビジネスの基本**とも言えます。はっきり言って、〝手裏剣《しゆりけん》〟のように名刺を配ることが重要です。

こういった活動をまったくせずに、提携先を見つけられたり、新規の営業先を開拓できたりすることはありえません。まったく人と会う努力をせずに、「ビジネスが進まない」と言っても仕方がありません。それは当然の帰結です。

「人と多く会う」と言われても、「では、どうすればよいのか……」と思われる人もいると思います。私は、交流会の活用を提唱しています。ビジネス系の交流会だけでなく、人が集まるところを〝交流会〟と考えれば、様々な交流会があります（図表38）。

図表38 提携先の発掘には交流会を活用する！

様々な交流会の例	
❶ ビジネス交流会	❾ ゴルフコンペ
❷ セミナー（交流タイムつき）	❿ 趣味や文化を学ぶ集まり
❸ 経営者クラブ（月々の会費が必要）	⓫ 同じ出身地の人々の会合
❹ 同窓会（かなり重要！）	⓬ 民間企業が顧客向けに開催する交流会
❺ ランチ会・朝食会	⓭ 商工会議所などの交流イベント
❻ 個人主催の食事会やパーティー	⓮ 同世代の経営者の集まり
❼ 飲食店やオフィスの開設パーティー	⓯ 自らが交流会を主催する
❽ 出版記念パーティー	

人と会うことがビジネスの基本！

既存事業がしっかりしている会社の場合、交流会まわりなどしなくても、既存の顧客や取引先があることが多いと思いますが、そこにあぐらをかいていては、新規事業は立ち上がりません。

たとえ、インターネットを使った事業であっても、リアルに企業や人と接点を持つことがまったく不要ということはありません。第1章でも述べましたが、既存の取引関係は高齢化し、衰退します。新しい取引先、提携先を開拓していかなければ、新しい収益は入ってきません。

まずは、手当たり次第に交流会に出てみることです。そうすると、自分が取り組もうとしている事業において、どういう交流会に行くことが有益なのか、あるいはどういう人と会うことが必要なのかがわかってきます。その際、同業種ばかりが集まる交流会ではなく、異業種が集まる交流会のほうが有益なことが多いです。それから、テーマ設定のあるセミナーは、目的意識がある人々が集まるため、セミナー終了後の懇親会でそういった人々と会えるという面でも有益です。

様々な学会も、問題意識を共有している人々と会えますし、また、企業のパネル発表やブース展示がある学会であれば、その領域の企業と出会う機会ともなります。

オフィスでパソコンに向かっているだけでなく、外に出ることを考えましょう。会議室での議論だけでなく、外部の顧客候補や提携候補先と打ち合わせをしてみましょう。まさに、第3章で解説したリーン・スタートアップです。そして、相手の反応を見ながら、それを新製品開発や新サービスの構築に取り入れていきましょう。外に向かって動いてみると、自分の頭の中だけや自社内のメンバーだけで議論しているだけではわからないことが必ずわかってきます。「人と会うことがビジネスの基本」ということを、バカにしないで、実践してみましょう。

◎〝エレベータ・ピッチ〟で話せるように練習する！

みなさんは〝エレベータ・ピッチ〟という言葉をご存知でしょうか？

これは米国で使われている言葉で、エレベータ内で重要な人（ＶＩＰ）に会ったとき、エレベータが上から下に降りるまでの数十秒か数分の間に、自分が何をしていて、何ができて、相手に何をしてほしいかをざっと説明できないと、幸運が逃げていきますよ、というものです。

ピッチとは、〝ピッチを刻む〟というように、スピードのことです。**エレベータが動くスピードで、自社の概要や今取り組んでいる事業、そして、自分のことをざっと話せるようになることが必要**というわけです。

エレベータの中でなくとも、交流会や営業の場面で誰かと会って名刺交換するときは、同じように30秒、1分、2分、3分くらいの短時間で、自社のことや今取り組んでいる事業のこと、どういう強みがあるか、どういう共同での取り組みができるかをざっと話せないと、提携や営業の話は進みません。

では、どのようにしたら、そういった話し方ができるようになるのでしょうか？

それは、**自己アピールを徹底的に考えて、練習・訓練する**ことです。自己紹介や事業紹介、自社の説明などを、練習や準備なしでうまくできる人はいません。

このことは、前著『これから10年活躍するための新規開拓営業の教科書』でも詳細に解説していますが、30秒バージョン、1分バージョン、2分バージョン、3分バージョンなど、時間ごとの自分や会社のこと、新規事業の取り組みなどについて話す内容を作成して準備しましょう。あとは場数を多く踏むことです。そのためにも、交流会などに多く出て、自分の企画を話すことの練習をしましょう。

あとは、ヘジテイト（躊躇）せず、エクスキューズ（言い訳、謙遜）しすぎず、話をすることです。日本人は「謙遜は美徳」と考えている面があるため、エクスキューズが多すぎる人もいます。しかし、それでは、新規事業のことをぐいぐい推進していけません。自信を持って、外部にも社内にも話をしていくこと、そして、同じことを何百回、何千回言う覚悟を持つということです。

ビジネス・プランの発表会や経営会議でプレゼンするだけでなく、協力してくれそうな人や企業をどんどん増やすためにも、エレベータ・ピッチで、ヘジテイト（躊躇）せずに話せるようになりましょう。

「どういうことをされているんですか？」と聞かれたら、ざっと話せるようになることが、一つのポイントです。

◎新規事業立ち上げで最も重要なのは営業スキル

本書のサブタイトルは、「ビジネスリーダーが身につけるべき最強スキル」となっていますが、**新規事業を立ち上げるスキルは、ビジネスリーダーになるためには必須**です。自分で新しい事業を作る能力がまったくない人は、組織では出世できません。転職も難しいでしょうし、独立起業することも無理です。

新規事業を立ち上げるスキルを身につけていれば、新しい事業を立ち上げて、新しい売上を獲得して実績を作ることで、勤めている会社で出世することが可能になります。そういう能力を持っている人は、他の会社からも求められますので、スカウトの声がかかることも増えるでしょう。そういう状況になれば、どんなに変化が激しく、混沌とした時代でも、安心して人生を送っていけます。

その中で、実は、新規事業立ち上げのスキルで最も大切なものは、**外部の人脈を作ってくる能力、提携先を見つけてきて交渉できる能力、企画・開発したサービスや製品を売ってくる営業の能力**なのです。つまり、営業力です。

いくらマーケット状況の分析やアイディア出しがうまくできても、事業構築を外部と交渉しながら進めたり、最後の部分で営業して売上を立てることができなければ、会社にキャッシュを入れることができず、成果として認めてもらうことが難しくなります。

やはり、**営業力は、新規事業立ち上げにおいて、不可欠なスキル**であり、ビジネスリーダーにとって必要なスキルと言えます。

ポイント

営業力は、新規事業立ち上げに不可欠！
エレベータ・ピッチで話せるようになり、外部を開拓！

3 シュートを決める！ 法人営業メソッド

◎法人営業のポイントは何か？

新規事業立ち上げにおいて、製品やサービスをB to B向け（法人向け）の事業として立ち上げていくことは多いと思います。

新規事業の成否を決めるのが最後の営業だとしたら、法人営業では何に注意すればよいのでしょうか？

法人営業の場合、B to Cの個人向けの営業とは異なり、相手先企業の担当者が一人で決められるわけではないということをまず意識する必要があります。

製品やサービスの説明を受けた担当者は、上司や上席者へ報告・説明をし、説得しながら、稟議を上げて、それを意思決定合議体である何らかの会議で決裁を通す必要が出てきます。

法人営業の展開を考えている人はこのことを意外と忘れていることが多いように思います。いくら良い製品・サービスでも、相手先企業の稟議が通らなければ意味がありません。いかに稟議を通してもらうかを考えることが必要です。

営業の最終の場面では、稟議書の文章をこちらで作成して、相手先企業の担当者にメールや資料で提供するなど、社外稟議担当者になったつもりで進めることが大切です。

その際、誰もが反論しにくい名目や大義名分を与えることも配慮してみましょう。具体的には、環境対策やエコになる、売上アップにつながる、といったようなことです。

第3章でも述べた、ワンフレーズでわかりやすい、稟議が通しやすいメリットを設けるといったことを、企画段階から売る部分に意識を置いて新規事業立ち上げを行っていくことが大切です。

◎景気に合わせた営業提案を！

景気の良い時期と景気の悪い時期では、営業提案の内容を変えることが必要です。景気の動向や企業業績の状況によって、相手の心に刺さる営業提案は違ってきます。

景気が悪く、企業の業績があまり良くない時期は、コスト削減になるようなサービスや商材の提案が受けます。たとえば、「このシステムや機械を入れたら3人でやっていた作業が2人で済むようになり、一人頭分、コストを下げられますよ」といった提案です。

しかし、景気が良くなって、業績が向上する企業が増えてくると、企業は稼いだ利益を使って、お金はかかってもいいから、顧客向けのサービスをさらに向上して満足度を上げられるような提案や会社の事業の多角化などにプラスになるような方向の提案が好まれるようになります。

景気動向が変わっているにもかかわらず、それに合わせた提案内容になっていないと、相手先に「この会社の提案はずれているなぁ」という印象を与え、営業が進みません。そのため、社長や営業部長は営業マンへのディレクション、つまり指示や方向づけが大切となります。

なお、新規事業の立ち上げにおいても、短期型のタイプの新規事業の場合は、そのときの景気の動向に合わせた企画にしていくことが大切です。

◎営業は、スキル半分、メンタル半分

これは経営も同じですが、**営業はスキル半分、メンタル半分**だと私は思っています。

プロ野球の選手のことを例にしてお話しましょう。

プロ野球では、12球団で6人ずつドラフトで採用するので、毎年72人のプロ野球選手が誕生します。もちろん、スーパースターの素養を持っている特別な選手はいますが、一般的にプロ野球選手に選ばれている人の間ではそれほどの技術的な差はないと言われています。しかし、1億円プレーヤーになれる人はほんの一握りしかいません。どこでその差が出てくるかというと、それはメンタル面です。

モチベーションを下げずに、ずっとハードな練習を続けられるか、そして、ここ一番というときにきちんと成果を上げられるか、たとえ失敗しても、へこんでしまわずに気持ちを維持できるか、そういったメンタル面で大きな差が結果的に出てくるのです。

これは営業も同じで、モチベーションを高く維持し続けられないと、成果が安定して出なくなります。メンタルが落ち込んで足が動かなくなってしまっている時間をいかに減らせるか、気分の切り替えを速くして、営業活動を高いテンションで続けることが大切です。

これは営業に限りません。新規事業立ち上げは、各局面にわたって、社内調整や外部との交渉、技術的な課題などの困難があります。そういったときに、**メンタルを崩さずにモチベーションを維持していけるかどうかが、営業や新規事業のスキルや知識と同じくらい重要**な面があるということを覚えておきましょう。

◎営業では、一つひとつの交渉の大切さを意識する

経営や営業において重要なことは、一つひとつの交渉の大切さです。**ビジネスや会社経営は、一つひとつの小さな交渉の積み重ね**であり、これらをΣ（シグマ）で足し合わせた総和が最終的な成果となることを理解しましょう。

営業場面で決めなければならない様々な諸条件、たとえば価格・金額、業務の範囲、支払い条件などは、単に相手に合わせるのではなく、まずはこちらの条件を提示して、そこでうまく合意できなければ、それからが本当のビジネスの交渉と言えます。相手の条件に合わせるだけは、ビジネスになっていないと言えるでしょう。

営業の交渉にあたっては、面談の前に、価格はどこまで落とすのか、支払い条件はどこまで譲歩するのか、納期についてはどうするのか、といった交渉事項について、**「交渉ライン」をあらかじめ社内で決めてから交渉に臨むことが大切**です。この「交渉ライン」を決めてから交渉に臨むということも非常に重要なことですので、ぜひ実践してみてください。

法人営業メソッドのところで、いつもお話していることですが、ＢtoＢの交渉においては、①社外稟議担当者になったつもりで、稟議を上げるために必要な情報を提供する、②相手側の

意向、すなわち気になっていること、表の言葉には出さないが「こうなるとまずいな」と心配していることを察知して、先回りして対応していく、そして、③「あとは、ともかく粘り強く取り組む！」ということになるかと思います。

もちろん、「**絶対、話をまとめる！**」という強い執念も必要です。実は、ここが最も大切なのかもしれません。精神論ではないですが、よほど外れた内容でなければ、相手にこちらの意欲が伝わりますし、また誰もが「勢いがある先と組みたい」と考えるので、〝交渉ライン〟をきちんと持って、強い気持ちで交渉にあたりましょう。

ポイント

法人向け営業は個人向け営業とは違ったアプローチが必要。
一つひとつの交渉を大切にすることを意識する！

4 コンバージョンを上げてから、コンタクトを増やす！

◎やみくもにコンタクトを増やしてもダメ

私が普段30数社のコンサルティングを行いながら、さらに個別面談などで多くの経営者の相談を受けていて、「これは問題だ」と感じることがあります。それは、売上が伸びないときの売上アップへの取り組み方です。

売上をアップさせるためには、

① コンバージョン（成約率・決定力）を上げる！
② コンタクト（顧客候補との接触）を増やす！

図表39 コンバージョン（成約率）を上げることが先決！

❶コンバージョン（成約率）を上げる！

- 面談・訪問（セール・ストーク）％
- 営業資料・チラシ（デザインやキャッチ）％
- テレアポ（トーク・スクリプト）％
- DM（キャッチやテキスト）％
- Web（デザインなど。問い合わせ・注文）％

これらを改良して成約率を上げてから、コンタクトを増やす。％を意識して、1％でも上げる努力をする。改良の余地は大きい。

！ コンバージョンを上げる取り組みをせずに、コンタクトだけ増やそうとする経営者や営業支援会社が多い。そこが問題！

❷コンタクトを増やす！

- 訪問回数↑
- 営業マンの人数↑
- 営業代行↑
- テレアポ（電話営業）↑
- DMの回数・量↑
- リスティング広告↑

の2つの要素があります（図39）。

売上が上がらない状況のとき、いきなり②のコンタクトを増やそうとする会社が多いです。営業マンにひたすら訪問回数を増やさせたり、テレアポやDMのリストを増やしたりといったことです。営業支援会社や営業代行会社も「リストの数を増やしましょう」とか、「テレアポの件数を増やしましょう」といったコンタクト数を増やすことばかり言う傾向があります。

しかし、その手法では成果が出ない状況に陥ることがあります。

どういうことかと言うと、①のコンバージョン（これはインターネットでの問い合わせを示す言葉ですが、訪問・面談による営業やテレアポやDMなどでの営業「成約率」として使える言葉です）を上げられていない段階で、**いくら**

コンタクトだけを増やしても売上は増えないからです。

大切なのは、訪問や面談でのセールス・トークを見直したり、営業資料やチラシなどを改良したり、電話営業でのトーク・スクリプトを見直したりして、一つひとつの営業手法・ツールの段階でのコンバージョン（成約率、％）を上げることが先決です。

このコンバージョンが上がるように、様々な改良をしてから、コンタクトを増やすと売上は上がります。ぜひ試してみてください。

ポイント

売上が伸びないときは、いたずらにコンタクトを増やすのではなく、コンバージョン（成約率、％）を上げることが先決！

5 新規開拓営業では、「見込み客フォロー」が重要

◎見込み客フォローの仕組み作りが大切

法人向けの営業の形となる新規事業であれ、個人向けの営業の形となる新規事業であれ、**見込み客フォローの仕組みをきちんと作ることが大切**です。

いくらシュートを決める法人営業メソッドを身につけても、見込客が自然に集まってきて、シュートを決めるまでの状況を作り出さなければ、営業は決まりません。

そのとき、**不特定多数の人向けで接触度合いが小さいものから始めて、段階的により特定の人向けで接触度合いも大きいものへの流れとしていくことが基本**です。

ウェブサイトでの情報提供、配布しているチラシやパンフレット、配信登録できるメルマガ、ブログでの情報提供、Facebook や Twitter、ダイレクトメール（DM）や季節の挨拶ハガキ、

営業代行会社などからの電話営業、直接の電子メールのやり取り、電話でのやり取り、セミナーや交流会などのイベントでの接触、そして、個別面談での接触といった形です。

最初からいきなり接触度合いが大きく、特定の人向けの営業ツールで接触をすると、相手はむしろ萎縮してしまう危険性があります。そうではなく、不特定多数への間接的で緩やかなコンタクトから、個別的で直接的な具体的なコンタクトへと進めて行くことを意識して進めましょう。不特定多数から、特定の方へのコンタクトへ、そして、**緩やかな接点から、濃密な接点へという順序を間違えない**ことが大切です。

このように、各種の営業ツールを用いて、見込み客フォローの仕組みを作っていくことには、相応にお金と時間と労力をかけてよいと思います。むしろ、かけるべきだと言えます。

新規事業の立ち上げは、営業がうまく進むかどうかですが、そのときにキーとなるのは、見込客フォローの仕組みの確立です。売上が上がらないと嘆く前に、「見込み客フォロー」をきちんと行っているか見直しましょう。

◎セミナーや見学会を活用した売上アップ方法

見込み客を掘り起してフォローしていくにあたって、セミナーや見学会などを通じた契約獲得の営業手法・営業体制について解説しておきたいと思います。

まずセミナーに動員して、セミナーで話をまとまって聞いてもらい、それから個別の面談を行って契約を獲得することは、私がある生命保険会社の営業担当者だった人から聞いて自分自身でも試行錯誤しながら実践してきた方法です。これはセミナーではなく、機械や分析機器等の見学会を活用した営業展開でも同じです。

このセミナーを活用した営業体制の最初のスタートは、図表40に示したように、まず交流会に何回参加するか、交流会等での名刺交換の枚数がスタートとなります。次は、名刺交換により、メルマガの購読者数やFacebookの友だち、及びTwitterのフォロワーの人数が決まってきます。名刺交換をした人数から、何人がセミナーに参加してくれるかの%が決まり、そして、セミナーの参加人数の中から何人が個別面談に来てくれるかの%が出てきます。加えて、ウェブのリスティング広告の金額とウェブサイトからの問い合わせの%も決まってきます。最後に、個別面談に来た人数から何人（何社）が契約をしてくれたかの%が出てきます。

この形の営業展開をきちんと続けていると、**それぞれの段階の%がある程度正確に把握できるようになっていきます**。そうすると、何件くらいの契約が必要なときには、さかのぼって、何回くらい交流会に参加して、何枚くらい名刺交換をする必要があるのか、何回くらいセミナーや外部講演をすればよいのかがわかってきます。セミナーに何人くらいに来てもらえたら、

図表40　セミナーを活用した見込み客フォローの流れ

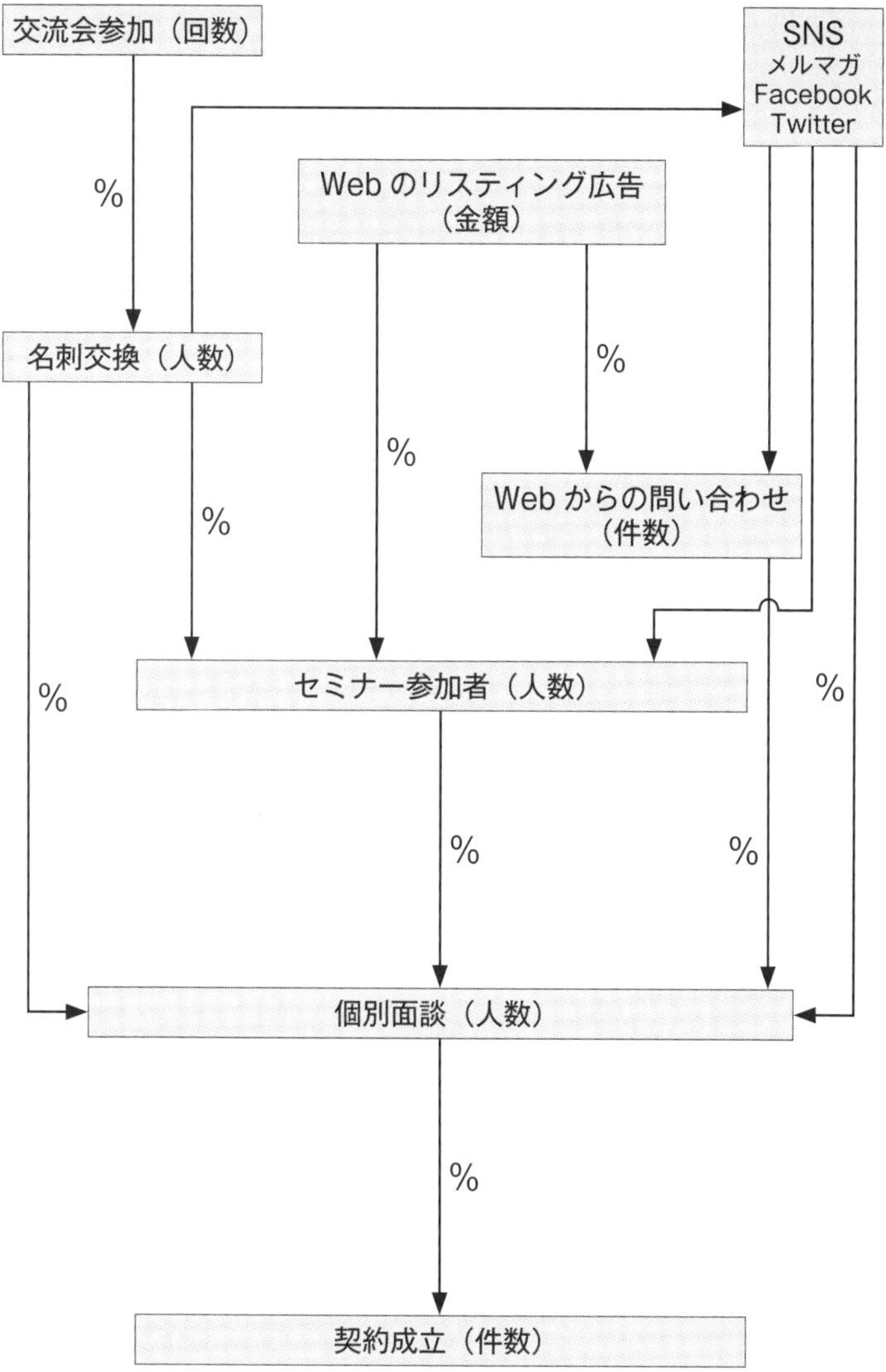

何人くらいの方が個別面談に来て、何件くらい、そして、いくらくらいの契約になるかを把握した上での合理的な営業展開ができます。

新規事業立ち上げにおいても、セミナーや見学会、展示会などのイベントへ動員する形での見込み客フォローの仕組みを作り、%を正確に把握できるようにしていくことが大切です。そうすれば、より合理的な売上目標の数字の作成やその達成ができるようになります。

ポイント

営業がうまく進むかどうかのキーは、見込み客フォローシステムの確立。セミナーやイベントに動員する形でフォローの仕組みを作る。

6　ＣＬＶ（顧客生涯価値）の向上に取り組む

◎ＣＬＶ（顧客生涯価値）の向上が大切

第1章で述べたように、事業の取引関係の衰退、〝高齢化〟に対応するには、新規開拓営業は避けて通れません。新規事業の立ち上げの成否も、先ほど述べたように、新規開拓営業の力にかかっています。

そのためには、前述のような見込み客フォローの仕組みを構築するとともに、法人営業メソッドや交流会活用などをしながら、新規開拓営業を嫌がらずに推進していくことが必要です。

売上を上げるためには、既存先からの売上を増やすか、新規開拓営業を行うかのどちらかとなるわけですが、既存顧客を大切にフォローし、**CLV（Customer Life Time Value）を向上させる**ことが大切となります。

ＣＬＶは、日本語に訳すと「**顧客生涯価値**」となり、簡単に言えば、顧客が一生涯の間に支払ってくれる代金の総和です。企業と顧客が継続的に取引をすることによって、顧客が企業にもたらす価値とも言え、単にLifetime Value（ＬＶ）と言われることもあります。

新規開拓営業を行うためには、営業マンが説明をしたり、チラシを作成したり、ウェブサイトを構築してネット広告を打ったりするなど、営業コストがかかります。お金だけでなく、労力も相当かかります。

そのため、既存のお客様を大切にして、きちんと対応し、以下のようなことを実施して、ＣＬＶを高めれば、新規事業のコストを抑えることができ、会社の収益性を高められるわけであった。

①リピート率を高める、

②１回あるいは月々の取引額を高める、

③取引期間を長くする、

といったことにより、**ＣＬＶを高めれば、新規営業のコストを抑えられ、会社の収益性が高まる**わけです。

新規事業の立ち上げにおいても、一度獲得した顧客のリピート率を高めていくことが必要です。リピートのお客様は、新規営業のコストがかからないため、収益力アップになります。

図表41 CLVの向上と新規開拓営業

❶ 既存先のフォロー（リピート率の向上、取引単価の増加、利益率の引き上げ）も重要。CLV（Customer Life Time Value）の増加は大切

❷ 既存先フォロー←→新規開拓営業 Which ？

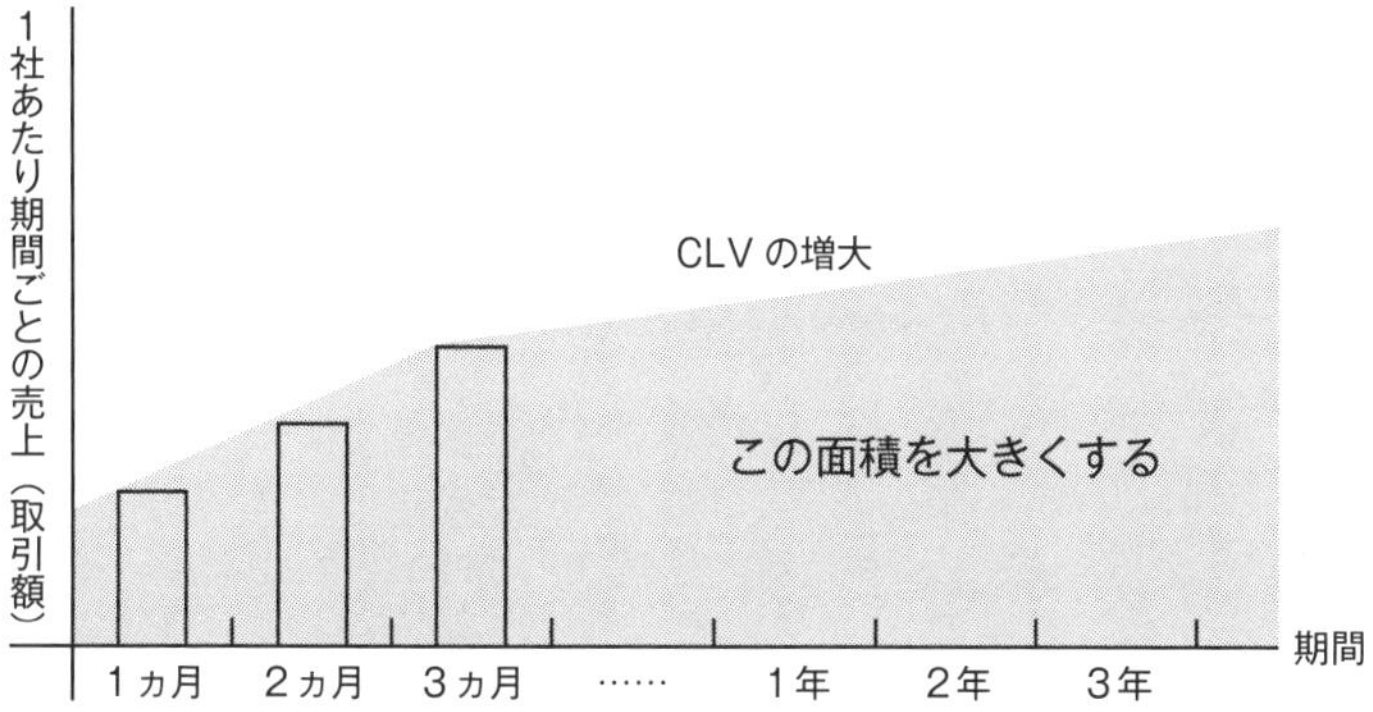

あとは、できる限り、長い期間、取引をしていただけるように、顧客満足を高めていくこと、そして、1カ月や1年など、1期間あたりの取引額が大きくなるように提案をしていくことに取り組みましょう（図表41）。

たとえば、化粧品会社では、できるだけ20歳代から新しい顧客を開拓し、その顧客に、生涯にわたって、長く自社の商品を買ってもらい、また毎年買ってもらう商品数や量を増やすことに取り組んでいます。これは、受託型のビジネスでも、どのような業態でも、同じ取り組み、考え方をすることができます。

既存顧客からのCLVを高めながら、その上で、新規開拓営業に逃げずに取り組むことが、新規事業の拡大と売上維持のために大切となります。

新規事業立ち上げにおいては、新規開拓営業とともに、ＣＬＶ（顧客生涯価値）の向上の２つにバランスよく取り組むことが成果を決めることになります。

ポイント

売上アップにおいては、新規開拓営業とともに、ＣＬＶ（顧客生涯価値）の向上が重要！

7 ウェブ・マーケティングは必須科目

◈ウェブ・マーケティングは今や必須項目

ウェブサイトでの問い合わせを受ける形での営業展開は、今の時代、避けては通れません。

どこに顧客がいるのかわからない状況の場合、大海原にゲリラ的に営業をするわけにいかないため、ウェブサイトの検索からの問い合わせや注文を受ける形が必要となります。技術などの専門的な特殊な領域でも、むしろ技術用語などで検索して問い合わせを受ける形が有効なケースも多いです。

ヤフーやグーグルといった検索エンジンで検索したときに、広告枠で出てくる**リスティング広告のノウハウはいまや必須のスキル**となっていると言えるでしょう。リスティング広告がよいのか、SEOがよいのか、どのくらい費用をかけていくのか、専門業者に頼むのか、自社内で運用するのかなど、どのようなウェブ・マーケティングを行うかは、新規事業立ち上げにおいても、重要な位置を占めつつあります。

ウェブサイトからの問い合わせを増やすためには、ウェブだけでなく、ブログやFacebook、Twitterなどソーシャル・メディア（SNS）を絡めて、ウェブへのアクセスを伸ばしていくことも必須です。

それから、昨今はFacebookの広告も伸びてきていますし、スマホの広告も効果が出るようになってきていますので、新しい営業手法として取り組んでみる価値があります。

今の時代、新規事業を立ち上げ、その営業展開をしていくにあたって、ウェブやソーシャル・メディアは、必須科目と言ってよいでしょう。

◎デザイン・クオリティが重要

ウェブやSNSのトップ画像や各ページにおいては、**デザインの質（デザイン・クオリティ）を高めることが重要**です。これは、ウェブ・メディアだけでなく、営業資料やチラシ、名刺などの紙媒体の営業ツールについても同じで、きちんとプロのデザイナーのデザインが入ったものにすることが極めて重要です。

会社や製品・サービス、経営者のブランディングができるかどうかは、売上に大きく営業してきます。自社のコーポレート・カラーをきちんと決め、できれば、「**ブランド・ルール**」という書類やパンフレット、ウェブなどで使用する色や文字のフォント、余白の取り方などについて、統一した形で行っていくことが大切です。

色の組み合わせについても、どの色とどの色を組み合わせて使ってよいか悪いかを決めておかないと、ハデハデすぎるデザインになってしまったり、統一感が出ません。どの色は使ってよくて、〝指し色〟にちょっと使う色は何色にするのかなどを決めておく必要があります。「余白の美」と言って、余白を多く取るとウェブや営業チラシなどでは高級感が出るので、余白の取り方にも配慮することが重要です。

せっかく良い製品やサービスを作っても、最後のところのウェブや営業資料などのデザインが今一つで売れないという事態は絶対に避けなければなりません。技術開発系の会社はデザイン面をおろそかにしすぎる傾向があります。デザインが大切であることを、よくよく肝に銘じましょう。

◎ソーシャル・メディアを組み合わせて、更新をきちんと行う

それから、ウェブやブログ、Facebook、Twitterなどは、更新をきちんと行うことも大切です。ウェブの新着情報の部分がまったく更新されていないと、この会社は本当に大丈夫だろうかという不安を外部に与えてしまいます。面倒くさがらずに、新着情報や掲載内容を更新していくことが大切です。

情報発信を多くすることは、信用力が高まることにつながります。ウェブやソーシャル・メディアで、日々の活動について情報発信をしていきましょう。

今の時代、BtoB（法人向け）の事業でも、BtoC（個人向け）の事業でも、リアルに直接会ったり、電話で話したり、DMを送ったりした場合、**相手先企業は必ずウェブやソーシャル・メディアを確認すると思ったほうがよい**です。そのとき、更新がまったくされていないと信用を落としてしまいます。そして、適切に見込み客をフォローしていくためにも、ウェブやソーシャル・メディアでの情報提供を積極的に行っていきましょう。

私が乗っているトヨタの86というスバルとのアライアンスによる車は、テレビCMは一切打たず、トヨタのディーラーのリアル店舗に加えて、ウェブ上のショールームと、Facebookペー

ジでの情報提供と仲間作りをメインにプロモーション展開をしています。テレビＣＭにかかる費用に比べて、低予算での新しい形のプロモーションができているように見えます。

紙媒体の新聞や雑誌等で自社や自社の製品・サービスが取り上げられた記事などのメディア掲載についても、著作権に配慮しながらも、ウェブサイトにきちんとＰＤＦファイルや画像で掲載していくことも行いましょう。それにより、ブランディングをさらに進めることができます。

ウェブやソーシャル・メディアの大切さは、ますます高まっています。

ポイント

新規事業を立ち上げる際にも、ウェブやソーシャル・メディアの知識は必須。様々なメディアを組み合わせてプロモーションを効果的に行う！

第11章

新規事業立ち上げに最低限必要な財務知識

1　新規事業を立ち上げるにあたっても、最低限の財務知識は必要

◎新規事業立ち上げに必要な財務の知識とは

新規事業立ち上げは、いわば新しい決算書（財務諸表）をその事業単体で作っていく作業と言ってもよいと思います。特に、おカネの出入り、すなわちキャッシュフローをよく把握していくこととなります。

財務・経理に詳しくならなければと思って、簿記の仕訳などを勉強しようとする人もいますが、それは不要です。会計の仕訳などは一応知っておく必要はありますが、そこから勉強していては、新規事業の立ち上げや子会社の経営までたどりつきません。経理作業をやるわけではないので、簿記検定のような勉強に取り組む必要はありません。

大切なのは、自分の会社の財務状況と損益状況を把握できるようになることです。そのため

に必要な最低限の会計や財務知識を身につけるだけで十分です。

また、財務知識にあまりに弱いと、相手に不安感を与えてしまい、ビジネスが進まないことになります。

結局、ビジネスは「お金」という数字で把握していくものなので、資金の出入りや財務状況の把握がきちんとできて、イメージも湧くようになっておくことは必要です。

財務や会計はとっつきにくい面もあるかと思いますが、最低限の知識を身につけましょう。

◎資金活用のプロを目指す！

会社や事業を成長させるためには、**資金をいかに有効に使うかが重要**です。また、資金管理が甘いと資金繰りに困ることにもなります。これは、会社全体の経営だけでなく、新規事業の立ち上げの担当者にも必要な知識・スキルです。

経営者や新規事業の担当者は、経理のプロではなく、〝資金の使い方のプロ〟になる必要があります。お金に弱いとやはりマイナスとなります。「会計・税務の細かいことがわからないから、資金管理が苦手、やらない」ということになってはいけません。お金の管理や活用に弱いと、新規事業を立ち上げられません。ましてや、本体の事業部として新規事業を立ち上げるのではなく、子会社を新設して、新しい会社として運営していく場合には、お金の管理や活用の能力が不可欠です。

◎まずB／SとP／Lの構造を把握する

まず、財務諸表の中で、会社のお金の状況を表す**貸借対照表**（Balance Sheet、B／S）と、会社の儲けの度合いを示す**損益計算書**（Profit & Loss Statement、P／L）の構造・構成を理解することが必要です（図表42・43）。

【バランスシート（B／S）】

B／Sの右側は、**負債**（Debt）の部と**資本**（Equity）の部で構成され、**お金がどのように外部から入ってきたか**が表されています。銀行借入などの借入金は負債の部に掲載されます（1年以内のものは短期、1年超のものは長期として区分）。負債には、買掛金や前受金など将来支払わなければならない項目も載ります。株式で調達された場合は資本の部に掲載されます。会社が設立されたときや増資をしたときに振り込まれた資金は**資本金**として掲載されます。（株価を上げて増資したときには、資本準備金にも割り当てられます）。そして、後で詳述しま

図表42 バランスシート(B/S、貸借対照表)

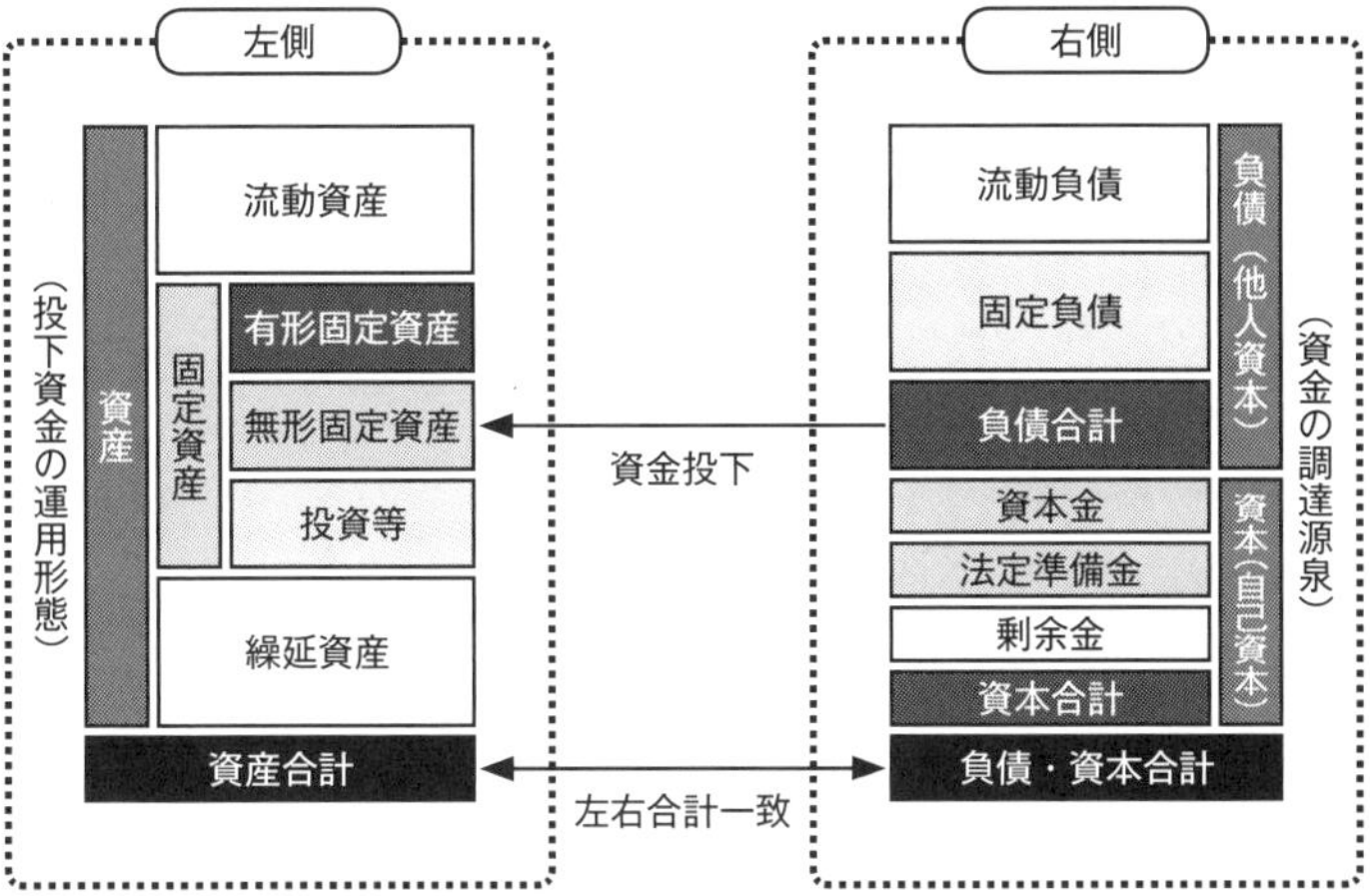

すが、P/Lで最終の当期利益のプラスマイナスが、この資本の部の利益剰余金として、資本を増加させるか、減少させるかにつながっています。

B/Sの左側の**資産の部（Asset）には、入ってきたお金が今どのような資産に変わって保有されているか**が掲載されています。B/Sは、負債の項目もそうですが、資産の項目も**流動性が高いものから低いものの順番に並んでいます。流動性とは、お金への換金がしやすいかどうか**です。

したがって、B/Sの一番上には、すでにお金となっている現預金が表示されます。その後、流動資産として短期的にお金に変わるもの、たとえば売掛金や在庫などが掲載されます。その後、長期的に固定資産として計上される機械設備や長期の貸付金などが掲載されます。

【損益計算書（P／L）】

Ｐ／Ｌは、その期にいくらの売上が立って、いくらの経費がかかって、利益がいくら出たかを示すものです。一番上の〝トップ・ライン〟には売上が載ります。そこから売上原価を差し引くと、**売上総利益**（粗利と呼ぶこともあります）になります。原価は、材料費や労務費です。ここまでが粗利で、逆に言えば原価率となります。そこから、販管費（販売費及び一般管理費）を差し引くと、**営業利益**になります。販管費は、様々な経費項目（会計的には勘定科目）があります。そして、その次が、少しわかりにくいのですが、受取利息や有価証券からの利息・配当などの営業外収益をプラスし、支払い利息や短期の有価証券の損などの営業外費用を差し引いたものが、**経常利益**（略して「ケイツネ」）となります。営業損益と経常損益は、金利変動やその授受などでイレギュラーなものが発生しなければ、かなり近い数字になることも多く、そのため、便宜上、営業利益ではなく、営業外損益までを含めた経常損益を儲かっている儲かっていないの判断の基準としてメインで利用する傾向があります。営業外損益としては短期的な本業以外の損益を調整するのですが、長期的なもの、つまり固定資産の売却による利益などの特別利益を加えて、逆にその売却損や損失の引き当てなどの特別損失を差し引いたも

図表43　損益計算書(P/L)

※売上高を１億円とした場合

（単位：千円）

	売上高	100,000	
ー）	売上原価	60,000	
	①売上総利益	40,000	いわゆる粗利
ー）	販売費及び一般管理費	30,000	
	②営業利益	10,000	本業での儲け
＋）	営業外収益	500	
ー）	営業外費用	1,000	
	③経常利益	9,500	企業経営活動全般としての儲け
＋）	特別利益	100	
ー）	特別損失	400	
	④税引前当期利益	9,200	最終的な利益
ー）	法人税等	4,500	
	⑤当期純利益	4,700	利益処分（配当など）に充てることのできる利益

のが、**税引前当期利益**となります。そこから、法人税等を控除したものが、**当期純利益**（税引後当期利益とも言う）となります。

なお、前記の損益を表す項目はいずれも、赤字の場合は「経常利益」ではなく「経常損失」といったように、「利益」という部分が「損失」となる用語となります。

まずは、この順序をきちんと頭に入れましょう。売上から何を引いたらどの利益で、さらに何を差引したらどの利益になるかを頭に入れることが重要です。各利益の数字には何が含まれていて、何が含まれていないかを理解・把握しましょう。また、販売費及び一般管理費（販管費）についても、その中身として、どの勘定科目に何が入っているかは把握しましょう。それが把握できないと、事業計画作成において、

〝その他〟ばかりが多くなっています。

以上は経営者やビジネスリーダーとして当たり前の基礎知識ですが、こういったことがあやふやな人は中堅クラスのビジネスパーソンにも多いので、今一度、知識を整理して頭に入れておきましょう。

◎バランス・シートでの自己資本比率が重要な指標

B／Sにおいて、総資産から負債を差し引いたものが**資本**となり、**純資産**とも呼びます。これはB／Sの左側部分のことです。

B／Sの右側は、会社へお金の入って来方が負債の部と資本の部として掲載され、それがどのような資産として保有されているかが、右側の資産の部に載ります。この左右は必ずバランス（平衡）するので、貸借対照表のことをバランス・シートと呼ぶわけです。

財務の指標は多数ありますが、総資産の中で負債と資本がどのような比率となっているかを表す**自己資本比率**が最も重要な指標の一つと言えます。

これは、新規事業に最低限必要な財務知識というよりは、会社経営に最低限必要な財務知識の領域になってしまいますが、自己資本比率は何%が適正かという議論があります。

融資と投資の違いは、この章で後述しますが、資本（株式で調達した資金または内部留保）は返済しなくてもよい資金ですし、負債（買掛金等もあるが、主に銀行借入）は返済しなければならない資金です。そのため、負債と資本がどういう比率で、総資産を形成しているかを示す自己資本比率が高ければ高いほど、財務の安定性が高くなるわけです。よく銀行員が「右下の重い会社」と呼ぶのは、自己資本比率の高い会社のことです

◎一番重要なのはP／LとB／Sのリンク。これがポイント！

P／Lの税引き後利益が、B／Sの資本の部にリンクしていることを理解することが最も大切です。

P／Lの最後の当期純利益が、B／Sの利益剰余金（累損とも呼びます）とつながっていて、当期純利益がその数字を大きくし、当期純損失がその数字を小さくします。

年度ごとのP／Lの最終の税引き後利益（当期純利益）この当期純利益は、それを発行済み株式総数で割ると、DCF（ディスカウント・キャッシュフロー）法での株価の計算の根拠となる**EPS**（一株あたり純資産、Earnings Par Share）となります。

ちなみに、EPSに、**PER**（株価収益率、Price to Earnings Ratio）をかけると株価とな

ります。逆に、株価をＥＰＳで割ったものが、利益に対していくらの株価がついているかを表すＰＥＲとなります。これに対して良く出てくる**ＢＰＳ**は、一株あたり純資産となり、発行済み株式数で、純資産（ブック・バリュー、Book Value）を発行済み株式数で割ったものです。

◎損益分岐点の構図は、頭に置きましょう

「**損益分岐点**」という言葉は、ビジネスパーソンであれば、誰でも知っているでしょう。しかし、「損益分岐点のグラフをきちんと描けますか？」と聞かれたら、「う〜ん」となってしまう人が多いのではないでしょうか。

損益分岐点のグラフは、縦軸に費用と売上高、横軸に販売数量、0点から45度線での売上高線、固定費の切片から変動費（売上数量の増減によって変化する費用）の線、固定費と変動費を足し合わせたものが総費用線で、それらを記載した形となります。売上高線と総費用線が交差する点が「**損益分岐点**」（Break Even Point、ＢＥＰ）です（図表44）。

「損益分岐点」の考え方は、固定費を抑えることの大切さ、売上高の状況が利益の額にどのように影響してくるのか、売上高の状況によって利益の幅がどのように違ってくるのかなどを把握することや事業構造を理解することに役立ちます（図表45）。

図表44 損益分岐点

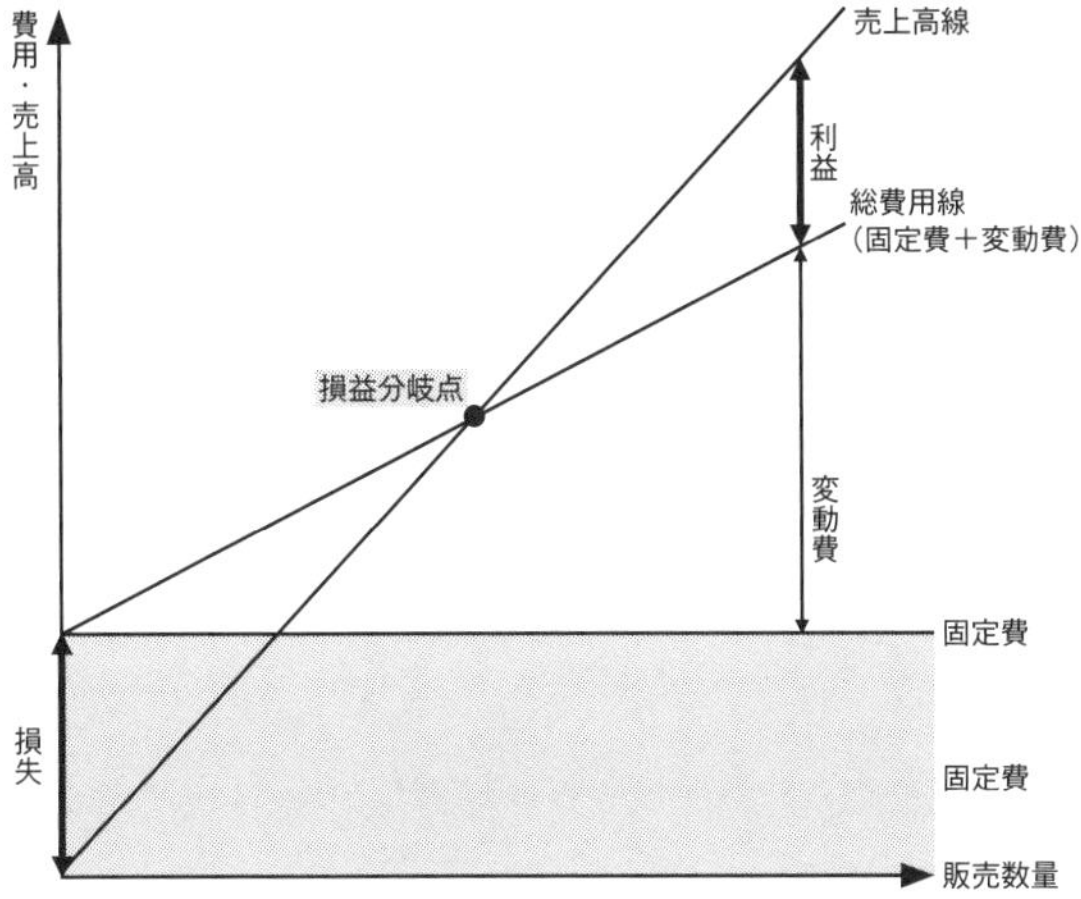

図表45 固定費低下になる損益分岐点のシフトについての説明

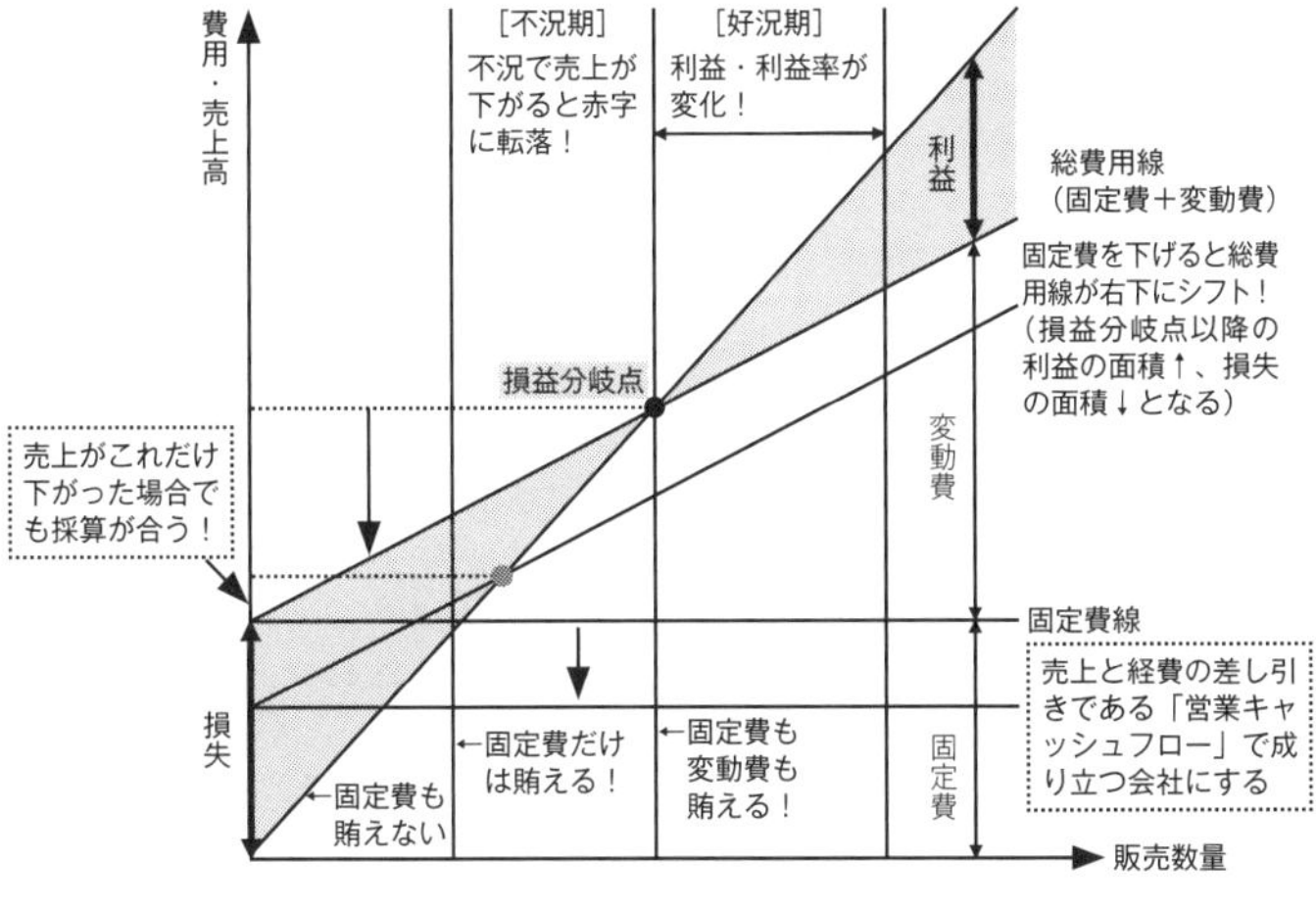

事業の構築や営業の場面でも、この「損益分岐点」の概念を頭に置いておくことが必要です。
新規事業の立ち上げにおいて、実際に損益分岐点を計算する場面はそれほど多くないかもしれませんが、**「損益分岐点」のグラフの構造や仕組みが頭の中でしっかりイメージできるようにしておく**ことが大切です。

ポイント

新規事業の立ち上げにも、最低限の財務は知識が必要。
まずはB／SとP／L、損益分岐点を理解しよう！

2 キャッシュフロー計算書

◈キャッシュフローには3種類ある

会社のお金の出入りは、キャッシュフロー計算書の構成でわかるように3つあります。

キャッシュフロー計算書は、上場企業は必ず作成し、投資家向けのIRとして、有価証券報告書にて公表しなければなりません。未上場企業でも、B／S、P／Lに加えて、税理士事務所が作成してくれるなどして、作成されている会社もあります。

キャッシュフロー計算書は、①**営業活動によるキャッシュフロー**（**営業キャッシュフロー**）、②**投資活動によるキャッシュフロー**（**投資キャッシュフロー**）、③**財務活動によるキャッシュフロー**（**財務キャッシュフロー**）から成り立ちます（図表46）。会社には、この3つの資金の出入りがあるということを理解することが、極めて重要です。

図表46 キャッシュフロー計算書

会社のお金の出入りには3つある。

キャッシュフロー計算書

- ❶営業活動によるキャッシュフロー　⊕売上高　⊖経費支出
- ❷投資活動によるキャッシュフロー　⊕投資リターン　⊖投資実行
- ❸財務活動によるキャッシュフロー　⊕借入・増入　⊖返済・配当

まず、①営業キャッシュフローは、売上による入金がプラスとなり、経費支出がマイナスとなります。

次に、②投資キャッシュフローは、有価証券や金融商品、不動産、企業などへの投資からのリターン（キャピタルゲインやインカムゲイン）がプラスで、投資実行による資金支出がマイナスとなります。

最後に、③財務キャッシュフローは、資金調達にかかわるもので、銀行借入や増資により資金が入ってくることがプラスで、借入の返済や株式の配当の支払いがマイナスとなります。

◎新規事業で大事なのは営業キャッシュフロー

ここでやはり重要なことは、財務キャッシュフローよりも、月々の売上による入金で月々の経費支払いをまかなうことを大切にして、**営業キャッシュフローを徹底的に重視する**ことです。

もちろん、新規事業立ち上げにおいては、資金の投入が重要ですので、最初にキャッシュフローとしては赤字で、水面下に潜る形のJカーブとなり、損益分岐点を超えてから収益が大きく上がっていくイメージ感が必要で、財務キャッシュフローでまかなう面は出てきますが、それだけに、営業キャッシュフローを大切にする意識を忘れないようにしましょう。

ポイント

キャッシュフロー計算書は会社のお金の出入りを示す。
新規事業で重視すべきは営業キャッシュフロー。

3 「投資」と「融資」の違いを理解する！

◎ベンチャーキャピタル投資と銀行借入との比較

新規事業を立ち上げるにあたり、会社としてそのための資金調達を行うことがあると思います。会社や事業を成長させるためには、やはりファイナンスの力が不可欠です。資金調達としては、「**投資**」（株式などを通じて、資金余剰主体から資金不足主体に直接資金を供給するため、「**直接金融**」と呼ばれます）と、「**融資**」（資金余剰主体から資金不足主体への資金の供給にあたり、銀行などの金融仲介期間が介在するため、「**間接金融**」と呼ばれます）がありますが、経営者や新規事業担当者とお話していて、「投資」と「融資」の違いをよく理解されていない場面に遭遇することが、時々あります。

「投資」と「融資」という言葉を使い間違っていることはないでしょうか？　会社の財務にお

図表47　融資（間接金融）と投資（直接金融）の比較

	銀行（融資）	ベンチャーキャピタル（投資）
主たる役割	短期の運転資金の供給が中心〈間接金融〉	長期の成長資金の供給〈直接金融〉
収益の取り方（資金の出し手からの視点）	インカム・ゲイン（金利収入） ※利益は最初から確定しており、利幅が小さい	株式公開等によるキャピタル・ゲイン（株価値上がり益） ※利益は不確実だが、大きなリターンが取れる可能性あり
審査の視点（資金を出すにあたっての）	貸し倒れリスク（元本返済能力、金利支払能力）、担保、信用力 ＊成長性はそれほど関係なし !?	事業の成長性、株式公開（IPO）の実現可能性、経営者の資質、マーケットの見通し ＊リビング・デッド（生きた屍）
企業側からの違い①	B/S 上は負債（Debt）。担保・返済・金利支払が必要。個人連帯保証により、実質的な無限責任（日本では実質的に"疑似資本"!?）	B/S 上は資本（Equity）。担保・返済・金利支払の必要なし。リスクは投資家（VC）がシェアリングして取る（自己資本比率が高まる。財務が安定。銀行借入も有利に）
企業側からの違い②	レバレッジ効果、株式公開をめざすなどの EXIT（出口）を用意する必要なし。経営者の経営権に影響なし	VC から投資を受けた場合、株式公開（IPO）をめざすことが前提になる。また。VC からの助言の尊重、情報開示が必要

いては、**特に直接金融と間接金融の違いを正しく理解しておく必要**があります（図表47）。

簡単に説明すると、**直接金融は、株式を通じて資金調達をし、返済しなくてもよい資金**として、B／S上では資本の部に入り、自己資本比率を引き上げる方向となります。これが、「投資」です。**返さなくてよい資金である反面、議決権が発生し、経営に関与される**ことになります。株主として入る形となるので、銀行借入のように約定弁済をすれば、関係が切れるということはなく、株主から抜けてもらうには、未上場企業の場合、株式を相対取引で譲渡してもらわなければなりません。それから、当然、投資家に配当か、株式上場（ＩＰＯ）を達成して、株の値上がり益を取ってもらえるように会社を成長させ、企業価値を高めることが必要になります。100%オーナー社長のケースとは違い、外部株主がいる場合、お金の使い方においては厳格さが求められます。

他方、**間接金融は、金融仲介機関が資金の融通をするもので、銀行借入が代表的**です。B／S上では負債の部に入り、自己資本比率を引き下げる方向となります。銀行借入をするためには、信用や担保（保証協会の保証を含む）が求められ、会社を大きく成長させることを強くは求められませんが、金利支払いと元本の返済が必要となります。

まさに借金で、**いずれ返さなければならない資金です。これが「融資」**です。ただし、会社の所有権や議決権には関係はありません。

たとえば、新株予約権付き社債は、投資と融資のどちらになるのでしょうか？　社債は、社債券という有価証券を通じて、企業に直接資金が入りますので、直接金融となります。そして、普通社債ではなく、新株予約権付き社債は、エクイティ・ファイナンスの一つの手法となります。しかし、返済が必要な資金調達となり、B／S上は、銀行借入と同じく負債となり、自己資本比率を引き下げる方向となります。

このように、直接金融（投資）と間接金融（融資）の違いをよく理解していないと、財務戦略を間違ってしまうことにもなりますし、銀行やベンチャーキャピタルとの交渉もうまくいきません。この機会に、投資と融資の違いを正確に理解しておきましょう。

なお、新規事業担当者の場合、会社全体としての資金調達にまで関わるかどうかは、会社や案件によって変わってきますので、この知識は必要な方とそうでない方がいると思います。他方、企業グループに属している会社の場合、親会社から新規事業立ち上げにあたって必要となる資金を、融資の形か、投資（出資）の形のどちらで出してもらうかの議論・判断において、役に立つ知識になるものと思います。

ポイント

投資と融資はどちらも資金調達の手段だが、同じようで実はまったく違った概念である。

4 「資金調達」と「本業の売上・利益」はパラレル！

◎資金調達は事業の収益次第である

私のところには、会社立ち上げや新規事業のために資金調達をしたいというご相談も時々あります。しかし、本業の売上と利益を上げることをおろそかにして、資金を投資してもらいたいと言っても、誰からも投資してもらえません。

投資する側にとっては、投資した資金が有効に活かされて、そのおカネがおカネを生み出してリターンを取れる形にしてもらえなければ、投資できないわけです。融資を行う銀行にしても、元本と金利がきちんと支払える先でなければ、おカネを貸し付けることはできません。

会社経営において、会社のおカネの出入りの収支を合わせることがなにより重要ですが、その際に、投資や融資による資金調達、つまり財務キャッシュフローばかりに目が行ってしまっている経営者を見かけますが、それは本末転倒です。

「資金調達」と「本業の売上・利益」はパラレルです。それらは比例していて、表裏一体です。投資家は、事業の売上・利益が将来どのように生み出されるか、それによりリターンが取れるかを見ているわけです。

したがって、やはり売上を上げ、経費支出との収支を合わせること、つまり営業キャッシュフローを重視することが大切です。そして、**売上を上げたり、利益を増やしたりすることに力を入れることが、資金調達への近道**でもあることをよく理解することが必要です。

アーニング・マネー（Earning Money）の状態か、ルージング・マネー（Losing Money）か、ということをベンチャーキャピタル投資において言うことが、事業や会社がおカネを稼げている状態なのか、それともおカネを失っている状態なのかということは、大切なポイントです。

資金調達のためには、本業の収益を成り立たせ、投入したおカネがおカネをさらに生み出す状態にすることが大切です。

ポイント

資金調達のためには、事業の売上・利益をアップすることが、まずは先決である。

5 新規事業における資金の出入りの基本テーゼ

◎資金は思ったより遅くしか入らず、早く出ていく

私がベンチャーキャピタル時代から、多くのベンチャー企業や新規事業の案件に取り組んでいて思うことは、次のことです。

資金の入金（キャッシュ・イン）は、思ったより入ってくるのが遅く、金額も少ない。他方、資金の支出（キャッシュ・アウト）は、思ったより早く、金額が大きい。

これが、新規事業やベンチャーのお金の出入りを考えるにあたっての基本テーゼとなります。

事業計画の作成においても、右肩上がりで、売上の伸びとともに利益も急拡大していく資金繰り計画を立てる方がいますが、実際は、〝成長の踊り場〟が必ずあり、コストのほうが膨らんで利益率が下がる局面があります。このことは、第13章の事業計画書の作り方の項でも追加

的に解説しています。

また、資金を支払ってもらえる資金サイトの面でも、運転資金として、資金は思ったより早めに出ていきます。

お金が足りなくなってからあたふたしなくてもよいように、「**資金の入金は、思ったより遅く、金額も少ない、逆に、資金の支出は思ったより早く金額が大きい**」という、新規事業立ち上げにおけるキャッシュフローの特性を肝に銘じておきましょう。あまり安易に楽観的にならず、そういう特性を踏まえておきましょう。

失敗を恐れないことは非常に大切ですが、何とかなるとおおざっぱに思わないことです。

「今は、先行投資の時期だから……」とイージーに考える人もいますが、きちんとした資金投入になっておらず、単に赤字を垂れ流しているだけ……ということもありえます。

やはり、先にも書きましたように、営業キャッシュフローを合わせていくことが大切です。

ポイント

資金の入金は、思ったより入ってくるのが遅く、金額も少ない。
資金の支出は、思ったより早く、金額が大きい。

6 月次の資金管理の大切さ

◈毎月の経費支出を細かく分類して収支管理を行う！

月次で「収支表」によって、資金の出入りを細かく管理していくことが必要となります。

その際、支出項目については、経費の種類ごとに細かく分け、毎月の予算を割り当て、毎月、予算と実績の比較検討をして、調整していくことを、面倒くさがらずに実践することが大切です。

「単に節約をする」という形ではなく、予算枠をきちんと決めて、その枠の中で「運用する」ということが重要です。

なお、固定的にかかる経費（家賃や人件費など）は予測しやすいわけですが、売上の動向によって変化する経費について、「売上次第だよ……」とおざなりにしてしまう経営者が多いように思います。

コントロールできる経費支出をどのように予測して、調整して、最も有効に資金を活用するかに取り組むことが、事業を伸ばすためには求められます。

私がコンサルティングの現場やセミナーにてお話していることなのですが、経費支出の予測をするためにも、営業活動の状況から売上を予測して、変動する経費支出も、前年同月期対比などから**何らかの計算式で算出して、運用していく**ことをすると、より正確な経費支出の管理ができるようになります。

◎立てた予算と実際の数字を毎月、予実管理をする！

もともと予測して割り当てていた予算と、実際の支出額を、経費の種類ごとに翌月上旬には照らし合わせ、「予実管理」をします。もし、ズレていた場合には、次のどちらかの対応をします。

【対応①】予算をオーバーしていれば、その原因を確認し、また、予算を翌月多く割り当てるのか、それとも、予算をオーバーしないように、翌月運用するのか、検討して決める。

【対応②】予算に支出が達していない項目があれば、不要な予算枠であれば、翌月の予算を削減する。
それによって各経費の予実管理を行って、収支を合わせていくことが、会社経営や新規事業立ち上げの基本となります。

ポイント

月次で収支管理を行うことが大切。
毎月、経費の予実管理を行っていく。

第12章

事業計画書（ビジネス・プラン）の作り方

1 事業計画書の作成は意味がある！

◎頭の中で考えているだけではビジネスは具体化しない

「新規事業を立ち上げるためには、事業計画書を作成することはやはり必要ですか？」と聞かれたら、私は「やはり、必要です！」とお答えしています。

なぜかと言うと、**ビジネス・プランやアイディアは、漠然と頭の中で考えているだけでは、具体的になっていかない**からです。また、何となく人に話しているだけでは、実現に向かって進んでいきません。やはり、紙に文字として落としていくことが大切です。

また、**自分自身の頭の中を整理したり、他の人に説明をきちんとしたりするためにも、事業計画書の作成は必要**です。

それから、新規事業を開始した後には、**事業が計画通り進んでいるのかそうでないのかを常**

にチェックしていくことが、事業を成長させるポイントとなりますが、そもそも計画をきちんと立てていなければ、チェックをするベンチマーク（基準）がない状態となってしまいます。

本書では、ベンチャーキャピタルから投資を受ける際や受けた後のモニタリングに耐えうるような詳細な月次の業績計画を作ることを主眼としておらず、ビジネス・アイディアをビジネス・コンセプトにし、そして、ビジネス・プランとして完成させていくことを重視しています。前記の部分の意味合いは薄くなるかと思いますが、そういう面でも必要であることを頭に置いておきましょう。

作らなければならないから作るというのではなく、事業計画書を作成することの意義・意味をしっかり理解しましょう。

ポイント

新規事業を立ち上げる際、事業を具体的に進めたり、自分の頭を整理したり、人に説明しやすくするためにも、事業計画書の作成は必須！

2 事業計画書には様々なパターンがある

◎目的別事業計画書の種類

事業計画書には、用途がいくつもあり、提出先も様々です。そのため、事業計画書は目的別にいくつかのパターンがあります。

たとえば、次のようなものです。

①新規事業立ち上げのための社内決裁用の事業計画書

新規事業チームメンバーである自分たち自身向けでもあり、経営会議などでの経営層への説明資料としての事業計画書です。本書でメインとして想定しているものです。

②事業構築における経営管理のための事業計画書

マイルストーンごとの経営管理を行い、ＰＤＣＡを実行していくための予実管理のもとになるものです。第11章で紹介したような月次での売上・利益のズレのチェックをきちんと行っていくためのもとになるものです。これも①と並んで本書のメインとして考えているものです。

③投資家から資金調達するための事業計画書

株式（エクイティ）で自己資本を増資の形で募るためのものです。株式上場も視野にしたものとなり、資本政策なども盛り込むことが必要となります。

④銀行や保証協会向けの銀行借入のための事業計画書

銀行や保証協会にも、事業計画書の提出が資金調達にあたって求められます。経営革新法に基づく借入や公的な助成金などの獲得においても事業計画書が必要になります。そういった申請にあたって必要となるものです。

⑤提携先やM&A先を発掘し、交渉をまとめるための資料としての事業計画書

提携先を発掘・探索するためにも、自分たちがどのような事業を計画して推進しているか、どのように妙味のある事業をしているのかをアピールする事業計画書が必要となるケースがあります。M&Aでどこかに買収される、あるいは事業売却する場合に求められます。逆に、どこかを買収する場合にもこちら側の経営計画を示すものとして事業計画書が必要となります。

このように、大きく分けても、5つの目的別の事業計画書があります。

決算書が、社内用と銀行向けなどと複数あるのは困りますが、事業計画書については、その目的によって、記載する内容や書き方、文章のトーン、業績見通し（売上・利益の伸び率）などの度合いについて、多少配慮が必要です。なぜなら、相手が求めているものが違うからです。たとえば、第11章においてベンチャーキャピタル投資と銀行融資の違いについて解説しましたが、ベンチャーキャピタルの場合は、大きく伸びる事業計画でないと投資しにくいですし、銀行には危うい急成長の計画よりも元手返済がきちんと確保できる手堅い計画のほうが好まれます。

そういった外部向けの事業計画書には、すべての情報を載せすぎることはできませんが、社

内向けのものについては、社内事情への配慮なども記載したほうがよいでしょう。

本書では、主に①の新規事業立ち上げのための社内決裁用の事業計画書の作成を取扱います。ただし、①から⑤の目的別パターンがあるとはいえ、どれにおいても、基本的に書かなければならない項目は同じです。また、作成の仕方のノウハウが大きく変わるわけではありません。

◎アライアンスにおいても事業計画書作成が必要になるケースもある

必要に応じて、事業計画書のような収支シミュレーションを盛り込んだアライアンス提案書の作成も必要になります。アライアンスの相手企業が大手の場合、そういった資料がないと、合理的に判断するための材料がないということで、話が進まないことにもなります。状況に応じて、作成に負担はあっても、きちんとした事業計画が掲載された提案資料を作成することに取り組みましょう。

ポイント

一口に「事業計画書」といっても、目的別に色々なものがある。提出先の要望する事項やスタンスが変わってくる。

3 事業計画書の作成に取り組むにあたってのポイント

◈アイディアをコンセプトにし、そしてプランにする

第4章ではアイディアの出し方についてお話しました。アイディアをいきなり本格的なビジネス・プランにしようとすると、最初の段階で行き詰まってしまい、進まなくなってしまいます。ステップとしては、**まずはアイディアを出し、そのアイディアをコンセプトとして練り上げ、さらにビジネス・プランに仕上げていく**というステップを意識しましょう。これは一足飛びに完全なビジネス・プランを作ろうとするがあまり、事業計画書作成が進まないということを避ける面で大切です。

事業計画書の作成となると、身構えてしまってなかなか筆が進まないということが多いと思います。私も、ベンチャーキャピタル時代、投資候補先の企業に投資判断にあたって必要とな

る事業計画書を作成していただくにあたり、どのように作成を進めていただくかで、苦労しました。また、大阪市立大学大学院創造都市研究科のアントレプレナーシップ研究分野の専任講師をしていた際には、起業家を目指す社会人大学院生に、修士号取得の要件として、ゼミ形式で1年間かけて作成する事業計画書の作成指導をしていましたが、やはりなかなか筆が進まない人もいました。

さらに、最近は、上場企業や中堅企業にて、新規事業立ち上げの社内ベンチャー制度で、複数チームに分かれて、それぞれのチームごとにビジネス・プランを作成するという研修も多く行っています。そういう場合も、普段の実務的な業務のことや自分たちの業界の事情にとらわれすぎて、あるいは上司の目や周りの指摘を気にしてしまうがゆえに事業計画書がなかなか作れないというケースがあります。

事業計画書の作成にあたってのポイントは、次の通りです。

① 頭で考えているだけではダメで、紙に落として、ともかく、紙ベースにしていく。それにより、アイディアやプランを具体的にして、整理していく。

② 細部の細かな数字のことに気を取られすぎず、立ち上げようとする事業はどのようなものか、どこを攻めるのか、事業の狙いや大きな方向性をはっきりさせていくこ

とに注力する。

③　まずは、事業の目的や狙いを定めた上で、その計画のエビデンスとなるデータを集め、事業計画の実現可能性や確からしさは後づけでフォローしていく順序とする。

第4章のアイディアの出し方や第5章の競合のいる中での勝負の仕方のところでも述べたように、こういうビジネスをやったら、ニーズがあるのではないか、収益が上がるのではないかと演繹的に推測することを重視し、その上で、データを集めて、仮説検証的な検討を行うという流れとします。この順序を逆にしてしまうと、良いアイデアやプランが出てこないことになります。あまり過去のデータやマーケット調査の分析などデータに基づく仮説検証的な分析だけではアイディアやプランは出てこないでしょう。そうではなく、演繹的に「こういったものが受け入れられる。必要なはずだ！」と考えて、ビジネス・アイディアを作り出すことが大切です。

◎必要な項目に合わせてともかく書き出していく

次に、「事業計画書の作成がなかなか進まない」という問題を解決するためには、まずは、大きな方向性を決めていくことです。

議論を細部に持っていかず、まずは、ざっくり**「どういう事業領域を狙っていくのか」「世の中のどんな問題・困りごとを解決していくのか（ミッション）」「競合他社との差別化（他社と比べて、どこで勝ちに行くのか）」**といったことを大まかに作っていくことが大切です。

前述のとおり、いきなりビジネス・プランを作ろうとせず、最初は、まずはアイディアを出してビジネス・コンセプトを作るという気持ちでやるとよいと思います。

事業計画書を構成する要素として書き出す項目は、図表48に示した17項目です。通常作る際に決めなければならないことに加え、アライアンスの専門家として、最後に17項目として「アライアンスについての項目」も追加しています。

世の中の困りごとを解決するのがビジネスですし、応援団を増やしていくためにも、何のためにやるのか、事業の目的やビジョンを明らかにすることも大切です。「会社が儲けるために……」「自社がこういうことで苦境に立っているから……」という事情はあるかもしれませんが、「会社から新規事業のビジネス・プランを作れと言われたから……」だけでなく、社内外の関係者を説得し、また事業立ち上げにあたってのファンや応援団をなかなか増やしていくには、お客様や社会から見たときのその事業の意義・ミッションを考える必要があります。それがないと、結局、儲かるビジネスにはなりません。つまり、世の中

図表48 事業計画書作成にあたって、書き出す項目

❶ 事業名（タイトル）

❷ 事業メッセージ（キャッチフレーズ）

❸ 何のためにやるのか？（ミッション、志）

❹ 何を売るのか？（売るものは何か？）

❺ 誰に売るのか？（メインターゲットは誰か？）

❻ どうやって売るのか？（販売手法）

❼ いくらで売るのか？（価格・料金体系）

❽ 差別化は何か？　ライバルはどこか？

❾ 戦略ポジショング（ポジショニング・マップの作成）

❿ ビジネスモデルの概略図

⓫ 必要な資金はどのくらいか？

⓬ 損益シミュレーション（収支見通しと時間スパン）

⓭ 組織形態（事業部か子会社か）

⓮ 撤収条件は？

⓯ チームメンバー各人の役割（チーム構築）

⓰ リスクとして考えられることは何か？

⓱ アライアンスの活用の有無
- ●アライアンスをするとしたら、どの部分か？（機能・工程）
- ●アライアンス先はどのような企業がよいか？
- ●アライアンス先をどのように探索するか？
- ●アライアンス先との条件はどのようなものがよいか？

を良くする、人々に利便性を与える、社会へ貢献をするといった社会性が必要です。

第4章のビジネス・チャンスの見つけ方のところでも書きましたが、需給のギャップが発生したところにビジネス・チャンスが生れます。「需要（ニーズ）はあるが、供給が追いついていないサービスや製品は何かないか？」という目線を持ちましょう。また、「ビジネスは、世の中の困りごとを解決して、その対価としてお金をもらうこと」ですので、お客様や社会の困りごとを解決するためのビジネスを考えていけば、ミッションや事業内容がはっきりしてきます。

ポイント

事業計画書を作成する際は、細かいことにこだわらずに、まず書き出すことを優先する。

4 一言でわかるキャッチフレーズが大切！

◎キャッチフレーズは16文字以内がベスト！

新規事業の企画を考えるときは、一言で言って「**何がメリットか**」「**何が他とどう違うのか**」ということがすぐわかる内容にすることが何より重要です。難しい概念的な言葉での表現、たとえば「○○の機能化」「なんとかシステム」などでは伝わりません。

サービスや製品は、「**こういう困りごとが、これを使ったら、こうなる！**」ということをはっきりさせる必要があります。それが、他のサービスや製品との違いを打ち出すことになります。「何がどうだ」「どういうメリットがある」ということを言わないと伝わりません。

キャッチフレーズは、できれば16文字までが理想です。テレビのテロップや字幕スーパーは16文字、句読点が入って17〜18文字と言われています。なぜかと言うと、人間が1秒間でぱっと見て読める文字数の限界がそれくらいであるためです。これより長いとパッとわかりません。新規事業を立ち上げた後の営業展開を考えても、シンプルでわかりやすいキャッチフレーズで手離れよく売れる形にすると良いですし、立ち上げの過程で社内の予算獲得のための決裁や外部の提携先の発掘のためにも、何が最大の〝売り〟(差別化やセールス・ポイント)なのか、ということを一言で伝わるようにしておくことが大切です。それをしていないと、一回一回の説明に時間がかかり、事業立ち上げがスムーズに進みません。この点を重視しましょう。

◎何のためにやるかというミッション(志)も重要

新規事業の立ち上げにおいて、お金儲けだけのためにやるというのは、応援者もなかなか増えませんし、ユーザーも増えません。何のためにやるのかというミッション、つまり志も必要です。この点の詳細については、第13章のビジョンの作り方を参考にしてください。

ポイント

事業計画書上ではメリットを簡潔にわかりやすく打ち出すことが重要。
また、「何のためにやるのか」というミッションも必須である。

5 ポジショニング・マップを作成する

◈X軸・Y軸を変えて最低3パターンくらい作る

事業計画書の作成における最も重要な項目は、自分たちがどこの部分を攻めるのかを明らかにするための戦略ポジショニングをはっきりさせる「**ポジショニング・マップ**」の作成です。

ポジショニング・マップは、図表49・50で示したように、X軸とY軸を設定して、競合他社をプロットし、その中で自社が狙うべきポジションを書き込みます。もし、狙うべきポジションを今後シフトしていこうというのであれば、まず現在の自社のポジションを競合他社のプロットの後に書き込みます。その上で、今後自社が狙っていて出ていこうとしている領域をマークしていきます。

ポジショニング・マップの作成では、X軸とY軸は様々なパターンで作れると思います。た

図表49　ポジショニング・マップの事例(1)

コーヒー飲料業界のケース

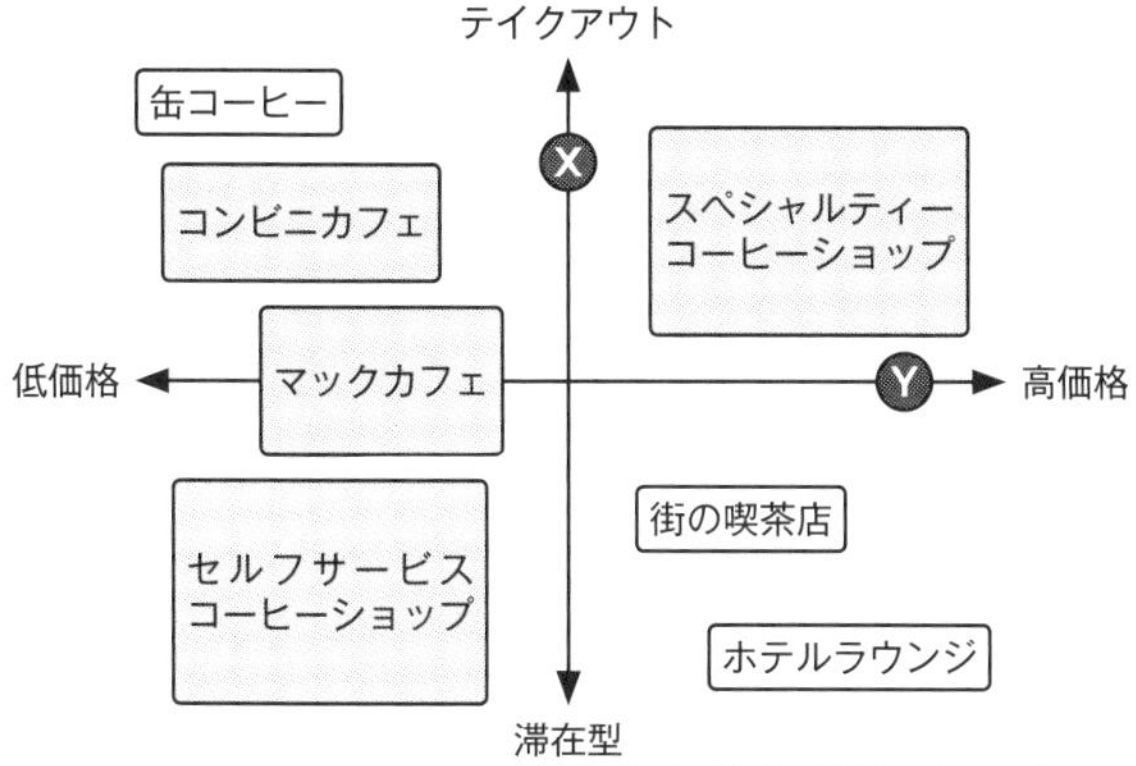

出所：『起業の技術』（浜口隆則著・かんき出版）

図表50　ポジショニング・マップの事例(2)

オーダー靴のベンチャーのケース

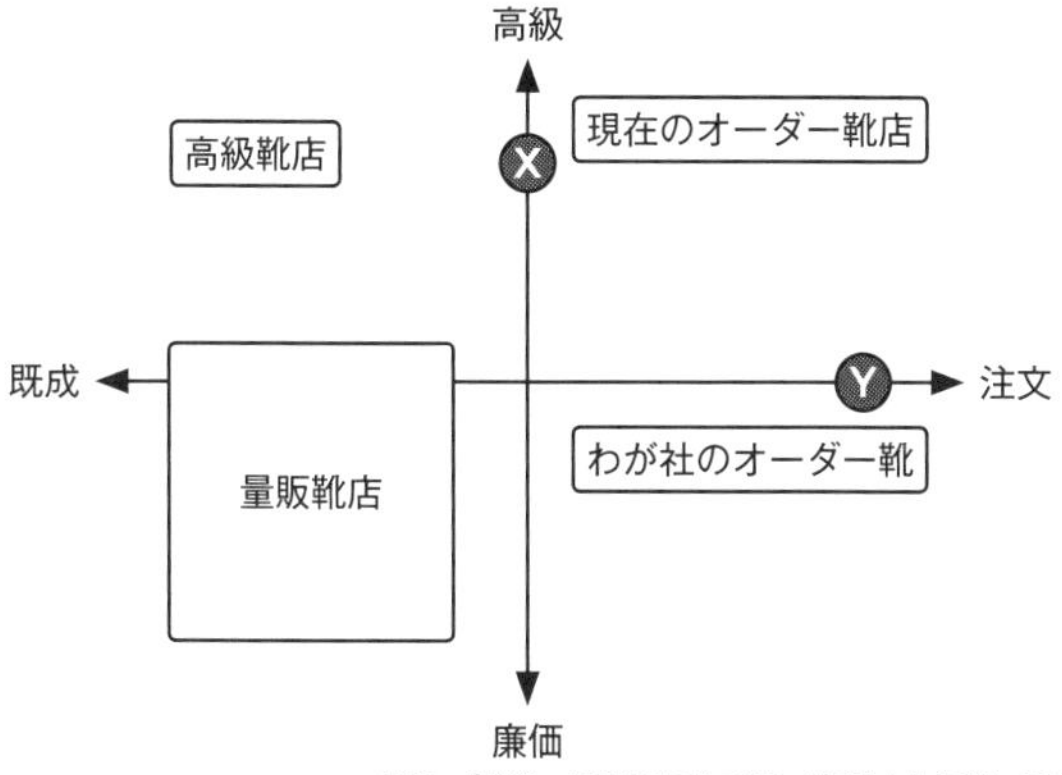

出所：『挑戦　起業家育成の道』（塩沢由典編著・日刊工業新聞）

とえば、価格の高い安い、技術力の高い低い、品質の高い低い、会社規模の大小、顧客企業や案件規模の大小、カバーする地域の広い狭い、国内と海外のバランス、社員や拠点の数の多い少ない、機能の数の多い少ない、単発の取引と継続取引のバランス、代理店経由と直接取引のバランスなど、様々なX軸、Y軸を作ることができます。これらの比較の座標軸はどれをX軸、Y軸としても、構いません。見やすく、比較しやすい形にすればよいです。X軸とY軸のどちらかを同じままで、どちらかを変えることでも、さらに様々なパターンを作ることができます。図表49では浜口隆則氏著の『起業の技術』に載っているコーヒーショップの事例、図表50では私も共著者の一人である『挑戦　起業家育成への道』に掲載されたオーダー靴の事例を掲載しました。

ポジショニング・マップは、最低3つくらいは、X軸、Y軸を決めてみて、作ってみることをお勧めします。最低3パターンくらいを様々な座標軸で自分たちがどこを狙おうとしているのかをプロットしてみると、自分たちがやろうとしていることがどんなことなのかが自然とまとまっていきます。ポジショニング・マップは可能な限り多くのパターンを作ってみましょう。

チームメンバーとの議論も、何の座標軸も決めず、ポジショニング・マップを作らなかったら、漠然として話が詰まっていきません。こういった図を作ることで、みんなの議論を整理していくことができます。

◎ポジショニング・マップ作成で戦い方を決める

このポジショニング・マップを作成することで、第5章で述べた新規事業の戦い方を決めていくこともできます。他社に対抗した戦い方を決めていくにあたり、ポジショニング・マップは大切です。

他社に比べてどうかがポイントですが、これを作らないと会議でも漠然とした議論だけが続き、いったい自社がどこのポジショニングを狙っていくのか、どこのマーケット部分を取ろうとしているのかが明確にしていけません。

X軸とY軸の中で、競合他社のポジションを明らかにするとともに、自社がどこを狙っていくのかをはっきりさせましょう。

競合がどういう会社が、どこのポジションにいるのか、しっかりプロットした戦略マッピングのマップを作ることが重要です。第5章にて解説したように、競合調査・競合比較をした成果も、事業計画書のここの部分に生かせます。

第5章では競合調査比較の表のサンプルを示しましたが、比較表よりもポジショニング・マップのほうが視覚化してわかりやすいと思うので、ぜひ活用してください。

逆に、ポジショニング・マップを作ることにより、自分たちがどこの部分を狙っていくのか、何が差別化なのか、どこの部分で勝ちに行くのか、企画の売りは何か？　といったことを明確にしていけます。前項のキャッチフレーズ作りも、このポジショニング・マップの作成から、フレーズを導き出すこともできるでしょう。

事業計画書の作成において、ポジションニング・マップは最も重要なので、力を入れましょう。

ポイント

ポジショニング・マップの作成は事業計画書で最も重要。
これを作成することで新規事業をより進めやすくなる。

6 損益シミュレーションの作成

◈損益シミュレーションをエクセルで作ろう

ビジネスのアイディアをコンセプトとして練り上げ、それをビジネスプランとして完成させていくにあたって、財務面の損益シミュレーション（売上見通し、収支計画）をあまりに細かく作りすぎないということがポイントの一つとなります。

とはいえ、ビジネス・プランにおいては、やはり**どのくらいの売上を目指すのか、どのくらいの資金がかかるのか、どのくらいの期間で収支が合うかどうかといった損益のシミュレーションを作ることが必要**となってきます。

どのくらいの期間で、単年度の損益が合うのか、累積でも先行して投資した資金を回収できて利益が出るのかは、おおよその見通しを立てないと事業計画を実行に移してよいのかどうか、どのくらい資金や人材をかけてよいのか判断がつきません。おおよそ、どのくらいの資金が必要な事業や製品開発なのか、それから、半年や1年で収支が合い始めるくらいのビジネスなのか、たとえば5年間は赤字が続くことを最初から覚悟しなければならない事業なのか、そういった把握をする必要があります。

そのためにも、損益シミュレーションを作成しましょう。そのサンプルとなるフォーマットを掲載したので、活用してください（図表51）。

◎Jカーブを浅くする

第9章で新規事業立ち上げのスパンを意識することについてお話ししましたが、初期の段階は、先行して資金投入するわけなので、投資状況をプロットしたグラフはJカーブを描き、水面下となります。

あまりに先行投資が続いて、Jカーブで水面下に潜っている期間が長すぎたり、大きな資金ロスが発生したりすると、途中で「この新規事業は大丈夫なのか」という議論になりかねません。

そのためには、初年度や2年度などでの売上をアップする方策を多く考えましょう。それにより、Jカーブで水面より下に潜っている度合いをシャロー（浅く）することを考えましょう。シャローにしようとするとき、どうしてもコスト部分を削減することばかり考えてしまう人がいますが、コストカットは、誰でもできます。それよりも、**売上をアップする打ち手を多く考えることのほうが大切**です。

たとえば、最初の何社までは特別価格だとか、既存先などからまとめて受託するとか、様々なことを考えてみましょう。

◎成長の踊り場を想定しよう

私は、これまで多くの事業計画書の作成や審査をしてきましたが、損益シミュレーションの作成において、売上の伸びに対して、コストの増加を少なくしか見積もらない傾向があると感じています。売上は一本調子で上がっていき、コスト面は逓増しかしない計画を作る人が時々見られます。

事業には、成長の踊り場があるため、ある程度売上規模が伸びた後は、一時的に売上が伸び悩み、他方でコストが増大する局面があります。それを踏まえておく必要があります。

実際の事業立ち上げにおいては、どうしても売上の伸びも一直線となりませんし、逆にコス

単位：千円

3年度					累積損益			累積損益	5年度					累積損益
Q 1	Q 2	Q 3	Q 4	合計		Q 1	計		Q 1	Q 2	Q 3	Q 4	合計	

図表51 新規事業　損益シミュレーション

新規事業名称＿＿＿＿＿＿＿＿＿＿＿＿＿＿＿＿

		初年度					2年度					累積損益
		Q1	Q2	Q3	Q4	合計	Q1	Q2	Q3	Q4	合計	
売上高												
	製品(サービス)A											
	製品(サービス)B											
	製品(サービス)C											
売上原価												
	材料費											
	労務費											
売上総利益												
	売上総利益率											
必要経費												
	開発費											
	設備投資費											
	人件費											
	広告宣伝費											
	交通費											
	その他経費											
営業利益												
	営業利益率											

※損益シミュレーションは、月次で作成することが可能であれば月次で作成し、難しい場合はこのように四半期ごとに作成する

トは比例的に伸びるのではなく、相対的に多くかかる〝成長の踊り場〟があるわけです。それを見込んで計画にしておくことが大切です。

◈何年で、事業を立ち上げるのか

第8章でも述べましたが、**事業計画の立案においては、何年で収支を合わせるかを明確にしましょう**。単年度の損益を合わせる時期、そして、累積で損益を合わせる時期が重要です。1年目、2年目くらいから損益が合う事業にできるに越したことはありませんが、次の収益の柱になるような、**しっかりした事業を作り上げるには、相応に時間をかけることも大切**です。

本格的に会社の次の収益の柱にするものは時間をかけてもよいと思います。3年や5年、場合によっては、10年くらい、時間をかけることが必要です。研究開発やシステム構築などに、3年くらいかけてもよいと思います。永続的に収益が入ってくる事業を作るには、事業が成り立つまでに5年くらいの時間スパンをかけることは必要だと思います。それにより、売上を大きく伸ばした上で、その3分の1や4分の1くらいを占めてくれる新規事業を立ち上げられれば、十分な成果であり、かけた時間や労力に対して見合います。事業構築には、正しい試行錯誤を積み重ねるためにも、適切に時間をかけることが大切です。

なお、新規事業立ち上げに必要な期間から見たタイプ分けについては、本書の第2章でも述べました。短期型、中期型、長期型をバランスよく組み合わせながら、新規事業の立ち上げを行っていくことが大切です。

◎会社勤めの人はお金の感覚を研ぎ澄ます

私が、大手企業や中堅企業の新規事業立ち上げのことで、それらの会社の方とやり取りしていて感じるのが、1000万円、3000万円、5000万円、1億円、2億円などのお金の感覚、つまり、具体的にそれらの金額で何ができるかのイメージをつかんでいないことが多いということです。

1万円と10万円、100万円の違いは、日々の個人の生活でも、金額の大きさのイメージはわかるわけですが、1000万円と1億円の差、あるいは、1億円と2億円の差がどのくらいで、何ができるぐらいの違いなのかといった生々しい感覚が乏しいケースがあります。

300万円だったら何ができるか、500万円だったら、1000万円だったら、3000万円だったら、というお金の実効性の感覚を持つことが、実は事業計画作りにおいて、大切です。

その感覚がないと、事業計画書の作成における売上見通しにおいても、経費支出においても、漠然と金額を書いてしまうことになり、現実的な損益シュミレーションを作れないこととなります。

ビジネス・リーダーになるには、そういった金額に対する感覚を研ぎ澄まし、具体的にイメージできるようになることが必要です。

ポイント

損益シミュレーションを作成して、何年目で利益が見込めるか、赤字がどれ続く続くかなどを把握する。

7 売上計画の数字の作り方

◈「単価×数量」でよりリアルな売上数字を作る

業績計画（売上・利益）を作成する際に、ダイレクトに売上の数字のみで作らないことが大切です。事業計画の売上の数字を作る際に、ざっくり、1億、3億、5億などと入れていってしまう人がいます。しかし、それはあくまで希望的観測を書いているにすぎず、リアリスティックでない伸びの数値ができてしまいます。

もちろん、詳細な売上数字を作ることは、事業構想の段階では難しいので、精緻に入れることは無理です。しかし、ざっくり数字だけで入れるのではなく、**売上目標の立て方としては、売上数字で目標値を入れていくのではなく、自社のサービスや製品の単価×件数（数量）で入れていくことがコツ**です。

適切な方法としては、単価を決めて、それを何社に売るかといったように、**「単価×件数（数量）」の掛け算の形で、売上の数字を作るようにする**とよいです。そのほうが、売上数字の作成がイメージしやすいです。

自社のサービスなり、製品の単価が料金体系の中であれば、たとえば、10万円のサービスを何件、50万円を何件、100万円を何件、といったように、自社のサービス・ラインナップごとに算出したり、あるいは1台300万円の製品を何台、1台500万円の製品を何台、1台1000万円の製品を何台、といった製品価格ごとに算出したりしてみるわけです。そのような手順で、サービスや製品の単価ごとに、それを何件売るのかを考えて、その掛け算したものを足し合わせる形で、売上数字を作るようにしましょう。

そうすると、単に「大体いくらくらいの売上」と入れただけの数字よりも、よりリアル感のある現実的な営業目標値が作れます。

◎3倍に伸ばす計画を作ってから割る2をする

あとは、毎年5～10％増というような計画を過去の延長線上で漠然と作っても、今の時代は達成できません。そうではなく、売上を3倍にするくらいに大きく伸ばす計画を立てて、その上でそれを達成する打ち手を考えてみましょう。

通常、売上を3倍にするのは、やり方自体を変えないと達成できないものです。3倍伸ばす計画にすると、「もうちょっと営業を頑張ろう」だけではなく、根本的に営業の仕方やビジネスの仕組みを変えることを考えるようになりますし、考える必要があります。打ち手を出来るだけ多く、考えることが重要で、30個くらい考えるように、努力しましょう。

このように、**売上3倍の売上計画を作って、最後に、÷2をする**わけです。そうすると、1・5倍、50％増の売上目標となり、いくつかの新しい打ち手やビジネスの仕組みの変革によって、売上50％増の売上拡大を狙うことができます。

売上計画を立てるときに、何％の伸び、あるいは、最初から1・5倍という形ではなく、「3倍÷2」で「1・5倍」を目指すやり方をしましょう。それにより、既存のやり方から突き抜けて考えることができるようになります。

◈安定的すぎる計画になった場合は、何か打ち手を考える

損益シミュレーションにおける売上計画があまりに安定的な推移になってしまっている場合には、大きく売上を立てる売上アップの具体的な施策を立てないといけません。

1、2年の事業の実績が出てくれば、その実績をもとに大きな案件を受託する、あるいは、まとまった営業展開をするなどして、大きく売上を立てることを具体的に考えて、それを事業計画の中に盛り込みましょう。

過度に甘い〝希望的な観測〟の大きな伸びの売上計画ばかり立てることは、好ましくないですが、安定的になりすぎている計画は、売上アップのアイディア出しが足りないこともありますので、注意しましょう。

ポイント

事業計画書の売上計画は希望的観測では意味がない。売上を3倍伸ばす計画を作ってからその方法を精緻に考えることが大切。

第13章

「ビジョン」と「行動指針」による新規事業の推進

1 新規事業が進まない組織的な問題を打破する!

◎新規事業が進まない原因は、組織風土にある

本章では、新規事業が進まない理由を打破する方法を説明します。新規事業がなかなか前に進まない組織的な原因として、図表52のようなことが挙げられます。みなさんも心当たりはないでしょうか?

ここに挙げられているようなことを、私はコンサルティングを行う中で、目の当たりにすることがあります。こういった組織的な問題が、会社規模の大小に関係なく、多くの企業で新規事業事業を立ち上げていくにあたっての障害となっていると言えます。

図表52　新規事業立ち上げが進まない理由を打破する！

Q新規事業などが前に進まない組織的な原因→こういうことはないですか？

- これまでのやり方、古いやり方を変えたくない人がブレーキをかけてしまう
- 組織が縦割りで、セクショナリズムが強すぎ、全社的な取り組みが進まない
- 言いだしっぺにやらせる風土があり、自分が担当となって苦労することを嫌い、誰もアイディアを出さない
- 営業部門の意見が強すぎ、短絡的となり、正しい判断ができない
- 皆が失敗を恐れ、意思決定することを避けてしまい、決断力がない
- 年功重視のため、社内の力関係で、はっきりしたことを言えない
- 漠然となんとかなると考え、新しいことをしなければという危機感が不足している
- 当社ではこういうことをやらない、こういうことはこうするといった固定概念が強すぎる

◎社内の力関係で正しいことが言えない!?

日本企業にて新規事業を立ち上げるにあたって難しいと思うのは、その会社におけるキャリアや実績で会議の発言力が決まってしまうことです。発言内容の良し悪しよりも、誰が言っているかで決まることが多いのです。

また営業系の会社では、営業部隊を束ねる役員の意見が強く、新規事業に対して、短絡的になってしまって、正しい判断が下せないという傾向もあります。企業では、かつて営業で良い成績を残した人が重要なポストに就いていることがありますが、営業で実績のある人が新規事業の立ち上げや新製品・サービスの開発でも正しい決断を下せるとは限りません。

しかし、社内的には過去の実績を持つ人の意見が重視されるので、その人が「そんな事業、面白くない、ダメだ」と言ってしまうと、そこで話が止まってしまうことがあるわけです。それから、年功序列の意識が強い会社では、社歴の浅い人が正しいことをはっきり言えないということが往々にしてあります。

このような場合、どう対処すればよいかというと、第9章でも述べた**新規事業のことについての議論や判断をするときには、既存の組織形態・枠組みでの肩書きや立場を取り払って、議論に望むこと**です。

私は、大手企業や業歴の長い企業での新規事業についての研修やコンサルティングのミーティングにおいては、普段は、取締役や執行役員、事業部長、部長といった肩書きで呼び合っている組織であっても、そういった場合では、「○×さん」と「さん」付けで呼び合う雰囲気作りを心がけています。

そうしないと、新しいアイディアを出したり、今までとは異なるスタイルの事業などを生み出していくことができなくなってしまいます。

◎ブレーキをかける人にはどう対処するか？

次に、どんな会社でも、必ず、ネガティブなことを言って、新しい取り組みにブレーキをかけてしまう方やこれまでのやり方、古いやり方を変えたくないという方がいます。

そういった、ネガティブなことを言う人にはどう対処するかについて説明します。

単刀直入すぎるかもしれませんが、ブレーキをかけてしまう人、ネガティブなことを言う人は、**そもそも新規事業チームに極力入れないようにする**ことです。会社の中で一定のポジションがある人でも、そういうタイプの人はなるべく新規事業チームに入れないように社長にお願いしています。

ビジョンを作る会議などでも、誰かがネガティブなことを言うと先に進みません。社内のなるべく前向きな人たちを選んでドリームチームを作ることが大切です。社員教育研修の観点で、あえてネガティブな人を入れるケースもありますが、人はなかなか変わらないので、早く成果を出したい場合には、新規事業チームは前向きな意識の方々を中心にして作っていくようにしたほうが良いでしょう。どうしても、そのような人を入れなければならない場合は、「議論したり検証する時間は後で十分にとりますので、今は良し悪しを論じるのは控えてください」というふうにあらかじめ釘を刺すようにします。このことは、第3章のシナリオ・ベース戦略手法のところでも、少し触れています。

◎新規事業に対して社員や他のメンバーの反応が悪いときは？

新規事業を会社として立ち上げていかなければならず、自分がその責任者や担当者になった場合、他のメンバーが、新規事業に対する考えや方針を理解せず、賛同して能動的に思ったように動いてくれないことがあります。社長や経営陣が、新規事業の立ち上げの必要性を唱え、方針を打ち出しても、それが社員や他のメンバーに響かないときもあります。

それはやはり、**何のために新規事業を立ち上げるのか、どのようなビジョンを達成するために新規事業をやるのかといったビジョンの作成と共有ができていないため**です。

新規事業について、社長や部長の思いつきにすぎないと社員が思っていたり、なぜ社長や部長が新規事業を立ち上げようとするのか、立ち上げの重要性を言っているのかを、社員が理解できていなかったりしているのです。

そのためには、この後に解説するようなステップで、**ビジョンや行動指針を作成して共有していく**ことが大切です。

社長が何か方針を打ち出したり、社員に指示を出したりする際には、そのビジョンに必ず紐づけて、話をすることが大切です。多少、こじつけでもかまいませんので、**ビジョンに紐づけて、なぜ新規事業をやるのかを、「ビジョンの達成」という名目を踏まえて、関係者に話をしていくことが必要**です。そうすると、社長の考えや方針、指示が社員に格段に正しく伝わりやすくなります。また、セクショナリズムやことなかれ主義、リスク回避的な体質で新しいことが進まない状況が打破できます。

◎皆が能動的になって能力を発揮するために

人が、最も能力を発揮できるのは、〝やらされている感〟で働いているときではなく、自ら能動的に取り組んでいるときだと言えます。新規事業にかかわるメンバー一人ひとりが、言われたことだけをやるのではなく、能動的に自ら考えて自ら動いていく形にしていくことが大切です。社員が一丸となって力を発揮するためには、**「何のためにこの会社があるのか?」「何のためにこの仕事をしているのか?」「自分たちはどのようになりたいのか?」**といったビジョンを作成し、浸透させていくことが必要です。〝お金儲け〟ではなく、大義名分となるものが必要です。そして、そのビジョンは作るだけではなく、徹底的に浸透させることが重要です。

ビジョンや行動指針の作成は、経営側から一方的に提示するのではなく、社員全員が参加して作ることが大切となります。経営側から一方的に押しつけると、学校の校則のようになってしまいます。

ビジョンを作成し、一人ひとりの仕事が、お客様のどのような役に立ち、世の中とどのようにつながっているかを認識・共有することで、新規事業立ち上げチームのメンバーのモチベーションを上げることができます。一人ひとりの仕事が、お客様や社会とどのようにつながっているかを認識することが大切です。

◎「何のために新規事業を行うのか」のビジョンを共有する

何のために新規事業立ち上げを行うのかという**ビジョンが新規事業の立ち上げメンバーの間で共有されていないと、新規事業の担当者は、「会社から新規事業を立ち上げろ！　と言われているからやっている」という〝やらされ感〟がたっぷりになってしまいます**。上から言われているから何となく行っているということでは、新規事業は成功しません。「何のために、新規事業を行うのか」「なぜそれをするのか」「新規事業によって自分たちがどうなりたいのか」「どうなるために新規事業を行うのか」、そのビジョンを作ることが大切となります。

「何のために、新規事業を立ち上げるのか」「自分たちは、どんな会社になろうとするのか」「どのような価値を世の中に提供していく会社になるのか」、ここを決めていかないと、新規事業のメンバーの力を最大限引き出して、力を合わせていくことができません。

ビジョンの作成と共有は、新規事業の立ち上げに限らず、企業全体として必要なことですが、特に**新規事業の場合、ビジョンをメンバー全員が共有できていないと、みんなが力を発揮できなくなります**。たとえば、事業部長や部長がやりたいからやっているんじゃないかとか、経営陣から押しつけられたから仕方なくやっているといった気持ちが少しでもあると、メンバーの力が合わさらないわけです。

「こういうことのためにやるんだ」とか、「自分たちはこういう会社になりたいからこれを達成するんだ」といったビジョンを共有し、そのためにとらなければならない行動指針を立てて、みんなでそれを共有するのです。

それにより、新規事業にかかわる各メンバーのやる気を引き出し、共通のビジョンを持つことで、セクショナリズムや事なかれなどで足の引っ張り合いや積極性のなさなどの組織上の問題を解決していくことができます。

同じような意味で、「理念」「ミッション」「クレド」「コーポレート・メッセージ」といった言葉もありますが、本書では、「ビジョン」と「行動指針」という言葉で説明します。多くの企業（中堅・中小企業や大企業の部門）で、このステップを行い、成果を上げています。

◎「ビジョン」作りにおいても、社員の幸せに配慮することがポイント

ビジョン作りにおいては、皆が安心して人生を送っていけるプラットフォームとなる会社作りや、社員が活き活きと働ける会社、社員の給料が増えるように……といったような**社員の幸せに配慮することが大切**です。

「会社のため」だけでは、社員の方のモチベーションを本来的に上げることは難しいです。

特に、新規事業の立ち上げは、多くの困難を伴います。へこたれそうなことも出てきます。それを切り抜けていくには、「**これをやっていけば、自分たちの生活の安定や人生の充実、そして、達成感ややりがいなどにつながる**」という部分が必要です。

こういった、社員の幸せに配慮することについて、京セラ創業者の稲盛和夫氏は、「**全従業員の物心両面からの幸せ**」という表現をよく使っています。稲盛氏が代表を務める経営塾である盛和塾のメンバーの経営者の会社では、「全従業員の物心両面からの幸せ」という理念を掲げることで、大きく発展を続けている企業が多くあります。

やはり、社員を大切にしていない会社は、結局は伸びません。社員の幸せを大切にしたビジ

ョン作り、新規事業の方向性、職場環境整備が大切です。

ポイント

新規事業が進まない会社は、組織風土に原因があることが多い。社員全員が能動的になるためには、ビジョンが不可欠である。

2 新規事業の方向性を決めるためにも、会社としてのビジョンの明確化が重要

◈会社のビジョンと整合性がとれていない新規事業は成功しない

会社のビジョンと新規事業のビジョンの整合性を保つことは重要です。このことは、第3章の新規事業の方向性の戦略立案の項でも、少し述べました。

たとえば、地域社会に根づいて、地域に貢献しようというビジョンでやってきた会社が、海外展開をする新規事業を始めたら、社内でも、「今まで言ってきたことと違うじゃないか」という反発が出てきて、モチベーションが下がってしまいますし、外部から見た場合も、普段言っていることと行っていることが違う会社に見えてしまいます。統一感や理念がはっきりしていないブレている会社となってしまい、社内外からの評価が下がってしまいます。

会社全体のこういう会社になろうというビジョンと、新規事業で達成しようとするビジョン

の整合性をとることが大切です。

それでも、これまで掲げてきたビジョンと異なるビジョンの新規事業を行う場合には、新会社を作って、別会社にする形にしましょう。たとえば、研究開発系で時間をかけて良いものを生み出そうとしてきたビジョンや行動パターンの会社が、「海外から何かを仕入れて、速いスピードで売っていこう」という新規事業を始めるときは、社員教育や行動指針、給与体系、就業規則を変えた別会社にしなければ、ビジョンや行動指針が異なりすぎて、うまくいかない危険性があります。

これまでのビジョンと異なるビジョンの事業を始める場合は、子会社などを作って、別の会社として分けて取り組むことのほうが、成功しやすいということを覚えておきましょう。

◎ビジョンを作ることで、新規事業の方向性の判断もできる

ビジョン作成の重要性は、前項などで述べた通りですが、これは、新規事業の方向性の判断、取り組む否かの判断などにおいても、役立ちます。

「自分たちはどんな会社を目指すのか」というビジョンが明確になっていないと、「何か儲かりそうなものはないか？」と漠然と探すことになり、また、「儲かりそうなことだったら、な

んでもやるのか？」という問題にぶちあたってしまいます。

ビジョンが決まっていれば、新規事業の案件の良し悪し、やるやらないの判断も一から検討するのではなく、自分たちのビジョンに照らし合わせて、ビジョンと合致しているか否かという視点で判断することができるようになります。ビジョンと合っているものであれば、さらに進め、ビジョンと合っていないものであれば、優先順位として劣後させることで、新規事業案件の選別を行うことができます。

このように、**将来のビジョンを明確にすることにより、新規事業立ち上げの探索の方向性を見つけやすくなります。**

◎ビジョンを明確にするとブランディングができる

ビジョンが明確になっている会社は、メディアから取り上げられたり、「ビジョンに共感したので提携したい」という会社が現れたりもします。

新規事業立ち上げにおいて、テレビや新聞、雑誌、ウェブ・メディアに取り上げられることは、プロモーション上の大きなプラスとなりますが、ビジョンがなく、お金儲けのためだけに行っているように見えると、メディアは取り上げてくれません。社会貢献性など、メディアが好意的に取り上げてくれるようなビジョンを掲げることにより、新規事業の立ち上げにあたって、会社のブランディングをしていくことができます。

私のコンサルティング先企業にも、「主婦が活躍できる会社にする！」というビジョンを掲げたことで、優秀な女性社員が増えるとともに、NHKの番組で取り上げられたり、人材会社から表彰されたりして、社員のモチベーションが上がっている会社があります。それにより、社内から新規事業のアイディアや企画もより多く出てくるようになり、新規事業立ち上げも推進力も増していっています。その会社の経営者は、10年以上、会社経営をしてきているのですが、ビジョンを明確にして発表するまでは、良い会社と言われたことがあまりなかったそうです。しかし、今は、「いい会社ですね！」と言われることが増えたようです。**ビジョンをきちんと作り、社員で共有し、対外的にもしっかり情報発信していくことは、会社を新しい方向で発展・成長させるにあたって、とても有効な手段**となります。

◎事業承継（代替わり）においてもビジョン作りが大切

ビジョンを示すことは、第1章で説明した代替わり（事業承継）や第14章で説明する企業ドメインの再定義においても、不可欠です。

事業承継（代替わり）においても、次の時代は、どのような会社になるのかを決めて、方向を示すことが後継経営者にとっては必須の作業となります。

経営者の仕事は、人材を採用して育てること、資源の最適配分、そしてビジョンを示すことです。新規事業の方向性を示すことが、後継経営者にとって、最も重要な仕事の一つと言えます。今後、会社を5年、10年、20年、どのようにしていくのか、どんな会社にしていくのかを決めることに、後継経営者は取り組む必要があります。ビジョンの作成を行うことによって、代替わりをした後の会社の方向性や新規事業の方向性を決めていけます。

そういった今後、自分たちの会社をどういう会社にするのか、どういう方向に持っていこうとするのかを、後継経営者の方がきちんと指し示せるようになると、社員の方々も安心して、会社に自分の将来をゆだねられるようになり、会社への帰属意識が高まり、モチベーションを上げていけます。

ポイント

新規事業の立ち上げにおいて、ビジョンが定まっていないと、新規事業の方向性が定まらない。

3　ビジョンと行動指針による社内問題の解決

◈社内問題の解決のためにもビジョンと行動指針は有効

先ほど挙げましたように、新規事業に対して、社員や他のメンバーのテンション、モチベーションが低い、あるいは、新規事業立ち上げの推進にあたって社内の意思疎通がなかなかとれないといった社内問題がある場合、たとえば、社内の課題として次のようなことはないでしょうか？

・コミュニケーションが悪い
・セクショナリズムが強い
・やる気がなく能動的でない
・言われたことしかやらない

・リスク回避的で、挑戦しない
・若手や新人が育たない
・個人プレーが多く、組織的でない

経営理念などを作らない会社はないと思いますし、ここで言うビジョンや行動指針を作成したとしても、結局、社内問題の解決や業績アップにつながらなければ意味がありません。

以上のような具体的な問題がある場合には、まず、それを現実的に解決するための行動指針を作成し、その上で、それらの行動指針を包括するようなビジョンを作るという方法もあります。つまり、次のような流れとなります。

①社内の組織上の問題を明確化
↓
②それらを具体的に解決する行動指針を作成
↓
③それらの行動指針を包括するようなビジョンを作成
↓

④作成したビジョンと行動指針を社内で徹底して浸透

社内の解決しなければならない問題に合わせて、行動指針を作り、その行動指針を包括するビジョンを作成するという方法もあります。ビジョンや行動指針を作っても、結果として、社内の問題が解決され、会社の業績が伸びなければ意味がないので、その懸念がある場合には、**「行動指針→ビジョン」**の流れで進めることが必要となります。**「ビジョン→行動指針」**の流れにするかどうかは、状況に合わせて、検討することになります。

私は、ビジョンや行動指針を作るだけでは意味がないと考えており、コンサルティングの現場において、実際に社内の問題が解決されるようにするために、このような逆のステップも用いることが多いです。

◎ビジョンを共有した上で行動指針もそろえる

ビジョンを作って共有した次のステップとしては、**ビジョンの達成のためには、どのような行動をチームメンバーが取らなければならないかという行動指針の作成と共有が重要**となります。それにより、皆の力を合わせることを目指します。新規事業の成功のためには、それが絶

図表53　ビジョンと行動指針

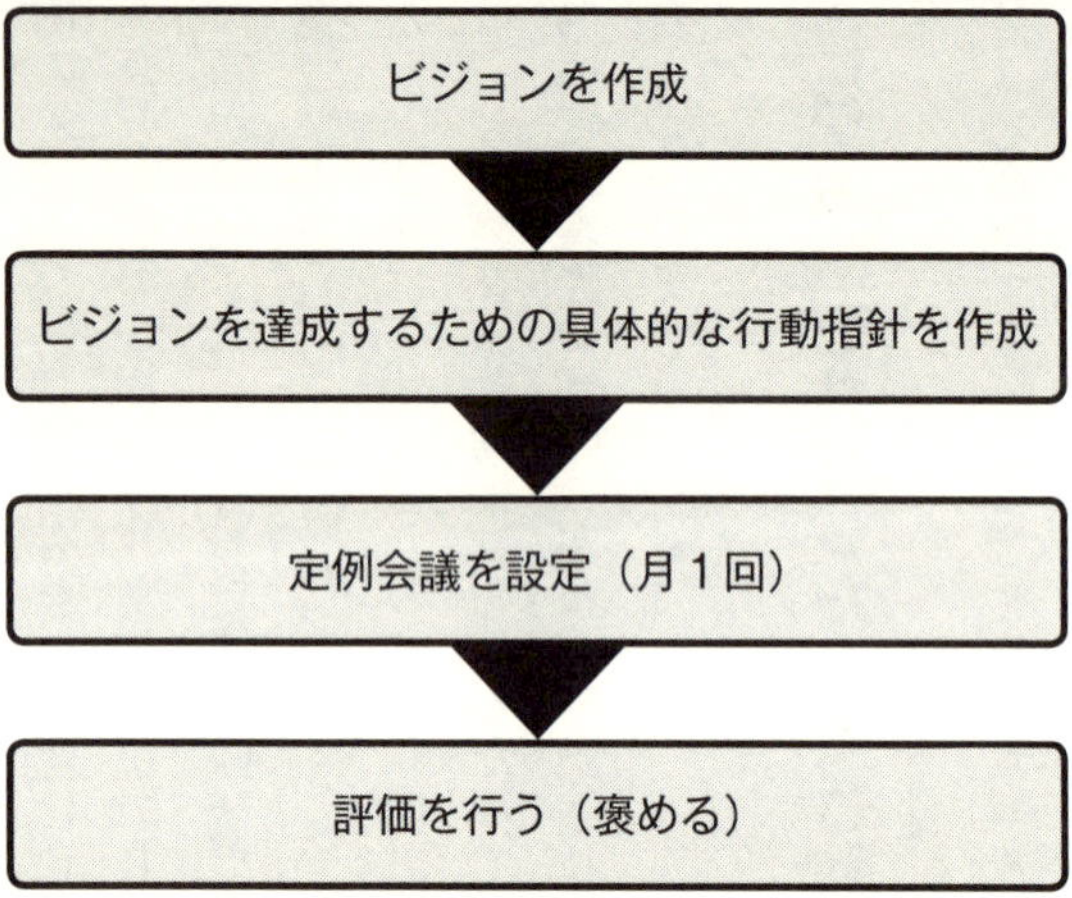
ビジョンを作成
ビジョンを達成するための具体的な行動指針を作成
定例会議を設定（月１回）
評価を行う（褒める）

対必要です。

たとえば、「失敗を恐れずチャレンジしよう」を行動指針にした場合、メンバーの誰かが躊躇してしまうようなことを口にしたら、「それは我々の行動指針に合っていない。我々の行動指針は、失敗を恐れずにチャレンジすることでしょう」と伝えます。あるいは、会議のときに自分の部署の事情ばかり話す人がいたら、「いや、そうじゃなくて、全社的な目線を持とうが我々の行動指針ですよね。それって、自社の行動指針から外れていますよね」と言うのです。あるいは、新しい商品開発をどんどんやろうということであれば、「情報感度を高めなきゃいけないですね」とか、「外部へのコンタクトを増やさなきゃいけないですね」といったように、行動指針に照らし合わせていくことが大切です。

売上規模で数百億円数千億円くらいの大きな会社の場合は、部門ごとにそういった取り組みをすることも有効です。会社全体の〝理念〟などは、あまりに大きなテーマになりすぎていて、商品企画部や営業部など、各部署で実際に共有して使おうとすると、捉えどころがない状況になってしまうこともあります。そういう場合は、**部署としてのビジョンと行動指針を作成して共有**しましょう。

◎月1回はビジョンを確認しあう会議をする

ビジョンやそれを達成するためにやらなければいけない具体的な行動指針を作ったとしても、組織の中やチームメンバーの間に浸透させなければ、意味がありません。作っただけでは、効果はでません。

そこで、最低でも月に1回くらい、そのビジョンや行動指針の通りにみんながやっているかどうかを確認する〝ビジョン会議〟を開催・運営するようにしましょう。

その際、**大切なのは、ビジョンの達成のための行動指針に合った行動をしている人を褒めること**です。やはりチームメンバーの人たちのモチベーションを上げ、みんなの力が合わせていくためには、そのビジョンや行動指針に則ったことをやった人を褒めて、評価していかなければなりません。

皆が能動的に動けるようになるためには、行動指針に合致した行動をとって、新規事業や会社のビジョンの達成に貢献している人を褒めること、そして、褒めるだけでなく、手当やボーナスなどできちんと評価する仕組みを作っていくことも大切だと思います。

人は、褒められたときに、モチベーションがアップします。日本人は、褒めることが下手です。アメリカ人はよく誉めますが、日本人は照れくさいということもあって、口に出して人を誉めることが苦手です。

しかし、**行動指針を明確化することで、人を褒めやすくもなる**のです。行動指針という基準があることで、叱ったり褒めたりがしやすくもなります。ビジョンと行動指針をしっかり作って、行動指針に沿ってきちんと行動している社員を褒める文化を醸成していくことが大切です。

◎重要度と緊急度で優先順位を決める

行動指針は、「トレードオフ関係」（二者択一の状況にて、どちらかを優先して上げるとどちらかが下がってしまうような関係のこと）を調整する基準となるものです。たとえば、新規事業についての社内の定例ミーティングと、外部とのやり取り（既存顧客や営業先との対応など）のどちらを優先させるか、といった問題の解決です。

チームメンバーが、外部とのやり取りばかりを優先してしまうと、定例で集まれなくなります。かといって、営業先等との外部からの問い合わせへの対応もおろそかにできないというようなことはあるかと思います。

そういうときは、重要度と緊急度の２つの目線から、仕事内容を分類して、判断していくことが大切です。

重要度も高く、緊急度も高い外部とのやり取りであれば、当然、社内会議よりも優先することになります。しかし、急に来てほしいと言われて緊急度が高いと感じられるが、重要度が低いことに、皆が振り回されてしまわないようにすることが大切です。逆に、緊急度は低くても、重要度が高いことは優先順位としては高くなります。重要度も緊急度もどちらも低いものは、一番劣後する形となります。

このマトリックスを頭に置いて、社内会議と外部とのやり取りの優先順位をつけていきましょう。

◎人材育成のためにも、A部長B部長が同じことを言う態勢作り

このような行動指針を作成して共有することは、その他にも、良い面があります。

同じ会社なのに、A部長とB部長で、言っていることがバラバラだったり、社長や上司の好き嫌いや気分で言っているのではないかと社員に思われてしまっている会社は、新入社員や若手が育たない原因となってしまいます。

新規事業を立ち上げていく過程においては、事業の方向性が固まり、売上も増えていく中で、新規事業にかかわる人材を追加採用したり、社内の他部署からコンバートしたりすることが必要となっていきます。新規事業が伸びれば伸びるほど、関わる新しいメンバーが増えていくわけです。逆に言えば、**新規事業部門における人材を、きちんと採用して育てていけないと、新規事業を伸ばせない**ことになってしまいます。

新しく入ったメンバーに対して、新規事業部門では、どのような価値基準で、どのような行動を取ることが〝正しい姿〟なのかということを、ビジョンの達成のための行動指針として明確化していくことが必要です。

それを明確にしていないと、寄せ集め部隊となってしまい、新規事業部門が育っていきませ

ん。ビジョンと行動指針を明確に作成して共有することで、新規事業部門の人材育成をして、組織を拡大させていきましょう。

◎セクショナリズムや足の引っ張り合いをなくす

さらには、同じ会社のメンバーにもかかわらず、社員同士が、セクショナリズムを持ち、足を引っ張り合って、陰口を言い合うような組織体質になっている場合にも、ビジョンの作成と共有で力を合わせられるようになります。

戦国時代の武将たちもいがみ合っていた者同士も、共通の敵が現れると、その共通の敵を倒すという目標の達成のために、力を合わせるようになります。ビジョンは、この〝共通の敵〟と同じようなものです。皆が力を合わせるためのツールとなります。**ビジョンを作ると、共通の目標・目指す方向ができることにより、各メンバーの方々が力を合わせていけるようになります**。新規事業についても、「なぜ、それをやるのか」「何のために新商品の開発を行うのか」「何のためにやっているのか」「自分たちの会社がどうなりたいのか」というビジョンを作って共有することです。

会社としての新規事業を立ち上げるビジョンを共有することで、新規事業以外の部署とも、

うまく連携が取れるようになったり、協力し合えたりするようになります。

◎自分の仕事の意味を社会とのつながりの中で理解する

これは、新規事業のことだけでなく、営業部門においても、同じようなことが言えます。営業マンに、どれだけはっぱをかけても、そして歩合制などのインセンティブ報酬体系を導入しても、営業マンがなかなかやる気を持って頑張ってくれないことがあります。営業部門が、「ムチ打てど、響かず…」、「笛吹けど、踊らず…」という停滞した状況に陥っている会社は多いです。

それもやはり、「何のために、売上を上げるのか」「何のために営業をするのか」といったビジョンを設定・共有できていないためです。

営業の数字などの〝目標〟が〝目的〟になってしまっている会社は、業績が伸びません。売上目標とは、あくまでも目標であって、なぜその事業を行うのかという〝目的〟とは違うわけです。

営業活動が、自分の人生や生活、社会やお客様とどのようにつながっているかについて、営業マン一人ひとりが理解できておらず、営業ノルマの数字が目的化してしまっているのです。

そのため、**〝やらされている感〟が生まれ、営業マンの全力が発揮されない**のです。ビジョンや行動指針を明確にすることにより、営業目標を目的化してしまうことなく、社員（特に、営業職）の意欲を引き出して、一丸となって頑張る組織を作れます。

会社での一人ひとりの仕事が、どのように会社全体やお客様、世の中・社会とつながっているのかをより深く理解することが、一人ひとりのモチベーション・アップにつながります。

「**何のためにこれをやるのか**」「**それによって、自分がしている仕事がどのように会社やお客様、社会とつながっているのか**」を一人ひとりがしっかり認識できれば、仕事に充実感とかやりがいが生まれ、モチベーションが上がります。

ポイント

ビジョンのある会社は、社員同士が足を引っ張り合ったり、陰口を叩き合うことなく、力を合わせられる！

4 価値観が多様化した時代の組織の牽引の仕方

◎帰属意識を高めることが重要

京都大学教授の若林直樹氏が2014年4月21日付『日本経済新聞』の「経済教室」で、「忠誠心は業績を上げるか?」というタイトルで、会社への帰属意識と業績の関係性について、海外の経営学者の研究成果を紹介しながら論じていました。

その中で、NHK放送文化研究所の調査結果として、1970年代には、会社と全面的なつきあいをしている人は6割で、部分的・形式的なつきあいとなっている人は4割であったにもかかわらず、1980年代にはそれが逆転し、直近の2008年の調査では、全面的なつきあいをしている人は4割、部分的・形式的なつきあいとなっている人は6割という結果でした(図表54)。

図表54　日本人の職場関係

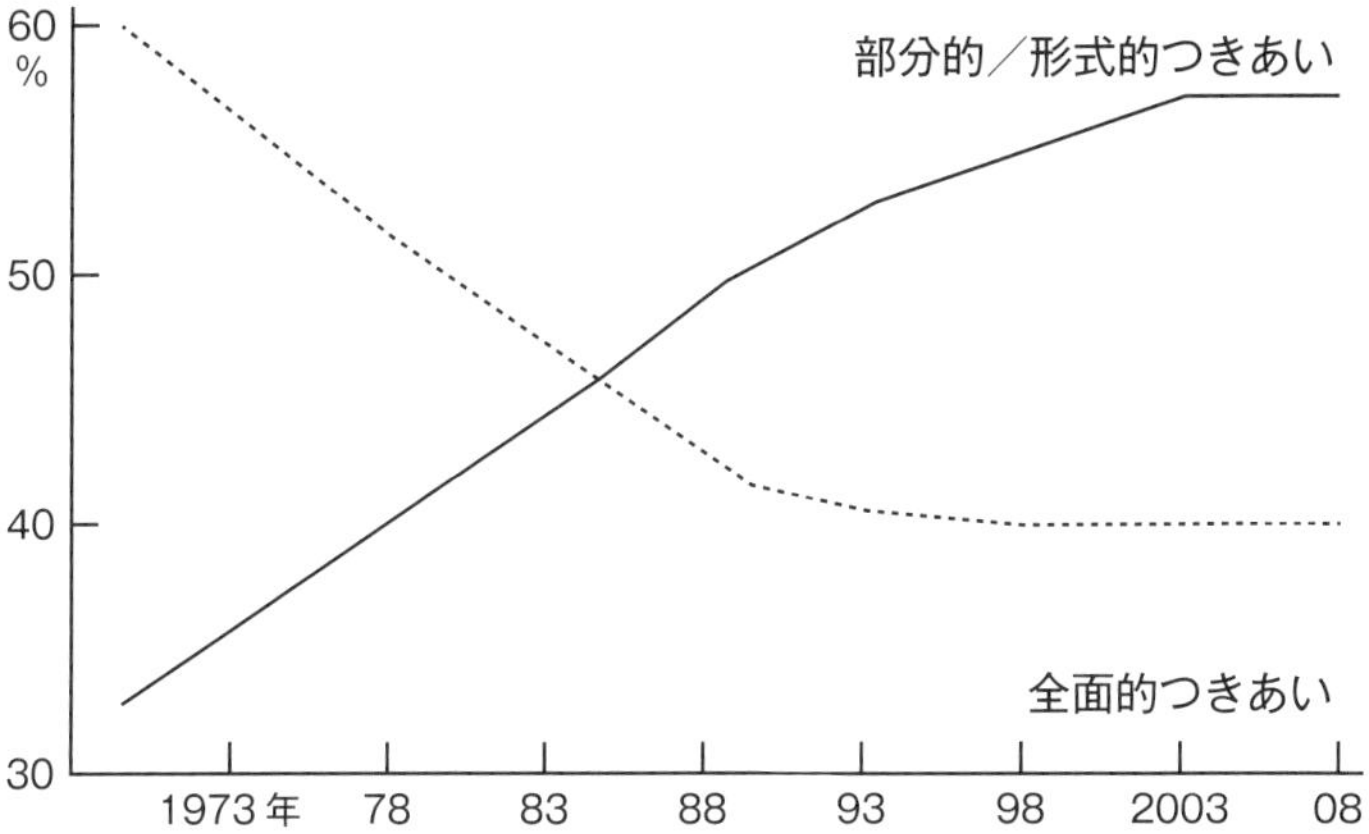

出所：NHK放送文化研究所「日本人の意識」調査

私の日々のコンサルティング業務の中での実感としては、**会社と社員の関係性を家族主義的で全体的なつきあいとする取り組みをしている会社が、昨今、業績を伸ばしている**と言えます。

つまり、「今どき、古臭い」と言われてしまいそうな、社員同士の飲み会や懇親会、社員旅行、運動会などを継続して定期的に行っている会社が、業績を伸ばしています。このような会社では、離職率が下がり、会社への帰属意識を高めることに成功しています。それが好業績につながっていると言えます。

外部からの引き抜きにおいても、経営者や他の社員とのビジョンの共有や精神的なつながりがあれば、お金だけのつながりとは違いますので、引き抜かれにくくなります。**会社側が、何かしらお金を使って、社員のためになることを**

行っている、つまり「給料＋α」のことをしている会社は、社員の帰属意識を高めることに成功しているわけです。

お金の多寡ではなく、会社は、社員のために何かしらお金を使って、自分たちに良い経験や、その会社でなければ得られない体験をさせてくれる会社だということを社員に「見せる」「見せ続ける」ことが重要だと言えます。

そうすれば、社員も「もらっている給料分だけやればいい……」という発想ではなく、もっと会社のために頑張ろうとします。家族主義的な対応を重視する中で、社員が少しずつでも、〝利他的な行動〟をとるようになれば、自ずと業績は良くなり、利益額が増えていきます。そうすると、さらに社員向けに「給料＋α」のことをやるためのお金が増え、プラスのスパイラルに入っていけます。

◎今の時代は、価値観が多様化している時代

かつて日本企業は高度経済成長の中で、終身雇用、年功序列という日本的経営システムを確立し、それにより部下を育てたり、実際の給料以上のことを会社のために頑張ったりという利他的な行動をとったがゆえに、成長を達成しました。今また、そういった日本型経営システム

の効用を見直す時期に来ていると言えます。

ただし、その際には、時代が変化していること、そして価値観が多様化していることに、配慮が必要です。高度経済成長の時代は、企業も、国も、「より豊かになろう」「規模を大きくしよう」という共通の一つの価値観でまとまっていましたが、**今の時代は、人によって価値観はバラバラで、多様化**しています。

特に、今入社してくる新入社員は、ゆとり教育世代です。世代が違えば、パソコンで言えば、OSが違うのと同じです。Windows XP、Vista、7、8と、OSが変われば、当然ながら操作方法も変わります。社員も、世代が違えば、〝OS〟が違うわけなので、操作方法、つまり教育の仕方や接し方、指示の出し方を変えていかなければなりません。OSが違えば、同じコマンドでも動いてくれません。しかし、社員のOSが変わっているのに、昔ながらの教育方法をし続けてしまっている会社があります。**これまで通りのやり方では、社員のモチベーションを上げ、成果につなげていくことはできない面があります。**

このような時代には、やはりビジョンの共有、行動指針の浸透が改めて必要と言えます。

かつてはそんなことをしなくても、社員同士の価値観は近かったわけですが、働く意味や仕事とプライベートのバランスなどの価値観が人によって多様化している今日は、**出来るだけ、包括的に、多様な価値観をまとまられるようなビジョンを作成**することが必要です。

それをしないと、価値観が多様化している状況においては、様々なことを皆が自分の都合のいいように捉えようとしてしまいがちです。働く意味も人によって全然違っているわけですから、何が正しくて、何が正しくないかを、ビジョンを掲げるとともに、その達成のための行動指針として、明確にしていくことが必要です。そして、そのビジョンに則して、〝人材〟に接して、育てていくことが求められます。

ポイント

現代は、社員一人ひとりの価値観が多様化している時代。時代に合わせた教育、接し方、指示の出し方が必要。

5 新規事業立ち上げに向けた、人材育成の重要性

◎会社は、社員一人ひとりのレベルアップが大切！

企業は、一人ひとりの社員の集合体です。社員一人ひとりのやる気をアップし、社員一人ひとりの意識、スキル、知識、人間性のレベルアップが大切です。

常に新規事業を立ち上げ続け、3～5年ごとに会社の成長ステージを上げていけている〝**強い会社**〟**の社長は、社員教育に力を入れていることが非常に多い**です。〝**人**〟**は、バランス・シート（貸借対照表）には載りませんが、資産だと言えます**。

社員教育に力を入れることが重要で、そのためにも、ここで紹介したようなビジョンや行動指針を作成し、それに基づいて、ブレずにしっかり社員教育を徹底して行っていくことが大切です。一人ひとりの社員がレベルアップすれば、会社もレベルアップし、発展します（図表

図表55 社員主体のマネジメント・スタイルへのシフト

- 伸びている会社は、社長への依存度が相対的に低い！
- 社長一人への依存を下げて、社員の力で回る会社にしていく
- 社員力＝会社の力

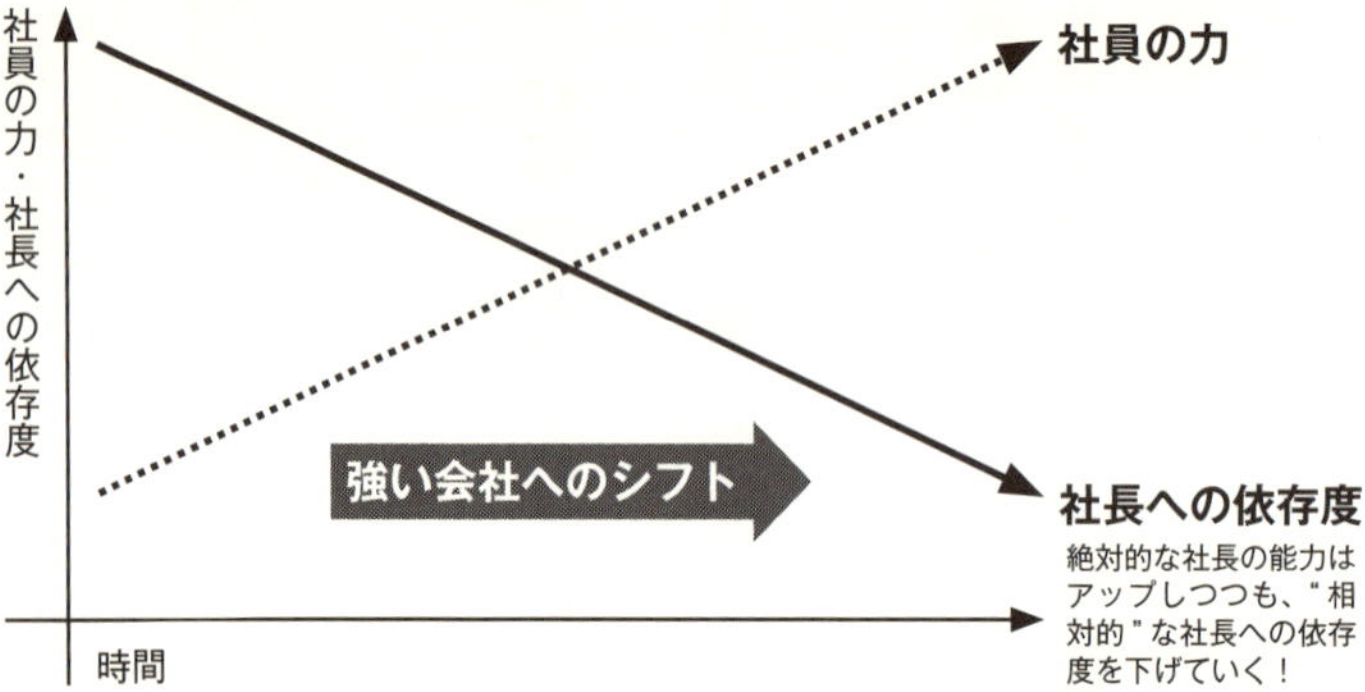

55）。

これが会社を伸ばすためには最も重要で、実は近道であると言えます。**ビジネスは、おカネではなく、やはり〝人〟ですので、人材育成の重要性を忘れてはなりません。**

社員一人ひとりが新聞記事のスクラップを習慣化するなどして、情報感度を高め、能力を向上させていかなければ、新規事業はネタも見つからないし、実行・構築も進んでいきません。

特に、創業社長の力で伸びてきた中小企業がさらに伸びようとするときには、図表55で示したように、社長一人への依存度を相対的に下げ、逆に、社員の力を相対的に上げていくことが必要となります。売上規模で言えば、業種にもよりますが、売上5億円くらいから、さらに売上10億円を超える水準にするには、そのようなマ

ネジメント・スタイルのシフトが不可欠です。売上5億円くらいの会社の場合、半分くらいの会社しか、そのようなシフトができておらず、売上10億円を超えている会社の場合、ほとんどの会社がそのようなシフトができているように思います。つまり、社長一人へ依存した形の経営から、社員の力で運営されている経営へのシフトができているかどうかが、売上10億円を超えられるかどうかのポイントとなります。そのシフトのためにも、社員教育に力を入れ、経営幹部クラスを育てていくことが何より大切です。

第1章と第9章で述べましたように、新規事業を担当させること自体が、人材育成において非常に大きなプラスとなります。新規事業立ち上げにおいては、やはり、人材の面が大きなポイントですので、新規事業立ち上げを成功させるためにも、人材育成に力を入れていきましょう。

ポイント

会社は社員一人ひとりの集合体。
社員一人ひとりのレベルアップが新規事業立ち上げの成功につながる！

第14章

次代を切り拓き、継続的な発展のために

1　未来を切り拓くためにアライアンスを！

◎アライアンスこそが最強のツールである

ゲイリー・ハメル&C・K・プラハラード著の『コア・コンピタンス経営』という書籍があります。1995年に発売された書籍ですが、私は今でも名著だと思っています。

バブル崩壊から、リストラクチャリング（資産の縮小）、リエンジニアリング（業務の改善）があって、それからこのコア・コンピタンス経営という流れでした。

邦訳のタイトルは『コア・コンピタンス経営』ですが、原著のタイトルは『Competing for the Future』、つまり、〝将来を切り拓くための戦い方〟です。

自社の〝強み〟、すなわちコア・コンピタンス（企業の中核能力）を見つけて生かし、どのように新しい市場を切り拓いていくかについて書かれた本です。

この本の中でも「コーポレート・アライアンス」という言葉で、アライアンスのことが取り上げられています。アライアンスが必要になる最も明確な理由として、「**新製品や新サービスを開発するときに必要となる経営資源をすべて取り揃えている企業は1社たりとて存在しないことは事実である**」と書かれています。そして、自社の強みを生かして、未来の扉を切り拓くことについて、私と同じ考えが展開されています。

新しい市場を切り開いていくには、アライアンスによって、①経営資源はブレンドし合うこと、②成功を速めること、③リスクをシェアすることなどが挙げられています。

アライアンスは、あくまでもツールの一つ、手法・手段の一つですが、非常に有効なツールであり、固定概念にとらわれない新しいアイディアを生み出したり、事業構築・製品開発において不足している経営資源を補って、事業構築を完成させたり、成功確率を高めたり、スピードアップをすることが可能になります。

第6章でも述べましたが、日本人は、自前主義が強く、異質なカルチャーの人や組織と提携することが苦手です。同じような考え方、バックグラウンドの社内の人と、終身雇用・年功序列の中で作業を進めたり、情報も守秘義務のことを気にせず、完全に100%共有できる間柄でのやり取りのほうが進めやすいことはわかります。ただ、それでは、新しい分野を切り拓くことがなかなかできません。

ぜひ、本書の内容を参考にして、みなさんも未来の新しい扉を広げていくためにアライアンスを進めていただければと思います。

そして、業界のリーダーとなり、自分たちの業界の変革を引き起こしていくためにも、アライアンスにより、他業界や異質な人・企業と連携していく試みをしていただきたいと思います。

そうすれば必ず、無難な道を歩んでいるだけの同業他社よりも、組織変革を進め、業界をもリードしていける存在となれます。

ポイント

新規事業の立ち上げにあたり、アライアンスは最も有効かつ、未来への扉を開く手法である。

2 企業ドメインの再定義の必要性

◎富士フィルムとコダックの例

本章の最後は、「企業ドメインの再定義の必要性」についてお話しします。

「自社は何の会社なのか」という企業の活動領域のことを「企業ドメイン」といいます。「ドメイン＝領域」という意味ですが、「企業ドメイン」とは、企業が行っている「事業ドメイン」をまとめ合わせたものと言ってよいでしょう。

時代の流れとともに、企業は従来の企業ドメインでは収益がなかなか上げられなくなり、企業としての存在意義がなくなってしまうという状況に陥ることがあります。

そんなときは、**「自分たちは何の会社なのか」という定義づけを再定義することが必要**になります。新規事業の立ち上げはまさにその時期に該当すると思います。

コニカ・ミノルタは、もともとの本業であったカメラ事業部を撤収しました。ソニーも、パソコン事業から撤退し、エレクトロニクス事業を大幅に縮小しています。NECはとっくの昔にテレビ事業を止めています。半導体関連や液晶パネル関連の企業でも、同じように、事業からの撤収は多くあります。

その最も良い事例が、「デジタルカメラの普及」という環境変化への対応に見る、富士フィルムとコダックの例です。**どちらもフィルムメーカーですが、かなり好対照の事例**だと思います。

まず富士フィルムは、「自分たちはフィルムの会社だ」という定義を見直し、「これから我々は総合ヘルスケアカンパニーになるんだ」と「企業ドメイン」を再定義しました。それによって、同社は医療機器やジェネリック医薬品、化粧品、といった新しい分野に事業ドメインを拡大し、どんどんシフトさせていきました。この結果、富士フィルムホールディングスの時価総額はどんどん大きくなっています。

一方のコダックは「我々はフィルムの会社だ」という定義づけを変えませんでした。「フィルムは重要なものだ」という考えに固執し、結果的にチャプターイレブン（米連邦破産法第11条）で破綻してしまいました。

環境変化に対応した富士フィルムは行き残り、環境変化に対応できなかったコダックは破産したことは本当に好対照の事例です。

「自分たちは何の会社か？」という定義づけを再定義することで、新しい「事業ドメイン」を見つけることができます。

したがって、**時代の流れに合わせ、環境への適応をしていくにあたっては、ビジョンを見つめ直し、企業ドメインの再定義が必要になることもあること**を頭に置いておきましょう。

この企業ドメインの再定義のステップには2通りあります。1つ目は、まず「ウチはこういう会社だ」と再定義し、それに基づいて新規事業の方向性を決めていくというやり方、2つ目は最初から企業ドメインを再定義してしまうのではなく、どんどん新規事業を立ち上げていき、結果として事業領域がどんどん広がっていったら、それらを包括できる企業ドメインに再定義するというやり方です。

いずれかの方法をとるにせよ、**どこかの段階で「自分たちは何の会社だ」ということを再定義していかないと、次に発展する方向性やチャンスを見つけられない**ということです。**「自分たちはこういう会社だ」という定義づけが狭すぎると、新しい目線の事業を開拓していくことができない**ということはあると思います。

第1章でもお話ししましたが、既存の取引関係というのは絶対に衰退したり、高齢化するのです。取引先の業績が悪くなったり、懇意にしてくれた担当者が定年退職や人事異動でいなくなってしまったり、あるいは業界自体が調子悪くなってしまうことも考えられます。新規事業の立ち上げも変化に対応しながら行っていく必要があるということではないでしょうか。

◎企業ドメインを変えないと新規事業を行えないこともある

新規事業を進めていく中で、企業の事業ドメインが拡大したり、シフトしたりします。逆に言えば、**「企業ドメイン」の再定義やビジョンの設定ができないと、新規事業の立ち上げの方向性を定められず、前に進まない**とも言えます。

たとえば、人材採用のウェブメディア媒体の会社であれば、「自分たちは人材採用の会社だ！」という定義づけだと、やれることは、新卒採用、中途採用、研修などに限られてしまいます。つまり、自分たちの企業ドメインにこだわりすぎていると、新規事業として行えることが限られてしまうわけです。

しかし、中小・中堅の成長企業向けの人材採用の会社が、たとえば「自分たちは、中小・中堅の成長企業向けのビジネスに必要なあらゆるものを提供する会社なんだ」と「企業ドメイン」を定義づけをし直せば、会計システムうや営業サポートなど、様々な「事業ドメイン」を開拓することができます。あるいは、人材にこだわりすぎず、「自分たちはウェブメディアの会社だ」と、「企業ドメイン」を定義すれば、様々な情報ポータルサイトや集客マッチングのサイトなどの運営を行うといった「事業ドメイン」を開拓できます。

時代の流れに合わせ、環境への適応をしていくにあたっては、「ビジョン」を見つめ直し、「企業ドメイン」の再定義が必要になるケースを頭に置いておきましょう。

ポイント

企業ドメインは「自分たちは何の会社か」を表す。
新規事業立ち上げの際にはこの企業ドメインの再定義も必要となる。

3 まったく新しい会社を作る覚悟がいる

◎既存事業の収益があると思っていると新規事業は立ち上がらない

既存事業がある企業の場合、まったく新しく事業を興そうとしているベンチャー企業と同じような意気込みで新規事業に取り組められていないということがあります。そして、それが新規事業が立ち上がらない原因となっているケースが多いです。つまり、**漠然と何とかなると考え、新しいことをしなければという危機感が不足している**ために、結局、新規事業への取り組みが進まないという状況になっているわけです。

業歴が相応にあって、既存事業がある場合、既存事業でキャッシュフローが回っているために、それがうまくいかなくとも、給料はもらえる、会社は成り立つと考えてしまう面がどうしてもあります。

そうすると、**一から立ち上げようとしているベンチャー企業や創業経営者ほどのパワーがかけられていない**ことになります。どんな会社でも、最初に事業を立ち上げたときは必死だったはずです。京セラも、トヨタも、ソニーも、最初の立ち上げ期は創業者も当時の社員の方々も、本当にあとはないと思って、事業立ち上げに取り組んでいたはずです。

しかし、既存事業が成り立ってきた後に、第1章で述べたように、既存事業だけでは危うい、会社経営の安定化のためにも新規事業を立ち上げよう、となったときも、本当に最初に事業を立ち上げたときやベンチャー企業が一から会社を立ち上げようとするときと同じような心構えや覚悟を持てていないことが往々にしてあります。

それから、経営トップ層は、会社全体のことや先の見通し、具体的な経営数値などを見ているので、「もっと新しいことをやらなければ」との危機感を肌感覚で持ちやすいです。しかし、一般の社員は、そこまでの危機感を持ちにくいという面もあります。「経営陣から新規事業を立ち上げろと言われているからやっているだけで、ウチの会社は、回っているから何とかなるよ」と思ってしまっているケースがあります。

そういうときは、第13章で詳しく述べたように、「なぜ新規事業を立ち上げるのか、立ち上げなければならないのか、何のためにやるのか」というビジョンをきちんと作成して共有することが必要です。

その上で、**まったく新しい会社を立ち上げるのと同じような覚悟を持って、新規事業立ち上げに取り組みましょう**。それがないと、新規事業は立ち上がりません。

ポイント

既存事業の収益という油断が新規事業立ち上げが失敗する原因の一つ。まったく新しい会社を立ち上げるのと同じ覚悟をもって臨もう。

4　社内で変革を進める シリアル・イノベーターの育成が急務

◎非シリコンバレー型のイノベーターが日本では重要

最近、『シリアル・イノベーター　「非シリコンバレー型」イノベーションの流儀』（プレジデント社）という本が発売され、私の考えていることととても近いことが書かれていました。

シリアル（serial）は、〝連続的な〟という意味ですが、主に長い業歴を持つ成熟した大企業の中で、ミドル層という難しい立場で、幾度となくイノベーションを起こす人のことを指します。

米国のシリコンバレーのように、何か新しいデバイスやソフトを考え出し、ベンチャーキャピタルから資金を出資してもらい、自分の会社で、自由な形で、早期にＩＰＯをするような形は、日本ではなかなか取れません。

起業がしやすくなったとはいえ、一般的には、既存の企業内にて新規事業を検討し、立ち上げていくことになります。そういった成熟した組織だった企業の中において、新しいものを生み出して推進していくためには、**何か新しいことをはじめようとする際の社内からの抵抗、反対意見への説得、社内の政治的な問題への対処などを、粘り強く行える「シリアル・イノベーター」の存在が極めて重要**です。

課題や顧客の要望を見つけ出し、既存事業を支えながら、新しい市場を切り拓く現状打破のイノベーション、つまり「ブレークスルー・イノベーション」を組織において行っていくためには、シリアル・イノベーターを育成していかなければなりません。

社内での承認を取ることに影響力を持つこと、自らの信頼感やネットワークによって組織を動かしていくこと、社内政治を甘く見ずに調整していくこと、時には既存のルールを破り批判を顧みずに突き進むことが必要となります。まさに私が普段言う「突破力」が求められるわけです。

私は、多くの日本企業の新規事業立ち上げに携わる中で、成熟した業歴の長い企業での新しいイノベーションの創出の担い手として、「シリアル・イノベーター」を育てていくことが必要だと痛感しています。

前述のように、米国のシリコンバレーなどで何か新しいイノベーションを推進する際に、まったく新しい会社を作って行う形とはまた別の苦労が伴います。やはり、社内の意見調整や稟議・決裁を通すこと、新しいことにネガティブな人の説得などの苦労が多いと思います。しかし、既存の枠組みのある企業の中だからこそ、資金や人材、信用などを使えるという良い面を見て、へこたれずにがんばっていく新規事業担当者、すなわちシリアル・イノベーターを応援したいと私はいつも考えています。

本書も、そういった成熟した業歴の長い大手企業や中堅企業の中で、イノベーションを起こしていく人材に育っていただきたい、また、そういった人材育成を考えている企業の研修や人事の担当者の方々の手引書となるようにと願って書き下ろしました。ぜひ、有効に活用していただきたいと思います。

ポイント

既存の組織の中で、新しいものを生み出し、社内調整をして変革を推進できる人材が必要！

5 環境変化に適応するのが会社経営 〜ダーウィンの進化論に学ぶ〜

◎ダーウィンの進化論に学ぶ！

本書の最後に、ダーウィンの「進化論」をご紹介します。おそらく中学や高校の生物の授業でみなさんも聞いたことがあると思います。

進化論の中でダーウィンは、次のように言っています。

「強い者が生き残れるのではない、変化に適応できる者が生き残ってきたのだ」

つまり、強い者や優れた者、賢い者が生き残ったのではなく、環境の変化に最も適応した者が生き残ったのだと言っています。本項の最後には英語の原文も掲載しているので、参照してください。

◈会社経営は、いかに環境変化に適応していくか

これは会社経営にも言えることです。

会社経営においても、環境は常に変化します。マーケット環境や競合状況などの外部環境も変化しますし、人材や技術、資金などの内部環境も変化します。言いかえれば、**会社経営とは、そのような環境の変化に適応していくこと**だと言えるでしょう。それこそが、経営者やビジネスリーダーの仕事であり、マネジメントです。

会社経営を継続するためには、環境の変化に適応していくことが必要です。変化に適応できなければ、ダーウィンの言ったとおり、生物と同様、企業も生き残っていけません。

事業継承が課題となっている業歴の長い中小・中堅企業にとっては、代替わりにおいて、特にそのことを意識することが必要です。大企業も、先の「企業ドメイン」の部分に書いたように、自分たちが何の会社だという定義づけを固執して誤ったままだと、破たんに追い込まれることもあります。

環境の適応にうまく対処して、新規事業をどんどん生み出している会社は継続的に成長でき

ています。反対に適応できずに現状維持のままで新しい取り組みができていない会社は、結果的に衰退していくことになります。

会社経営を「継続すること」のためには、ダーウィンが言ったように、環境の変化に適応していくことが必要です。

ポイント

環境の変化に適応した者が生き残れる。
新規事業の立ち上げは、まさに環境変化への適応である。

最も強い者が生き残るのでもなく、
最も賢い者が生き残るのでもない。
唯一生き残るのは、
最も変化に適応できる者である。

（チャールズ・ダーウィン）

It is not the strongest of the species that survives,
nor the most intelligent that survives.
It is the one that is most adaptable to change.

写真提供：Neftali / Shutterstock.com

おわりに

本書では、新規事業立ち上げに関する広範なテーマ・課題について、解説してきました。正直なところ、新規事業立ち上げについて、包括的かつ実践的にまとめて書くことは、本当に難しい作業でした。予定した時間やページ数を大幅に超えた執筆作業となりましたが、なんとか、私が持つノウハウをできるだけわかりやすく、網羅的に書くことができたのではないかと思います。

本書の完成にあたっては、粘り強く私の執筆作業におつきあいいただいた総合法令出版編集部の田所陽一さんに、心から深く感謝を申し上げます。同社の取締役の齊藤忠さんにも様々な配慮をしていただき、感謝しています。

その他、多くの方々の協力があって、本書を完成させることができました。とりわけ、新規事業立ち上げの方向性の立案について有益な情報提供をしてくださった東京工業大学博士の平田謙次さん、私の博士号の指導教授である慶應義塾大学大学院政策・メディア研究科教授の武藤佳恭先生、慶應義塾大学名誉教授の岡部光明先生、そして、毎月「メトロガイドセミナー」にて、私のセミナーを運営してくださっている日刊工業新聞社の藤坂浩司さん、そして、多くの事例となってくださった私のコンサルティング先企業のみなさまには、この場を借りて、心より御礼申し上げます。

日本企業が今後も発展していくためには、継続的な新規事業立ち上げが不可欠です。それには、本書で解説した、方向性の戦略立案、競合がいる中での戦い方、アライアンス、営業、財務、チーム構築など幅広い知識やノウハウが必要となります。これらは、これからビジネスリーダーを目指す方々にとって不可欠なスキルとなるものです。本書によって、一人でも多くのビジネスパーソンが、新規事業立ち上げのノウハウを身につけ、ご自身の会社での新規事業立ち上げに成功することを期待しています。

新規事業の立ち上げには困難が伴いますが、それを苦労しながらも推進することで、自分自身も貴重なビジネス経験を得ることができますし、会社の発展に寄与することもできます。それは、それぞれの方のビジネスキャリアの形成において、大きなプラスになると思います。

本書で、知識とノウハウを得た後は、実践あるのみです。かつて、私の京都大学大学院での指導教授だった吉田和男先生は、「学んだだけでは学んだことにならない。実践してはじめて、学んだと言える」とおっしゃっていました。まさにその通りだと思います。

本書で学んだ方々が、ビジネスリーダーとして成長するとともに、それにより、日本企業の新規事業立ち上げが促進され、日本経済の活性化に寄与することを心より願っています。

参考文献

【訳書】

『クリステンセン経営論』（クレイトン・M・クリステンセン著、DIAMONDハーバード・ビジネス・レビュー編集部編訳）ダイヤモンド社（2013）
『資源ベースの経営戦略論』（デビッド・コリス&モンゴメリー・シンシア著　根来龍之他訳）東洋経済新報社（2004）
『アントレープレナーの教科書』（スティーブン・ブランク著）翔泳社（2009）
『リーン・スタートアップ』（エリック・リース著、井口耕二訳）日経BP社（2012）
『P&G式「勝つために戦う」戦略』（A・G・フリー他著　酒井泰介訳）朝日新聞出版（2013）
『競争戦略論Ⅰ』『競争戦略論Ⅱ』（M・E・ポーター著　竹内宏高訳）ダイヤモンド社（1999）
『シリアル・イノベーター』（アビー・グリフィン他著、東方雅美訳）プレジデント社（2014）
『リバース・イノベーション』（ビジャイ・ゴビンダラジャン他著、渡部典子訳）ダイヤモンド社（2012）
『ベンチャーキャピタル・サイクル　～ファンド設立から投資回収までの本質的理解』（ゴンパース・ゴンパース&ラーナー・ジョー著、吉田和男監訳、冨田賢訳者代表）シュプリンガーフェアラーク東京（2002）

『コア・コンピタンス経営　～未来への競争戦略』（ゲイリー・ハメル＆C・K・プラハラード著、一條和生訳）日本経済新聞社（1995）

【和書】

『起業の技術』（浜口隆則）かんき出版（2013）
『アライアンス戦略論』（安田洋史）NTT出版（2010）
『挑戦　起業家育成への道』（塩沢由典編著）日刊工業新聞社（2004）
『これから10年活躍するための新規開拓営業の教科書』（冨田賢）総合法令出版（2012）
『次代に挑戦する優良中堅・中小製造業』（日刊工業新聞特別取材班）日刊工業新聞社（2014）
『経営戦略』（山田英夫他）有斐閣アルマ（2006）
『社長のための「お客様第一」の会社のつくり方』（小宮一慶）東洋経済新報社（2013）
『企画は、ひと言。』（石田章洋）日本能率協会マネジメントセンター（2014）
『ビジネスモデルの教科書』（今枝昌宏）東洋経済新報社（2014）
『魂の経営』（古森重隆）東洋経済新報社（2013）

【雑誌】

「戦略に連想は欠かせない　～戦略リーダーは心理学者であれ」（ジョバンニ・ガベッティ）ハーバード・ビジネス・レビュー2013年1月号『戦略をシンプルに』ダイヤモンド社

（原文 Giovanni Gavetti "The New Psychology of Strategic Leadership", Harvard Business Review, July-August, 2011）
「独創的な戦略を科学的に策定する　あらゆる選択肢から検証する7つのステップ」（ラフリー他）ハーバード・ビジネス・レビュー2013年1月号『戦略をシンプルに』ダイヤモンド社
（原文 A.G. Lafley, et al. "Bringing Science to the Art of Strategy", Harvard Business Review, September, 2012）
「起業家が使うべき営業フレームワーク　製品をつくる前に顧客を訪ねよ」（ビンセント・オニェマー他）ハーバード・ビジネス・レビュー2013年8月号『起業に学ぶ』ダイヤモンド社
（原文 Vincent Onyemah, et al., "What Entrepreneurs Get Wrong", Harvard Business Review, May, 2013）
「GEも活用する事業開発の新たな手法　リーン・スタートアップ：大企業での活かし方」（スティーブ・ブランク）ハーバード・ビジネス・レビュー2013年8月号『起業に学ぶ』ダイヤモンド社
（原文 Steve Blank "Why the Lean Start-Up Changes Everything", Harvard Business Review, May, 2013）

【著者紹介】

冨田 賢（とみた・さとし）

株式会社ティーシーコンサルティング　代表取締役社長
慶應義塾大学総合政策学部（SFC）卒業。京都大学大学院経済学研究科修了、経済学修士。米国系銀行勤務を経て、独立系ベンチャーキャピタルの立ち上げに参画し、投資先ベンチャー企業数社を上場へと導くとともに、2001年、創業2年半で、VC会社の株式上場を達成。2003年から、大阪市立大学大学院創造都市研究科の専任講師を務める（ベンチャーファイナンス論・事業計画書作成指導）。この間、米国ペンシルバニア大学、上海交通大学にて在外研究。住友信託銀行（当時）の専門職を経て、2008年からコンサルタントとして独立。“事業提携（アライアンス）の専門家”として、この約7年で東証一部上場企業をはじめとする150社以上のコンサルティングを実施。新規事業立ち上げや新製品開発に注力。年間50回以上の外部セミナーや講演を行う。企業研修も多数実施。実践的でエキサイティングなライブ講義が人気を呼んでいる。慶應義塾大学SFC研究所・上席所員（兼務）。著書に『これから10年活躍するための新規開拓営業の教科書』（総合法令出版、2012年）がある。

〈会社サイト〉
http://www.tcconsulting.co.jp

新規事業立ち上げの教科書
～ビジネスリーダーが身につけるべき最強スキル～

2014年9月3日　初版発行

著　者　冨田 賢
発行者　野村直克
発行所　総合法令出版株式会社
〒103-0001　東京都中央区日本橋小伝馬町 15-18
常和小伝馬町ビル9階
電話 03-5623-5121（代）

印刷・製本　中央精版印刷株式会社

ISBN 978-4-86280-416-7
総合法令出版ホームページ　http://www.horei.com/